차마 말하지 못한
대선 패배의 진실

비망록

비망록備忘錄

차마 말하지 못한 대선 패배의 진실

초판 1쇄 인쇄 2013년 10월 25일
초판 1쇄 발행 2013년 10월 31일

지은이 홍영표
펴낸이 김선식

1st Creative Story Dept. 류혜정, 황정민, 한보라, 박지아, 노준승, 변민아
Creative Marketing Dept. 최창규, 이주화, 이상혁, 박현미, 백미숙
　　　　　Public Relation Team 서선행, 반여진
　　　　　Contents Rights Team 김미영
Creative Management Team 김은영, 김성자, 송현주, 권송이, 윤이경, 김민아, 한선미
Outsourcing 디자인 가필드, 교정교열 박기효

펴낸곳 다산북스
주소 경기도 파주시 회동길 37-14 3, 4층
전화 02-702-1724(기획편집) 02-6217-1726(마케팅) 02-704-1724(경영지원)
팩스 02-703-2219
이메일 dasanbooks@dasanbooks.com
홈페이지 www.dasanbooks.com
출판등록 2005년 12월 23일 제313-2005-00277호

종이 월드페이퍼(주)
출력 · 제본 현문

ISBN 979-11-306-0053-6 (03300)

다산북스(DASANBOOKS)는 독자 여러분의 책에 관한 아이디어와 원고 투고를 기쁜 마음으로 기다리고 있습니다.
책 출간을 원하는 아이디어가 있으신 분은 이메일 dasanbooks@dasanbooks.com 또는 다산북스 홈페이지
'투고원고'란으로 간단한 개요와 취지, 연락처 등을 보내주세요. 머뭇거리지 말고 문을 두드리세요.

홍 영 표

비 망 록

備 忘 錄

차마 말하지 못한 대선 패배의 진실

달북

여는 글

지난 18대 대통령선거에서 우리는 패배했다.

지난해 12월 19일 밤, 박근혜 당선인이 삼성동 자택에서 광화문 광장으로 경찰의 경호를 받으며 가던 장면이 아직도 눈에 선하다. 그로부터 대선 1주년이 다가오는 오늘의 대한민국은 불통의 정치, NLL 발언 왜곡, 국정원 개혁실패, 검찰총장 사퇴, 노령연금 약속 파기 등으로 힘겨워하고 있다. 지금 이런 상황들이 대선 패배에서 시작된 일이라 생각하니 국민들께 더욱 죄송하기만 하다. 돌이켜 보면 누구는 우리가 '이길 선거'에서 졌다고 말하지만, 실은 '이겨야만 하는 선거'에서 졌다. 그 때문에 나를 포함한 선거운동 일선에 있던 우리는 더 큰 책임감을 느끼고 석고대죄해야 한다. 김대중 · 노무현 대통령으로 이어진 민주 정권 10년 동안 쌓아온 민주 · 인권 · 평화 · 분권 등의 가치를 처참하게 무너뜨린 이명박 정권 5년의 실정을 목격하면서 우리는 반드시 정권을 교체하고 민주주의를 회복해야 한다고 다짐했었다. 부족하지만 제1야당인 민주당이 앞장섰고 많은 민주시민 세력이 함께 나섰다. 시민들이 우리 손을 잡았던 것은 민주당이 잘해서, 민주당이 좋아서가 아니었다. 민주당은 부족했지만 정권교체는 시대의 과제였고 이 나라 서민 대중이 사는 길이었기에 마음을 모으고 힘을 합쳤던 것이다. 하지만 이처럼 크나큰 기대와 지지를 얻고도 우리는 결국 패배했다.

문재인 대선후보 선거대책위원회 민주 캠프 종합상황실장을 맡았던 나부터 최선을 다했는가 물으면 고개를 떨굴 수밖에 없다. 반성하고 또 반성하며 12월 19일 이후 스스로를 역사의 죄인이라 여기고

자숙하며 지냈다. 대선 이후 한동안은 위로해주는 분들의 말씀조차 부담스러워 여러 사람이 모이는 자리를 일부러 피하기도 했다. 위로도 질책도 죄인 된 자가 감당해야 할 몫으로 받아들이며 조용히 지냈다. 나를 포함해 지난 선거의 일선에서 뛰었던 모든 사람은 이 뼈아픈 패배에 일차적인 책임을 통감한다. 때문에 반성마저 큰 소리로 토로할 염치가 없어 말없이 고개 숙인 채 통한의 시간을 보냈다. 그렇게 숨죽인 사이에도 시간은 가만히 흘러갔다.

흘러간 시간의 힘을 빌려 대선 1주년이 다가오는 이제 겨우, 그날의 일들에 대해 격동하지 않고 담담히 말하려 한다. 우리는 왜 패배했고 무엇을 반성해야 하는가, 우리의 노력에도 불구하고 이루지 못했던 일들은 무엇이며 다시 저지르지 말아야 할 실수는 무엇인가. 회고와 반성, 성찰과 복기를 위해, 무엇보다 우리의 패배와 더불어 숱한 사건들을 역사 기록으로 남기기 위해 대선 때 틈틈이 적어온 메모에 더해 비망록을 펴낸다. 모두에게 상처로 남아 있는 일이겠지만 비망록을 계기로 성찰의 계기, 새로운 단결의 계기가 되길 바랄 뿐이다.

이 비망록을 집필하는 과정에서 최대한 많은 관계자들의 증언을 듣고 사실에 충실하려 애썼다. 혼동되는 대목의 경우 당시 현장에 있었던 이들의 기록을 참고했고 관계자들을 직접 만나서 증언을 들었다. 정확한 사실과 냉정한 객관에 입각해 난마처럼 얽혔던 대선 기간 동안의 사건들을 세세하게 기록하기를 원했다. 이는 개인의 기억을 뛰어넘어, 반드시 전해야 할 역사의 일부이기 때문이다. 그러나 기억의 한계와 시간의 경과 탓에 일부 허점이 있을지도 모르겠다. 당연히 부족한

나의 책임이다. 부디 양해를 부탁드리고 나를 탓해주시길 바란다.

비망록에 나오는 모든 선배, 동지들에게 용서를 구하고 감사를 드린다. 또 국회의원으로서 정치 일선에 나선 안철수 의원이, 우리와 함께했던 과정에서 어려움을 겪었지만, 국민들이 신뢰하는 훌륭한 정치 지도자로 크게 쓰임 받기를 바란다.

끝으로, 지난 대선 기간을 함께했고 이 비망록을 만드는 데 큰 도움을 준 이들에게 감사의 뜻을 전한다. 각종 기초 자료를 정리해준 민주 캠프 종합상황실의 오상호 선임팀장과 팀원들, 비망록을 기획하고 마무리까지 총괄한 신봉훈 팀장, 인터뷰를 정리하고 집필 과정을 도와준 민주 캠프 정무행정팀의 김선 씨, 그리고 고민 끝에 이 책을 출판해준 다산북스의 김선식 대표와 식구들의 수고에도 깊이 감사드린다.

그리고 누구보다 사람이 먼저인 세상을 만들기 위해 이름 없이 헌신했던 우리 캠프의 자원봉사자 여러분께 큰 감사와 경의를 표한다. 역사의 죄인인 나는 여러분에게서 새로운 희망을 보았다. 마지막으로 국민 여러분께 이 책을 바친다.

언제나, 그 무엇보다, 사람이 먼저다.

전 문재인 대통령후보 선대위 종합상황실장 홍영표

1부

12월 19일, 영등포 민주통합당사

어젯밤엔 한잠도 이루지 못했다. 최근 3개월 동안은 거의 당사에서 지냈고 사무실의 야전침대에서도 잠들지 못한 날이 하루 이틀이 아니었지만 어제는 특별했다. 오랜만에 집에 들어갔는데도 통 잠이 오질 않았다. 새벽 5시쯤 집에 들어가 1시간 정도 누운 채로 뒤척이다 7시에 투표를 하기 위해 일어났다. 옷을 갈아입으며 텔레비전 뉴스를 통해 지켜본 투표율은 지난 대선에 비해 꽤 높은 편이었다. 슬며시 안도의 한숨이 나왔다. 집을 나섰다. 12월 겨울의 새벽바람은 찌르는 듯 날카로웠고 코트와 목도리로 감싼 몸은 무척 피곤했지만 정신만은 어느 때보다 맑았다. 오늘이 얼마나 중요한 날인가!

인천 부평구 삼산2동 제○투표소. 이른 아침인데도 상당히 긴 줄이 늘어섰다. 긴 줄 끝에 서자마자 고개를 빼들고 늘어선 사람들을 하나 둘 세어보았다. 두꺼운 파카 차림으로 신분증을 손에 들고 나온 사람들······. 본래 좀 나이 든 분들은 투표소에 일찍 나오고 젊은 사람들은 천천히 나온다는데 이 이른 시간에 젊은이들이 꽤 많다. 안도의 한숨이 절로 나왔다. 기표소의 하얀 천막을 걷을 때는 언제나 가슴이 두근거린다. 나이 오십을 넘기는 동안 많은 선거에서 투표를 해봤고 대통령선거 투표가 처음도 아니다. 심지어 내가 후보로 나선 선거도 몇 번이나 치렀는데 투표용지를 받아 드는 심정은 늘 새롭고 떨린다. 받아 든 작은 종이 한 장이 돌덩이보다 더 무겁게 느껴졌다. 투표용지를 들고 기표소에 들어가서 잠깐 동안 그 하얀 종이를 내려다보았다. 이명박 정권 4년 여 동안, 뜨거웠던 2012년의 여름과 가을 동안, 그리고 유난히 추웠던 이 겨울에 이르는 지난 수개월 동안 우리는 어떤 마음으로 오늘을, 그리고 이 순간을 기다렸던가. 그날들을 생각하니 속에서 벅차오르는 무언가가 느껴졌다. 애써 마음을 가라앉히고 투표용지를 내려다보다 가만히 되뇌었다.

'기호 2번 민주통합당 문재인.'

기호 2번 문재인, 기호 2번 문재인, 문재인 대통령! 문재인 대통령! 민주통합당 대선 캠프의 종합상황실장이라는 직책을 맡은 후로 지난 3개월 동안 이 이름과 구호를 얼마나 많이 외쳤는지 모른다. 우리 한 사람 한 사람이 모두 '기호 2번'이었고 문재인이었다. 낮에는 거리에서 '문재인 대통령'을 외쳤고 잠자리에서는 '사람이 먼저인 세상'을 꿈꾸었다. 우리가 원하는 대한민국에서 문재인은 당당한 대통령이었다. 국민과 함께 이명박 정권의 부패와 실정을 심판하고 무도한 4대강 공사로 파헤쳐진 국토를 지키고 망가진 민주주의와 유린당한 언론을 다시 세울 사람. 공평과 복지가 꽃피고 사람이 먼저인 세상을 국민과 함께 만들어갈 대통령. 그리고 '기회는 평등하고 과정은 공정하고 결과는 정의로운' 세상의 주인공……. 수많은 동지들과 부족한 나 홍영표가 이 하나의 목표를 위해 달려왔고 이제는 우리 각자의 이름보다 더 익숙해진 이름이 바로 문재인이었다. 문재인 대통령.

크게 숨을 한 번 들이마신 다음 내쉬고 기표도장을 집어 들었다. 그렇게 작은 것을 든 손도 떨릴 수 있다는 사실을 그때 처음 알았다. 행여 손이 떨려 다른 데다 표시할세라 냉큼 도장을 찍었다. 기호 2번 문재인. 우리의 대통령 이름 옆에.

투표용지를 들고 나와 접지도 않고 투표함에 똑바로 넣었다. 다른 칸에 빨간 잉크가 묻으면 안 될 일이었다. 기도하는 마음이었다.

다시 돌아온 당사는 조용했다. 어제까지 사람들이 분주히 오가던 복도와 사무실에 아직은 인적이 드물었다. 다들 투표를 하고 곧 출근하겠지. 항상 오가는 사람들로 그득하던 당사가 하도 한산해서 당사 입구에 붙어 있는 문재인 후보의 사진들만이 그곳을 지키고 있는 것만 같았다.

'새 시대를 여는 첫 대통령!' 이제 곧, 우리의 구호가 현실이 되리라.

종합상황실로 돌아와 자리에 앉아 실무자들에게 전국의 투표소 상황과 투표율을 주시하고 상황이 발생하는 대로 곧바로 보고하라고 지시했다. 오후 1시쯤 중간 출구조사에서 우리가 우세하고 투표율도 무난히 72퍼센트를 넘길 거라는 보고를 받아 조금 안도했다. 본선 막판 며칠 동안 우리는 유세와 투표율 높이기에 모든 힘을 쏟았다. 철옹성같은 고정 지지층 덕분에 '콘크리트 지지율'이라고 불리는 40퍼센트 후반의 지지율을 자랑하는 박근혜 후보의 일방적인 우세로 시작된 선거전이었다.

수치로 나타나는 지지율은 물론 안팎의 모든 조건에서도 우리는 열세였다. 이명박 대통령과 차별화하기 위해 이름도 색깔도 바꾼 새누리당의 당 조직, 특히 지역 조직은 80년대 민정당 시절부터 이어져온 터라 실로 강력했다. 새누리당 중앙당도 박근혜 후보를 중심으로 하나로 단합했고 정권 사수에 대한 결의 또한 높았다. 방송 3사와 조중동을 비롯한 대부분의 언론도 분명 박근혜 후보에게 유리한 논조를 보였으며, 이명박 정권이 출범시킨 종편 4사 또한 언론으로서 최소한의 객관성을 완전히 상실한 극도로 편향된 태도로 선거 보도를 했다. 게다가 정부기관이 선거에 동원되었다는, 믿기 힘든 소문 또한 국정원 여론조작 사건이 발각되어 사실로 드러나고 있었다.

그러나 우리는 반드시 이겨야만 했고 이길 것이라 믿었으며 이길 수 있다는 희망이 있었다. 비록 어려운 과정들을 거쳤고 아쉬움도 많았지만 안철수 후보와 야권 단일화를 이뤘고, 서민과 중산층의 생활의 질을 높일 실질적인 공약들도 착실하게 제시했다. 투표 시간 연장을 선거전의 쟁점으로 만들었고 종반에는 투표 참여 캠페인으로 전환해 국민의 참정권 이슈로 확산·발전시켰다. 막바지에는 광화문 유세를 통해 승리의 희망을 확신으로 만들어갔다. 수많은 시민이 모여 '문재인'을 연호했던 광화문 마지막 유세는 정권교체에 대한 국민의 열망이 얼마나 뜨거운지, 우리가 왜 이겨야만 하는지를 여실히 확인시켜주었다. 이런 노력들을 발판으로 문재인 후보의 지지율은 그의 상징인 담쟁이처럼 서서히, 꾸준하게 상승해서 박근혜 후보와 접전을 벌이는 박빙 구도가 만들어졌다.

그리고 12월 14일, 우리는 '골든크로스'라고도 불리는 대역전을 목격했다. 선거 기간 중에 실시된 여론조사에서 처음으로 문재인 후보가 박근혜 후보를 앞선 것이었다. 선거 전날인 18일에 실시한 당 자체 조사에서도 근소하지만 문 후보의 우세로 나타나 캠프는 상당히 고무되어 있었다. 그 기세를 이어 최종 승리를 거두려면 투표율 끌어올리기, 특히 상대적으로 정치에 무관심하고 투표에 소극적인 젊은 층을 투표장으로 나오도록 설득하는 일이 가장 중요했다. 그래서 막판 며칠과 18일 밤까지도 모든 의원과 당직자, 자원봉사자들이 거리로 나가 투표 참여 캠페인에 집중했다. 투표율이 최소한 72퍼센트가 넘어야 승리할 수 있다는 데 모든 전문가들이 동의하고 있었다. 그래서 상황실 요원들은 마지막까지 전국 투표소 상황에 집중하고 있었다. 양자 구도로 진행된 선거전이 워낙 치열했고 수치상으로 박빙이었으며 자신이 지지하는 후보에게 감정이입하는 이들도 많았기에 혹시라도 투표소에서 불미스런 일이 생길지 모른다는 염려도 있었다. 투표참관인들, 우리 당에서 나간 개표참관인들에게도 모든 주변 상황을 세심하게 살펴달라고 재차 부탁했다.

3시쯤, 지역에 나가 있던 종합상황실 실무자에게서 전화가 걸려왔다.

"의원님, 투표율은 높겠는데요. 그런데…… 투표장 분위기가 심상치 않습니다."

"무슨 말이에요? 뭐가 심상치 않단 말입니까? 투표하는 사람들은 많은가요?"

"많긴 합니다. 젊은 사람들도 많긴 한데 50대 이상은 더욱 많습니다."

"뭐요?"

순간 머리가 아찔했다. 나 역시 18대 국회의원 재선거에서 투표율의 마법을 체험한 사람이었다. 젊은 층의 투표율이 관건이었고 막판까지 투표장 상황 때문에 가슴을 졸였다. 우리로서는 젊은 층이 많이 나와주어야 승리를 예측할 수 있었다. 그래도 한두 군데의 상황만 보고 판단할 수는 없었다. 당황한 모습을 보이지 않기 위해 일부러 목소리를 높였다.

"아, 일단 알았습니다. 계속 챙겨보고 다른 일이 있으면 또 통화합시다."

그때부터 속이 타들어가 미칠 지경이 되었다. 전화를 끊자마자 휴대폰의 문자와 카카오톡 메시지 창에 무언가 계속 올라오고 있었다. 내용을 보니 새누리당의 투표 독려 문자였다. 한 의원에게서 전화가 걸려왔다.

"홍 의원, 새누리당이 카톡과 문자로 투표장 동원 운동을 하고 있는 것 같아. 문자는 물론이고 조직적인 동원 움직임도 있다는 제보를 받았어. 저쪽은 거의 수단 방법 안 가리는 총력전인데 우리도 뭘 해야 하지 않을까?"

"새누리당에서 투표장으로 동원하라는 식의 문자를 엄청나게 뿌린답니다. 우리는 어떻게 할까요?"

이런 전화가 3시를 기점으로 수십 통이 걸려왔다. 원칙적으로 그런 행위는 선거법에 위반된다. 투표 당일에는 단순 투표 독려만 할 수 있고 특정 후보나 당에 대한 지지를 부탁하는 행위는 불법이다. 투표를 독려하는 문자를 보냈다고 하더라도 새누리당이든 민주당이든 어느 쪽을 지지해달라는 내용이 섞여 들어가면 이 역시 불법 행위이다. 현재 선거법상 공식 선거운동 기간에는 총 다섯 번의 지지 요청 문자를 보낼 수 있다. 이미 우리는 전날까지 다섯 번의 메시지를 모두 보냈었다. 게다가 마지막에 보낸 메시지의 트래픽이 밀린 나머지 18일 안에 다 전달되지 않고 19일 새벽에도 들어가는 사고가 있었다. 본의 아니게 불법 행위가 된 셈이었다.

그런 사고가 일부 언론에 보도되면서 마지막 날까지 투표 독려 행위와 관련해서는 매우 조심스러웠고 본의 아닌 실수로 선거법을 위반하지나 않을까 싶어 신경이 곤두서 있는 상황이었다. 문재인 후보는 선거 기간 동안 줄곧 깨끗한 선거를 강조하며 법에 위배될 수도 있는 한 치의 실수도 없도록 주의하라는 지침을 내린 상태였다. 그런데 선거 당일, 오후 3시부터 전국 각지의 당직자들에게서 제보가 빗발쳤다. 투표일 당일에 박근혜 후보의 음성이 나오는 전화를 받았다는 제보가 들어왔고, 권영세 종합상황실장 명의의 투표 참여 독려 문자 메시지를 받았다는 시민도 있었다. 당이 설치한 불법선거감시센터 전화가 쉴 새 없이 울려댔지만 우리까지 불법 행위를 저지를 수는 없었다.

비상입니다. 투표율이 심상치 않게 높습니다. 텔레비전, 방송에서도 예전과 달리 투표 독려 방송을 강하게 하고 있습니다. 결국 우리 지지층을 투표케 하는 방법밖에 없습니다. 비상한 각오로 임해 주십시오.

—총괄본부장 김무성

투표율이 역대 선거 동시간대와 비교할 때 높게 나오고 있습니다. 우리 지지층을 투표하게 하는 것만이 유일한 대책입니다. 읍면동별로 준비하신 차량을 전면 운행하여 교통 불편한 어르신 등께서 투표할 수 있도록 적극 지원 바랍니다. 위원장님께서는 개표 종료 시간까지 지역에 상주하며 개표 현장 등을 직접 확인하고 점검해주시기 바랍니다.

—종합상황실장 권영세

일단 다른 지역의 상황실에 전화를 돌렸다. 전국 상황을 보니 투표하는 이들은 역시 많았다. 총선은 물론이고 지난 대선에 비해 최종 투표율이 압도적으로 높을 것으로 예상되었다. 일단 70퍼센트는 가볍게 넘길 듯했다. 우리가 최소한의 목표로 잡은 72퍼센트를 넘기느냐가 관건이었다. 그렇게 이런저런 상황을 체크하며 마음을 다잡고 있었지만 3시에 한 전화통화의 여운이 머릿속을 떠나지 않았다.

'젊은 사람들도 많긴 한데 50대 이상은 더욱 많습니다.'

그 목소리가 귓가에 윙윙 울렸다. 마침 시계를 보니 5시였다. 출구조사는 5시에 마감된다. 사람들로 가득 찬 당사에서 혼자 있을 곳이 필요했다. 복도를 이리저리 휘젓고 다니다 겨우 빈 사무실을 찾아 들어가 문을 닫았다. 그리고 방송사에 있는 후배 기자에게 전화를 걸었다. 그는 대학 후배로 당시에 대선 방송을 총괄하고 있었다. 벨이 한참을 울린 끝에 그가 전화를 받았다.

"나야, 지금 이거…… 거기서는 어떻게 보고 있나?"

"홍 선배, 지금까지 제가 말씀드린 가설들은 전부 다 무효입니다!"

평소 과묵한 그답지 않게 무척 흥분한 목소리였다. 그렇게

서둘러 하는 말은 처음 들었다.

"뭐? 뭐가? 뭐가 무효라는 건가? 자세히 좀 말을 해봐!"

"아무튼 지금은 안 되고요, 제가 다시 전화드리겠습니다. 지금까지 나온 말들 하나도 믿지 마세요!"

전화가 끊겼다. 나는 의자에 털썩 주저앉아버렸다. 커다란 둔기로 머리를 호되게 얻어맞은 듯한 충격에 그대로 서 있을 수가 없었다. 지금까지의 가설이 무효라니, 설마 우리가? 아니야. 그러나 후배의 반응은 분명 좋은 징조는 아니었다.

내가 받은 불길한 예감을 아무에게도 말할 수 없었지만 그냥 앉아만 있을 수는 없었다. 일단 자리에서 일어나 정신을 차리려 애썼다. 겉으로는 태연해 보이려 했지만 마치 꿈을 꾸고 있는 기분이었다. 하늘이 조각조각 부서져 머리 위로 떨어져 내리는 듯했다. 그런 상태를 참을 수 없어 아무 데로나 발길을 옮겼다.

바깥이 소란했다. 1층 대회의실에 개표상황실이 차려지고 있었다. 의자와 마이크가 배치되었고 사람들이 속속 모여들고 있었다. 서로 앞자리에 앉으려고 자리를 다투는 사람들이 보였다. 이엔지(ENG) 카메라의 전원 선이 워낙 많이 연결되어 회의실 바닥이 시커멓게 보일 정도였다. 방송 조명들이 내뿜는 불빛과 열기는 거기 모인 사람들의 기운만큼이나 뜨거웠다. 노란 점퍼를 입은 사람들이 웃으며 손을 맞잡고 있었다. 악수를 나누며 서로 고생했다며 인사하는 모습도 보였다. 누군가 다가와서 손을 내밀었지만 맞잡을 경황이 없었다. 밝은 표정으로 개표상황실에 모여드는 사람들, 아무것도 모른 채 서로 잘했다고 축하하는 사람들, 도저히 그들과 같이 있을 수 없어서 황급히 내 방으로 올라와버렸다. 그리고 상황실로 들어와 문을 닫았다. 신봉훈 팀장의 말로는 황망한 얼굴을 한 내가 갑자기 들어와서 '우리가 진 것 같다'고 말했다는데 정작 나는 어떻게 그런 말을 꺼냈는지 기억이 안 난다. 그만큼 제정신이 아니었다.

시간이 되자 방송사 출구조사 결과가 나왔다. 충격적이었다. YTN을 제외한 모든 방송사가 박근혜 후보의 당선을 예상하고 있었다. 텔레비전 화면을 바라보는 이들에게서 짧은 탄식이 터져 나왔다. 투표율은 우리가 기대한 대로 72퍼센트를 넘길 것으로 예상되었다. 투표율이 이렇게 잘 나왔는데 우리가 진다니. 그때부터 아무 말도 할 수가 없었다. 내 눈을 믿을 수가 없었다. 그래도 많은 이들이 '아직은 모른다' '방송사 출구조사가 최근에 맞은 적이 별로 없다, 지난 총선 때도 많이 틀렸다'며 기운을 북돋우기도 했다.

사실 출구조사 발표 20분 전에 전화벨이 울렸었다. 휴대폰 화면에 아까 통화했던 방송사 후배의 이름이 떠올랐다. 이만큼 살아오면서 인생살이의 법칙 따위를 말할 수 있을 정도로 익은 사람은 아니라고 스스로 생각한다. 하지만 한 가지 확실한 것은, 불안한 예감, 잘 안 될지도 모른다는 느낌은 순식간에 도둑처럼 찾아오고 한 번 그런 예감에 맞닥뜨리면 종내는 거의 현실로 드러난다는 것이다. 그것만은 대체로 확실하다고 할 수 있다. 나는 말없이 전화를 받았다. 전화기 너머로, 떨리는 목소리가 들려왔다.

　"박근혜가, 이겼습니다."

역사의 죄인

점심때가 지나서야 눈을 떴다. 잠에서 깨어났지만 눈을 뜬 채로 한참을 누워 있었다. 집은 조용했다. 12월 20일이었다. 어제 어떻게 집에 들어왔던가. 물을 한 잔 마시고 어제를 복기했다.

후배의 전화를 받은 후 맥이 풀려 내 자리에 처박혀 있었다. 그때 벌겋게 상기된 얼굴로 문을 박차고 들어오는 모 의원의 모습이 눈에 들어왔다. 나에게 뭔가를 확인하러 달려온 모양이었는데 나와 눈이 마주치자 말을 걸지 못하고 바로 돌아 나갔다. 묻지 않아도, 표정만으로 모든 걸 알겠다는 눈치였다. 복도에서 흐느끼는 사람들을 지나 1층에 차려진 개표상황실로 발을 옮겼다. 여전히 자리를 지키고 있는 사람들이 있었지만 아까 모여 있던 인파에 비해 한참 줄어든 인원이라는 것을 알 수 있었다. 지쳤는지 아니면 울고 있는 것인지, 의자에 얼굴을 파묻은 채 엎드린 이들도 있었다. 모여 앉은 기자들도 말이 없었다. 몇몇 언론사의 카메라 기자들은 애써 설치한 장비들을 거두어들

25

이고 있었다.

　개표방송을 지켜보았다. 전국 지도가 점점 새빨갛게 변해 갈 때마다 가슴 한쪽이 떨어져 나가는 것처럼 아팠다. 정신적인 충격은 곧 통증이 되어 온 몸을 강타했다. 8시쯤 SBS 개표방송을 보고 있는데 '박근혜 당선 확정'이라는 자막이 떴다. 지난 총선 때 방송사들의 출구조사 수치가 틀렸던 것을 생각하며 혹여 희망을 놓지 않고 있던 이들도 그때부터는 표정관리를 하지 못했다. 빨간 점퍼를 입은 익숙한 얼굴들이 웃으며 환호성을 지르는 장면이 텔레비전 화면에 계속 비쳤다. 정말 우리가 졌단 말인가?

　말할 기운도 없었지만 아직 끝난 것이 아니었고 할 일도 있었다. 이를 악물고 지역에 전화를 돌렸다. 캠페인도 정책도 후보도 중요하지만 개표도 선거의 중요한 과정이다. 개표참관인들에게 마지막까지 수고해달라고 당부했다. 마음은 힘들겠지만 개표 과정에서 불상사가 일어나지 않도록 꼼꼼하게 챙겨주길 바랐다. 전화기 너머의 목소리들도 떨리고 있었다. 하지만 바로 이것이 우리의 일이었다. 어떤 상황이 벌어지든 최후까지, 내 할 일은 하자고 생각했다.

　충격에서 헤어나지 못한 상태인데 시간은 흘러 밤 9시가 넘어가고 있었다. 이 시점에서 우리가 할 일은 결과에 대한 입장정리였다. 급하게 열린 회의에서는 '패배가 확실하니 깔끔하게 인정하자'는 의견과 '조금 더 기다려보자'는 의견이 맞섰다.

이대로 인정하고 물러날 순 없다며, 반전을 기대하며 조금만 더 기다리자며 눈물로 호소하는 이도 있었다. 그러나 결국 문재인 후보가 당사로 들어와 기자회견을 하기로 결정되었다. 후보는 투표일 아침에 주소지인 부산 사상에서 투표를 하고 서울에 올라와 당사에 잠시 들른 후 자택에 있었다.

후보가 당사에 온다는 소식이 전해지자 곧 당사 마당은 사람들로 가득 찼다. 책상에 엎드려 흐느끼던 자원봉사자들, 기자실에 모여 있던 기자들도 마당으로 나갔다. 여자들의 얼굴은 대부분 눈물로 얼룩져 있었다. 추위와 슬픔 때문에 서로 부둥켜안고 흐느끼는 이들도 많았다. 야속하게도 한겨울의 밤바람은 찼다. 흐르는 눈물마저 얼어붙을 만큼 차가운 바람이 얼굴을 때렸다.

문재인 후보는 밤 10시쯤 당사 마당에 도착했다. 전국으로 타고 다니던 검정 밴의 문이 열리고 후보의 모습이 드러났다. 조용히 흐느끼던 사람들이 문 후보를 에워쌌다. 누군가 이렇게 불렀다.

"후보님!"

너무나 이상하게도, 문재인 후보는 여느 때와 다름없는 모습이었다. 평소처럼 단정한 양복 차림에 회색 머리칼을 빗어 넘기고 얼굴에는 엷은 미소마저 띠고 있었다. 마치 큰일을 당한 사람들을 위로하러 온 사람 같았다. 누구보다 이 시간과 이런 상황에 마음이 쓰라릴 문재인 후보가 먼저 사람들에게 다가가 손을 내밀었다. 당사 마당에 가득한 사람들은 어느새 크고 느린 물결이 되어 그 앞으로 다가갔다. 몇 달 동안 우리 캠프의 식구가 되었던 기자 몇 사람도 자제하지 못하고 어깨를 들썩이고 있었다. 생업을 접고 캠프에 합류한 자원봉사자들, 참여정부에서 일했다가 문재인을 돕기 위해서 합류한 낯익은 얼굴들, 젊은 당직자들, 멀리서 달려온 시민들, 눈물이 줄줄 흐르는 얼굴을 차마 들지 못하고 손을 내미는 사람들……. 문재인 후보는 차가운 겨울 밤, 영등포 민주통합당사 마당에서 눈물 흘리는 수많은 사람들의 손을 잡았다.

"정권교체, 새정치를 염원하는 국민들의 여망을 제가 받들지 못했습니다. 세 번째 민주정부를 수립해서 새정치, 새 시대를 열어야 된다는 역사적 소명을 제가 제대로 다하지 못한 것이 역사에 죄를 지은 것 같아 송구스러워 그렇지, 저는 정말 그동안 즐거웠습니다. 다들 정말 열심히 최선을 다해주셨는데 전적으로 제가 많이 부족한 탓입니다."

흐느끼는 소리가 높아졌다. 후보가 직접 패배를 인정했기 때문이다. 잠시 말을 멈추고 사람들을 바라보던 문재인 후보가 다시 입을 열었다.

"그래도 다들 희망은 봤지 않습니까? 여러분을 잊지 않겠습니다."

"후보님, 죄송합니다."

"미안합니다."

사람들 사이에서 터져 나온 소리였다.

"저는 괜찮습니다. 바깥이 추운데 어서 안으로 들어가세요. 같이 지금 3층으로 올라가세요."

그 말을 남기고 문재인 후보는 당사로 들어갔다. 그리고 3층 기자실에서 대선 결과에 승복하고 박근혜 후보의 승리를 인정하는 짧은 기자회견을 했다. 그의 모습은 선거 유세 때와 똑같았고 회견문을 읽는 음성도 흔들림이 없었다. 오히려 약간의 활기마저 느껴질 정도였다.

종합상황실 당원들은 대부분 남아서 개표 상황을 점검했다. 대체로 큰 사고 없이 개표가 이뤄지고 있었다. 대구, 부산 등 우리 당 조직이 취약한 영남 지역의 개표장 상황을 특별히 챙겼다. 혹시라도 있어날지 모를 사고의 가능성을 미리 차단하기 위해서였다. 지치고 힘들어서 말 한마디 할 기운도 없었지만 전화기를 들어 지역 상황을 맡은 당직자들에게 전화를 걸었다.

"의원님, 저희가 정말 졌습니까? 서울에서는 그렇게 보시는 겁니까?"

울먹이며 물어오는 이들에게 할 말이 없었다. 이미 결과는 나와 있었지만 지역에서 개표참관인으로 활동하는 이들의 희망을 잔인하게 꺾어버리고 싶지는 않았다. 최선을 다할 수 있도록 무슨 말이라도 해줘야 했다.

"그렇게 나오긴 했는데 워낙 박빙이라…… 마지막까지 개표 상황 좀 잘 봐주십시오. 혹시 모르지 않습니까."

꺼진 불씨를 살리자는 마음도 없지 않았지만 개표장을 지키는 것 역시 우리가 끝까지 해야 할 일이었다. 12시쯤 마무리하고 상황실 팀장 몇 사람과 당사 앞 포장마차에 잠깐 앉았는데 술도 들어가지 않았고 나는 이내 집으로 향했다. 현관문이 무겁고 크게 느껴졌다. 문을 열자마자 아내와 아이들이 달려 나왔다. 아내가 원망스럽다는 듯이 말했다.

"져놓고 어딜 들어와요! 져놓고……"

그날 밤도 뜬눈으로 지새웠다. 나 역시 선거에 떨어져본 경험이 있다. 뜻을 세우고 선거에 나섰는데 선택받지 못했을 때의 상처는 상상 이상으로 크고 아프다. 하지만 이번 선거로 받은 충격은 이전의 내 선거에서 느낀 아픔과는 비교도 할 수 없을 정도였다. 충격과 절망은 통증이 되어 온 몸을 덮쳤고 그렇게 쓰러지듯 잠든 나를 다음 날 점심때까지 아무도 깨우지 않았다. 그렇게, 나는 한 번도 상상하지 못했던 방식으로 12월 20일을 맞이했다.

낮 시간에 집에 있기도 무척 오랜만이었다. 그동안 매일 아침 상황 점검 회의가 열렸기에 새벽같이 영등포 당사로 나갔다. 그러나 오늘부터는 회의도 유세도 없고, 아무 일도 없을 터였다. 그런데도 몇 개월 동안 몸에 익은 습관 탓인지 텔레비전 리모컨을 찾기 시작했다. 텔레비전을 켜고 뉴스 채널을 찾았다. 어제 일어난 일을 온전히 믿을 수도 받아들일 수도 없었지만 그래도 뭔가를 확인하고 싶었나 보다. 빨간 옷을 입은 사람들이 환호성을 지르고 악수하는 장면이 뉴스에 한참 나오더니 뒤이어 박근혜 당선인이 웃으며 등장했다.

아버지로부터 배운 국정 철학
대한민국 최초의 여성 대통령
다시 청와대로 돌아가는 박근혜
패배한 민주통합당의 진로는 안개 속

자막들이 어지럽게 화면 위에 떠올랐다. 나는 탄식했다. "아, 정말 졌구나."

명백하게 힘든 조건에서 선거운동을 시작했고 정말로 어려운 순간들도 많았지만 나는 끝까지 승리하리라 믿었다. 이겨야 한다는 당위와 이길 수 있다는 희망을 결코 놓지 않았다. 문재인 대통령, 우리의 꿈을 이루는 것이 국민과 다음 세대를 위하는 길이라 믿었다. 하지만 우리는 선택받지 못했고 그래서 졌다. 우리가 섬기려 했던 국민의 선택을 받지 못한 것이다. 정권 교체와 사람 사는 세상을 일구려는 꿈은 정말 꿈으로만 그치고 말았다.

'역사의 죄인.'

갑자기 이 말이 떠올랐다. 언젠가 상황 점검 회의를 할 때 내가 한 말이었다.

"모두 투표 당일까지 최선을 다해달라, 여기서 지면 우리는 모두 역사의 죄인이 될 것이다. 우리 자식들 앞에 부끄러운 부모가 된다. 역사의 죄인이 되지 않게 끝까지 힘을 내자."

다른 이들에게 절박한 심정으로 호소했는데, 이제 그 말이 부메랑처럼 가슴팍으로 날아왔다. 나는 역사의 죄인이 된 것이다. 국민을 위한다면서도 국민의 마음을 얻지 못하고 결국은 선택받지 못해 패배하고 만 역사의 죄인 말이다. 우리는 졌고 그래서 역사의 죄인이 되었다. 어딘가 아픈데 몸이 아픈 것은 아니었고 슬프고 분했지만 차마 울 수는 없었다. 국민과 역사 앞에 죄를 지은 자가 대체 무슨 염치로 운단 말인가. 정말로 울 수 있는 사람들, 울 자격이라도 있는 이들은 이름도 직책도 없이 함께했던 캠프의 수많은 동지들, 그리고 우리에게 기대를 갖고 표를 준 국민들일 것이다. 그들이 받을 충격과 실망을 생각하니 죄인 된 마음이 땅 속으로 꺼져 들어갈 것처럼 무거웠다.

우리는 졌다. 그런데 왜 졌나? 진 이유는 무엇일까? 웃으며 손을 흔드는 박근혜 당선인의 영상을 바라보면서 나는 눈을 감고 기억을 더듬어 지난 4월로 돌아갔다.

총선 패배, 그리고 민주통합당

2012년 4월 총선이 끝난 후의 민주통합당 상황은 복잡했다. 많게는 과반수 의석, 최소한 새누리당 의석을 압도하는 수준의 의석을 얻으리라 기대했던 19대 국회의원 선거에서 민주통합당은 127석을 얻어 사실상 '패배'했다. 민주통합당은 '국민 참여 경선' 방식을 처음으로 도입해 당 대표를 선출했다. 당심과 민심을 함께 아우르고 국민의 뜻을 당 운영에 직접 반영하려는 노력의 일환이었다. '혁신과 통합' 등 정치 혁신을 바라는 시민사회는 물론 통합진보당을 비롯한 범야권 세력들과 연대하며 총선 승리를 위해 힘을 모았다. 미디어법과 4대강 사업 강행, 측근 비리와 노무현 전 대통령을 죽음으로 몰아간 정치 보복 등 이명박 정권의 실정과 불통에 염증을 느낀 국민들이 우리 당에 거는 기대도 컸다. 민주통합당이 제1당으로 우뚝 서서 정권을 단죄하고 대선 승리로 정권교체까지 이뤄주길 바랐던 것이다. 그러나 우리는 명백하게 패배했다.

총선 패배의 충격은 컸다. 핵폭탄이 떨어진 듯한 충격과 허무, 실망, 깊은 좌절에 우리는 압도당했다. 선거의 당사자인 후보들과 의원들은 물론이요, 다시 한 번 민주통합당을 믿고 지지해준 국민들의 실망감은 헤아리기도 어려울 만큼 엄청났다. 거칠게 실망감을 표출하는 이들이 많았고 '멘탈 붕괴' '멘붕'이라는 말이 매일 들려올 정도로 총선 이후 야권의 분위기는 무겁게 가라앉아 있었다. 당선된 의원들도 당선의 기쁨보다는 국민들의 기대를 무산시킨 죄스러움과 책임감으로 마음이 무거웠다. 18대 재선거에 이어 19대 선거에서 당선해 재선 의원으로 새 임기를 시작하게 된 나 역시 마찬가지였다. 국회 본관 건물을 바라볼 때마다 커다란 책임감이 마음을 짓눌렀다.

하지만 실망한 채로 앉아 있을 수는 없었다. 총선 패배를 극복하고 당을 재정비하고 다가올 대선에서 승리해야 하는 과제가 우리 앞에 놓여 있었다. 반성하고 수습하면서 곧바로 대통령선거를 준비해야 했다. 대선까지는 불과 10개월도 남지 않아 시간도 별로 없었다. 총선 패배에 책임을 지는 차원에서 한명숙 대표가 사퇴하고 비상대책위원회가 구성되었다. 그리고 6월에 세종시 국회의원으로 돌아온 6선의 이해찬 전 총리가 당 대표에 선출되어 당은 대선 준비 체제에 들어가게 되었다. 대통령선거까지 남은 시간은 약 6개월, 우리의 상대는 사실상 박근혜를 후보로 확정한 새누리당이었다.

새누리당도 당내 경선을 하고 있었으나 형식에 불과하다

는 것이 언론과 우리의 인식이었다. 다른 후보들에 비해 박근혜 후보의 지지도가 워낙 압도적이었고 경선에 임하는 후보자들도 적극적으로 나서는 모습은 아니었다. 당내 경선 자체가 어차피 후보로 선출될 박근혜 후보에게 정통성을 부여하기 위한 요식행위로 여겨질 지경이었다. 이처럼 강력한 단일 후보를 중심으로 정권을 사수하기 위해 일사분란하게 움직이는 새누리당에 비해 총선 패배의 충격에서 벗어나려 애쓰면서 경선으로 후보를 선출해야 하는 민주통합당은 애초에 출발선이 달랐다. 게다가 지난 서울시장 보궐선거를 계기로 높은 지지도를 이어가며 야권의 한 축으로 떠오른 안철수 후보와의 단일화도 큰 과제였고 이명박 정권 이후 정권의 대변자가 되다시피 한 언론 환경, 공중파와 종편의 편파 보도도 문제였다.

이렇듯 총선 이후 대선까지, 절대적인 시간과 거의 모든 여건이 불리했으나 어떻게든 최선을 다할 수밖에 없었다. 국민을 무시하는 불통 정권, 친인척과 측근 비리로 얼룩진 이명박 치하에서의 길었던 5년 세월을 박근혜와 새누리당이 연장하도록 내버려둘 수는 없었다. 표현의 자유를 잃고 탄압받아 망가진 언론, 대기업 자본에 터전을 빼앗기고 피폐해지고 있는 소상인들, 무한경쟁으로 내몰리는 사회 분위기, 상처 입고 후퇴한 민주주의……. 무엇보다 '그래도 민주통합당이 야권의 장자'라며 기대하고 믿어주었던 국민들을 생각하면 더욱 절박했다. 다시 실망시킬 수도, 다시 실망할 수도 없었다. 그렇기에 12월 대선은 결코 질 수 없는 싸움이었다. 정권교체와 민주주의 회복. 이겨야만 하는 이유가 너무도 크고 절실했기에 이번에는 절대로 질 수 없다고, 반드시 승리하자고 다짐했다.

왜 문재인인가? 내가 만난 문재인

문재인 의원과 나는 개인적으로는 이렇다 할 인연이 없었다. 참여정부 시절에 나는 국무총리실 시민사회비서관을 지냈고 재경부에서도 근무했는데 그러한 인연으로 몇 차례 회의석상에서 문재인 의원을 만난 적은 있었다. 하지만 긴밀히 협의해가며 함께 일해본 적은 없었고 지인들에게 '그 사람 안다'고 할 만큼 교분이 있지도 않았다. 그저 일처리 하는 모습을 보고 '합리적이고 신중하다'라는 인상을 받은 정도였다. 주변에서 들려오는 문재인에 대한 평가 역시 한결같았다. 문재인 의원과 사적으로 또는 공적으로 만났던 사람들이 전한 인상평을 정리하면 한마디로 문재인은 '조용하고, 공적·사적으로 깨끗하고, 성품이 올곧은 사람'이었다. 가장 야박한 평이라고 해봐야 '말이 없어서 차가워 보인다' 정도였다. 온갖 사람이 모여 있는 관가의 인상평이 호평 일색이라니 부럽기도 하고, '역시 좋은 사람인가 보다' 싶었다.

그러다가 19대 국회 들어서 부산 사상에서 당선돼 초선 의원으로 국회에 들어온 그를 다시 만났다. 그 정도로 인연이 이어지는 듯했는데 당내 대선후보 경선을 준비하던 문재인 의원이 의원회관 사무실까지 직접 찾아와 담쟁이 캠프에 참여해달라는 제안을 해왔다. 문재인 의원이 '인연도 별로 없는 나를 왜 찾지?' 싶었지만 내심 반갑기도 했다. 하지만 당시에는 그의 제안을 선뜻 받아들일 수가 없었다.

이해찬 대표 체제 출범 당시에 나는 당 정책위원회 수석부의장이라는 당직을 맡고 있던 터라 함부로 어느 한 편에 서기에는 조심스러운 상황이었다. 게다가 당내에서는 '이해찬, 박지원이 담합해서 당권을 접수한 후 문재인을 후보로 세우려고 작업 중'이라며 공격하는 이들이 있었다. 이해찬 의원이 당 대표에 선출될 때부터 불거졌던 소위 '이박 담합론'에서 비롯된 오해였지만 당직을 맡고 있는 내가 문재인 경선 캠프 쪽으로 일찍 기울면 그런 루머를 뒷받침하는 모양새가 되어 오히려 문 의원에게 도움이 되지 못하고 오해를 받게 할지도 모른다고 판단했다. 그래서 일단은 경선 캠프에서 직책을 맡지는 않고 뒤에서 마음으로 돕겠다고 말했다.

그후에도 후보 경선 전까지 문재인 의원과 따로 만나게 되었다. '문재인 의원은 듣기를 좋아하고 말이 없는 사람'이라는 평을 듣고 나갔는데, 알고 보니 말이 없는 것이 아니라 필요한 말을 정확하게 하는 스타일이었다. 서너 번의 식사 자리에서 여러 이야기를 나누었고 그가 어떤 사람인지 알고 싶어 작심하고 나름대로 궁금한 것을 꽤 많이 물어보았다.

문재인 의원은 준비된 사람이었다. 국가 운영에 대한 철학, 이명박 정권의 실정에 대한 평가, 복지, 정치 발전, 남북 문제, 경제민주화 등 개별 정치 사안에 대한 질문에 막힘 없이 답했고 언사에 꾸밈이 없었으며 논쟁적인 사안에 대한 입장도 대체로 명확했다. 국가가 시민 개개인에게 어떤 존재여야 하는지, 앞으로 이 나라가 어떤 방향으로 발전해 나가야 하는지를 숙고하고 있었으며 정치인으로서 방향성과 비전을 확고히 정립해두었다는 인상을 받았다.

문재인 의원의 비전은 책에서 본 이론이나 학문 연구로 쌓은 지식의 수준을 넘어 실무에서 오래 숙성된 생각으로 인격에 완전히 체화되었다는 느낌이 들었다. 시민사회와 정부를 넘나드는 인맥의 폭도 방대해 무척 진보적이고 개혁적이며 국민 생활에 꼭 도움이 될 정책들을 세심하게 제시하는 훌륭한 진용을 갖출 수 있을 것 같았다. 명확한 비전과 넓은 인맥, 아마도 대통령 바로 옆에서 대통령의 시각으로 국정을 바라보고 조언했던 경험 덕에 얻은 자산이 아닌가 싶었다. 여러 이야기를 나누면서 다소 저돌적인 나와 조용하고 신중한 그 사이에도 공감하는 면이 꽤 많다는 사실을 알게 되었다. 결국 나는 민주당 대선후보는 물론이고 이 나라를 이끌어갈 대통령으로 문재인만 한 사람은 없겠다고 확신하게 되었다.

당시 당내 경선을 앞두고 다른 후보 측에서는 '친노 확장성 부족'과 '참여정부 책임론' 등을 내세워 '문재인으로는 박근혜를 이기기 어렵다'라고 주장하고 있었다. 그런데 당시에 잠재적 대권 후보로 거론되었던 야권 인사들 중 국민의 지지도가 가장 높았던 이가 바로 문재인이었음을 생각하면 '확장성 부족'은 드러난 현상에도 어긋나고 논리적 근거도 부족한 주장이었다. 국민의 지지도가 가장 높다면 대선후보로서 갖추어야 할 인지도와 확장성은 이미 증명된 것이 아닌가. 참여정부의 고위 인사로서 책임을 져야 한다는 주장 역시 마찬가지였다. 분명 문재인 의원은 노무현 대통령의 친구이고 비서실장이었으나 이미 문재인은 노무현과의 인연이나 청와대 경력을 바탕으로 하여 본인만의 정치철학과 국가 경영을 위한 비전을 갖추었기 때문이다.

그동안 살아온 삶 역시 깨끗했다. 참여정부 역시 공도 있고 과도 있지만 당시 시대 상황 속에서 노 대통령과 정부는 복지와 남북 관계, 민주주의 발전을 위해 최선을 다했으며 여러 가지 의미 있는 성과를 냈다고 생각한다. 김대중 전 대통령의 국민의 정부, 노무현 전 대통령의 참여정부. 위대한 정치가이자 진정한 민주주의자였던 두 대통령의 유산을 계승하고 발전시킬 책임이 있는 민주통합당의 후보라는 점에서도 문재인은 충분한 자격과 능력을 갖춘 인물이라고 판단했다.

대권 후보로 거론된 이후 줄곧 그의 발목을 잡아온 '권력의지' 논란, '과연 문재인이 대통령이 될 권력의지가 있느냐'라는 말에 담긴 일말의 의구심도 직접 만나보니 해소되었다. 당시 내가 만난 문재인 의원은 민주, 진보 세력의 대표로서 대통령이 되어 어려움에 빠진 이 나라를 더 나은 방향으로 운영해보겠다는 강한 의지를 갖고 있었다. 문재인의 권력의지는 '나 아니면 안 된다'라는 식의 독재적, 구시대적, 이기적인 권력의지가 아닌 강하고도 선한 의지였다. 그는 자주 "착한 정치를 보여주고 싶다"라고 말했다. "착하게 정치를 해도 집권할 수 있고, 국민을 위해 권력을 옳게 사용하고 돕는 일을 하고 싶다"라고 말했다. 그것이 '문재인의 권력의지'였다. '나 아니면 안 된다' 고 주장하며 상대를 악착같이 공박하는 모습을 흔히 볼 수 있는 우리 정치 풍토에서 그런 권력의지는 꽤 낯설어 보였을 테고 그렇기에 '권력의지가 약하다'라는 평이 나왔을 것이다.

문재인 의원을 알아가면서 특히 마음이 움직인 가장 중요한 이유는 국가와 국민에 대한 진정성 때문이었다. 나는 정치인의 덕목 중 가장 중요한 것이 '진정성'이라고 생각한다. 경륜이나 비전, 학식, 정책, 노선 등도 물론 중요하지만 진정으로 국민을 아끼고 걱정하는 애민의 마음, 보통사람들의 생활에 공감하고 염려하는 진정성이 없다면 아무리 머릿속에 담긴 지식이 방대하고 좋은 정책을 생각하고 있다고 해도 의미가 없다고 생각한다. 사람이 진심으로 다른 사람을 대하는 마음과 태도는 어느 정도 타고난다고 생각하는데, 정치인에게 그런 태도는 무척 중요하지만 그만큼 드물어서 귀한 덕목이기도 하다.

그런데 문재인 의원의 말과 태도에서는 그런 꾸밈없는 진정성을 느낄 수 있었다. 그는 사람들의 일상생활, 특히 먹고사는 문제를 진심으로 염려하고 있었다. 문재인은 자신에게 대통령의 권한이 주어진다면 이를 선하게, 올바르게 사용함으로써 국민의 생활을 발전시키고 더 자유롭고 더 공정하고 더 좋은 나라를 만들겠다는 비전을 갖고 있었다. 게다가 지금까지 걸어온 삶의 내용과 주장하는 정치적인 비전 사이에 괴리가 없는 사람이었다. 젊은 시절, 대형 로펌 변호사가 되어 부유하고 안락하게 살 수 있는 기회가 있었지만 일생의 친구를 만나 어려운 이를 돕는 삶을 살았고 사인으로나 공인으로나 한 번도 자기 신념과 어긋나는 일에 눈 돌리지 않았다. 나는 문재인 의원의 일관성과 깨끗한 삶에 무척 끌렸다. 남자답고 본받을 만한 삶이라고 느꼈다.

나 역시 젊은 시절에 학생운동을 했고 이후 노동계와 정부, 정치계에 몸담으면서 다종다양한 사람을 만나왔다. 사회운동을 하는 활동가든 국회에 있는 정치인이든 뜻을 세운 사람은 자기 세계관과 가치를 실현하기 위해 노력해야 한다고 생각한다. 그런데 지난 수십 년 동안 내가 알던 사람들, 한때 같이 일했던 동지들과 존경했던 정치인들이 신념과 양심을 저버리고 시류에 따라 몸을 움직이는 모습을 수없이 보아왔다. 그들이 변해가는 모습을 보며 실망도 많이 했다. 편하게 양비론을 펴며 시시비비를 가리지 않고 좋은 소리만 들으려는 사람, 유불리에 따라 입장을 쉽게 바꾸는 이들, 내가 가장 혐오하는 인간형이다.

그런 이들에 대한 실망감에서 비롯된 반작용일까? 나는 때로 내가 옳다고 믿는 사안에 대해서는 무척 강하게 말할 때가 있는데 이 때문에 종종 '홍영표는 지나친 원칙주의자다'라는 평판을 듣기도 한다. 하지만 나는 오히려 그 편이 낫다고 생각한다. 양비론은 양다리라는 소신이 있어 '맞는 건 맞다' '아닌 것은 아니다'라고 단호하게 말하면서 때로 싫은 소리도 듣는 쪽이 내 양심에 거리낌 없는 일이다. 아무튼 기회주의가 만연한 이 정치판에서 문재인의 강직함은 무척 희귀한 미덕이었으며 나는 그런 사람을 알게 되어 무척 기뻤다.

몇 번을 만나며 긴 대화를 나눈 끝에 나는 '문재인'이라는 사람에 대한 궁금증을 많이 해소했다. 그리고 그가 무척 믿을 만한 사람이며 내가 생각하는 민주통합당의 대통령 후보로 손색없는 인물이라고 확신하게 되었다. 국가 운영에 대한 확실한 비전과 진정성을 가진 강직한 대통령, 나는 그때부터 '문재인 대통령'을 마음속으로 상상하게 되었다. 그렇게 마음은 문재인으로 정해졌지만 일단 당직을 맡은 입장이라 담쟁이 캠프 참여는 고사하고 오해를 사지 않도록 조용히 처신하며 측면에서 돕기로 했다.

그런데 이즈음 언론과 '비노'를 자처하는 당 안팎의 인사들이 '문재인은 친노라서 안 된다'라며 거친 언사로 비난하는 것을 보자니 무척 못마땅했다. 대부분 참여정부 때 이런저런 이유로 좋지 않은 감정을 품게 된 인사들이 대단히 비합리적인 이유로 그를 공격했다. 설사 사감이 있더라도 사람의 능력은 인정해야 하는데 '친노'라는 말로 한데 묶어서 대통령 후보로 나선 당내 의원을 폄하하는 것은 옳지 않은 태도라고 생각했다. 그런 발언이나 기사들에 평소의 방식대로 딴죽을 걸고 다녔더니 어느새 신문기사에는 홍영표는 '친노 의원'으로 분류되어 있었다. 부당하다고 느낀 것을 부당하다고 말했다는 이유로 '친노'가 되다니, 우습지만 그러려니 했다. 당내 경선이 본격적으로 시작되기도 전에, 친노와 별 인연도 없었던 내가 '친노'로 불리게 되었다.

문재인의 출마 선언 뒷이야기

문재인 의원이 언제 정치에 나설 결심을 했는지를 두고 여러 얘기가 있는데 이해찬 전 총리의 강한 권유를 받고 마음을 정했다는 설이 사실에 가까워 보인다. 총선 전에 경남 창원에서 문재인 의원, 이해찬 전 총리, 김두관 전 경남지사 등이 만나 밤새 막걸리를 마시며 편하게 대화를 나눴는데 이해찬 총리가 문재인 의원에게 '총선에 나와달라, 정치를 하라'고 강하게 권유했고 김두관 지사 역시 '나오시면 제가 돕겠다'라고 했다는 것이다. 당시 문재인 의원은 확답을 하지 않고 돌아갔다. 그래서 김두관 지사는 문재인이 이해찬 총리의 강권을 거절한 것으로 판단했다고 한다.

문재인 의원이 4·11 총선에서 사상구 국회의원에 당선한 이후에는 당 안팎에서 대선에 출마하라는 요구가 빗발쳤다. 대선 출마에 대한 압박이 거세지고 본인도 받아들일 수밖에 없다고 생각했는지 문 의원은 4월 중순부터 5월 중하순까지 100여명에 이르는 다양한 인사들을 만나 자문을 구했다.

문재인의원실 윤건영 보좌관에 따르면 당내 중진, 재선급 의원부터 정부에서 같이 일했던 전문가들, 시민사회 인사들을 고루 만났는데 점심 저녁을 거의 그들과 함께 했고 필요하면 저녁 늦게까지 차를 마시는 자리를 마련해 최대한 많은 사람의 의견을 물었다. '대선에 대한 전망과 정권교체의 필요성 사이에서 자신은 어떻게 하는 것이 옳은지, 만약 출마할 경우 무엇이 필요한지'를 두고 조언을 구했다. 그리고 정확히 어느 시점인지는 불확실하나 문재인 의원은 결국 대통령 후보 경선에 출마할 결심을 굳히게 된다.

일단 민주통합당 대선 경선에 나서기로 결정하고 어디서 출마 선언을 할지를 놓고 고민했다. 애초에 광화문을 점찍어두고 있었지만 손학규 고문이 선점했다. 손 고문은 6월 14일에 세종대왕 동상 앞에서 출마 선언식을 했다. 멀리 보이는 청와대를 배경으로 한 출마 선언 장면은 그럴듯했고 상징성도 있었다. 그만 한 장소가 없다 싶어 무척 아쉬웠지만 다른 장소를 물색하는 수밖에 없었고 물망에 올랐던 장소들 중 '서대문 독립공원'이 문재인의 출마 선언 장소로 결정되었다.

문재인 의원의 출마 선언식이 있던 6월 17일, '문을 엽니다' 란 큰 글자 모양으로 만들어진 서대문 독립공원의 야외무대 위에서 연녹색 넥타이를 맨 문재인은 민주통합당 대통령 후보 경선 출마를 선언했다. 무대에 선 그의 목소리는 비장하다기보다는 담담했다. 김정숙 여사는 특전사에서 복무하던 젊은 군인 문재인을 면회 갔을 때 들고 갔다는 안개꽃 한 다발을 문 후보에게 건넸다. 아들 문준용 씨도 함께했다. 처음에 생각했던 광화문은 아니었지만 일본 제국주의에 항거한 독립운동가들의 애국심과 숭고한 희생을 상징하는 독립공원에 깃든 의미는 강직하고 성실한 문재인과 잘 맞아떨어졌다.

　여기에는 뒷이야기가 있다. 출마 선언식의 최초 컨셉트는 '가족'이었다. 아버지, 어머니, 자녀들로 이루어진 한 가족의 가장이자 남편 그리고 아버지로 곧게 살아온 문재인이 대한민국의 대통령, '우리나라 대통령'이 되기 위해 출마를 선언하는 당당한 모습을 보여주려 했다. 출마 선언식을 준비한 기획자의 애초 의도가 그러했다. 하지만 출마 선언식의 모습은 왠지 허전했다. 문 후보의 딸 문다혜 씨의 모습이 보이지 않았기 때문이다. 행사 연출자인 탁현민 감독이 문재인 후보의 딸에게 직접 전화해서 출마 선언장에 나와달라고 부탁했다. 이는 그의 트위터와 언론 보도를 통해 많이 알려진 이야기다. 탁 감독은 출마 선언식의 컨셉트가 '가족'이라는 점을 설명하고 다혜 씨가 꼭 아버지와 함께 나와줬으면 좋겠다고 정중하게 부탁했다. 하지만 문다혜 씨는 거절했다. 거절의 변이 이렇다.

　"어떤 말씀인지는 알겠지만 그런 방식은 정정당당하지 못한 것 같다는 생각이 듭니다. 박근혜 후보는 그런 자리에 함께할 가족이 없잖아요. 그리고 저도 제 생활이 있어요."

'정정당당하지 못하다'니, 일리가 있는 말이었다. 하지만 다른 일도 아닌 대통령선거를 위한 이벤트가 아닌가. 눈 딱 감고 한번만 나와주었으면 좋겠다 싶었다. 하지만 다혜 씨는 나오지 않았고 문재인 후보도 딸에게 전화를 한 번 했을 뿐 더는 강요하지 않았다. 윤건영 보좌관은 당시 상황을 이렇게 전한다.

"아마 보통의 아버지였다면 딸을 달래고 호통을 쳐서라도 행사에 불러 세웠을 겁니다. 사실 일반적인 가정에서는 충분히 그럴 수도 있잖아요. 하지만 문 후보님은 그런 아버지가 아니셨습니다. 딸의 얘기를 듣고 그 뜻을 흔쾌히 존중해줬습니다. 전화 한 번 했고, 두 번 부탁하지도 않으셨어요. 그리고 따님은 서대문 독립공원과 경희대에서 열린 토크 콘서트 행사장 객석에 계속 같이 있었습니다. 무대에 올라오진 않았지만 한 장소에서 함께하면서 아버지를 지켜보고 응원하고 있었습니다."

문재인 의원은 참여정부 시절에는 국회의원 출마 압박을 줄곧 받아왔고 노무현 전 대통령 서거 이후에는 꾸준히 야권의 차기 주자로 거론되었다. 부인과 전원생활을 하며 서울에서 멀어졌지만 그를 찾는 사람들은 시간이 갈수록 늘어났고 앞에 나서라는 요구 또한 점점 강해졌다. 수년간 정치를 하라는 압력을 사방에서 받으면서도 고민에 고민을 거듭했지만, 이명박 정권의 극단적인 정치 보복으로 노무현 전 대통령을 떠나보낸 후에 더 이상 피할 수 없는 '운명'임을 밝히며 결국 정치에 뛰어들었다. 처음에는 가족들도 만류했지만 국회의원 선거에서 부산

사상구에 출마하기로 결정한 이후부터는 김정숙 여사를 비롯한 가족들이 열심히 지원했다. 특히 아내인 김정숙 여사는 밝고 적극적인 성품으로 사상 선거에서 일당백의 역할을 해내 자원봉사자들과 언론으로부터 호감을 얻었다. 다소 낯을 가리는 편인 문 후보와 활달하고 따뜻하며 어디서나 쉽게 친밀감을 표시하는 김 여사는 좋은 조합이었다. 그렇기에 '다복한 가정의 든든한 가장'이라는 문재인 후보 이미지는 선전 측면에서 상당히 괜찮은 방법이었다. 하지만 문재인 의원은 그런 방식을 꺼리는 딸의 생각 또한 존중했다.

출마 선언식 날, 서대문의 독립공원에 쏟아지던 햇살은 6월 치고는 유난히도 뜨거웠다. 내리쬐는 햇살 속에서, 지지자 5000여 명의 함성 속에서, 문재인 의원은 아내와 아들과 함께 단상에 올라 대선후보 경선 출마를 선언했다.

"암울한 시대가 저를 정치로 불러냈습니다. 더 이상 남쪽 나뭇가지에 머무를 수 없었습니다. 이제 저는 국민과 함께 높이 날고 크게 울겠습니다. 오늘 저는 제18대 대통령선거 출마를 국민 앞에 엄숙히 선언합니다. '우리나라 대통령'이 되겠습니다."

담쟁이 캠프 만들기, 그리고 당내 경선 주자들

당내 경선을 위해 문재인 의원은 '담쟁이 캠프'를 만들었다. 담쟁이 캠프는 민주통합당 비례대표 의원으로 국회에 들어온 도종환 의원의 시 〈담쟁이〉에서 이름을 따왔다. 캠프에는 도종환 의원을 비롯해서 초선 의원들이 많이 관여했고 재선급 의원은 별로 없었다. 많은 의원들이 관망하는 입장을 취한 데다 총선 패배의 후유증과 '이박 담합' 논란 때문에 발이 묶인 탓이기도 했다. 게다가 위치로 보나 인연으로 보나 당연히 도와주리라 믿었던 몇몇 의원들이 정작 담쟁이 캠프에는 참여하지 않았다. 3선급 이상 의원들이 거의 움직이지 않았다.

이러한 경선 캠프의 '인력난'은 문재인 의원뿐만 아니라 경선에 참여했던 다른 후보 캠프에서도 겪고 있던 어려움이었다. 때문에 경선 초창기에 각 후보 캠프는 현역 의원들보다는 친분 있는 자원봉사자, 지지자들도 구성된 자원 활동가 주축으로 운영되었다. 당시 중량급 다선 의원 중 특정 경선 후보에 대한 지지를 표명해 화제가 된 인물은 김두관 지사를 지지하고 나선 원혜영 의원 정도였다. 언론의 주목을 끌고 든든한 지원군이 되어줄 현역 의원의 도움이 절실했던 상황에서 문재인을 비롯한 손학규, 김두관, 정세균 경선 후보 역시 의원들을 일일이 접촉하며 자신을 지지해달라고 부탁했다.

손학규 고문은 '합리적인 중도 성향'인 데다 당 대표, 경기도지사를 지낸 행정 능력, 야당 불모지인 분당을 보궐선거에서의 당선을 근거로 인구가 가장 많은 수도권에서 득표력이 있는 후보라는 자신의 확장성을 강조했다. 2009년에 내가 재선거에 출마했을 때 손 고문은 춘천에서 시골생활을 하고 있었다. 그런데 인천까지 와서 선거를 지원해주었다. 아마 춘천 칩거 이후 정치무대에 처음 복귀하는 자리였을 것이다. 그런 인연으로 항상 고마운 마음을 품고 있었다.

정세균 의원은 경제 전문가로서의 전문성, 당 대표를 두 번 지내고 호남 지역구를 거쳐 19대 총선 때 서울 종로구에서 당선된 저력이 있는 분이다. 당 대표를 두 번이나 지냈고 임기를 채운 거의 유일한 분인 데다 원만하고 차분한 성품의 신사다. 내가 재선거에 출마할 때 정세균 의원이 당 대표였는데 거의 모든 당력을 우리 지역에 지원해주었다. 대표였던 자신도 거의 인천에 살다시피 하며 나를 도왔다. 나로서는 상당히 많은 신세를 진 고마운 분이다. 특히 경선이 끝나고 가장 앞장서서 민주당 후보인 문재인을 위해 뛰었다. 본인이 할 수 있는 선거운동을 전국을 돌며 전개했고 후보 단일화가 실패하고 선대위원장들이 일괄 사퇴한 이후 일분일초가 급박하게 돌아가는 상황에서 상임고문 자격으로 사실상 선거운동을 이끈 좌장이었다.

김두관 지사는 예전 개혁당에 참여할 때부터 잘 알고 있던 동지로 진실하고 소탈한 사람이다. 서민 출신, 이장 출신으로 시작한 입지전적인 삶의 이력과 행정가로서의 능력을 내세웠고 자신이 '잠재적 확장성이 가장 강한 인물'이라고 주장했다. 실제로 당 안팎에서는 김두관이 출마를 선언하면 상당한 폭발력을 보여주리라고 기대하는 이들이 많았다. 그의 출마는 기정사실화되었고 도지사를 사퇴하고 출마하느냐 지사직을 유지하면서 출마하느냐만 남겨놓은 상태였다.

새누리당의 김문수 경기도지사가 지사직을 유지하면서 당 경선에 출마했기에 김두관 역시 지사직을 유지해도 무리가 없지 않겠느냐는 의견도 있었지만 대체로 사퇴 후 출마 쪽으로 가닥이 잡혀가고 있었다. 나와 김 지사의 인연은 꽤 오래되었고 그의 인생 역정에 공감하고 여러 장점도 인정하고 있었다. 문재인 의원이 후보로 부상하기 전에는 김두관 지사가 나와서 신선한 돌풍을 일으켜주길 바라기도 했다. 하지만 아직은, 지금은 그의 때가 아니라고 생각했다.

김두관 지사의 출마설이 돌던 때에 경상남도에 방문할 일이 있었다. 도지사 사무실에서 마주 앉아 에둘러서 '이번엔 아니다'라는 의견을 전했다. 김 지사는 확답하지 않은 채 허허 웃었고 나도 더 이상은 이야기하지 않았다.

　작은 마을의 이장으로 시작해서 꾸준히 지역 발전을 위해 일했고 참여정부 행정자치부 장관까지 지낸 김두관의 여정은 실로 빛나는 경력이다. 게다가 무소속으로 새누리당 철옹성인 경상남도에서 도지사로 당선되었으며 민주통합당에 입당해서 열정적으로 도정을 펼쳐나가고 있었다. 도민 복지와 경남 경제 발전을 위한 공약들도 현실성이 있었고 참신했다. 그런데 이런 약속을 채 펼쳐보지도 못한 채 직을 내려놓고 대선후보로 나와 버렸다. 도지사직을 사퇴하고 출마를 결심했으니 일견 과단성 있는 행동이라고 볼 수도 있겠지만 매우 아까운 일이었다. 경남 도민을 위해서도 그의 사퇴는 손실이었다. 김두관 지사의 빈자리를 차지한 홍준표 경남도지사로 인한 논란들을 지켜보노라면 그의 부재가 더 크고 안타깝게 느껴진다. '아, 경남에 김두관이 계속 있었다면' 하는 탄식이 절로 나온다.

경선 룰 논란과 결선투표제

이해찬 대표는 대선을 위한 당내 준비가 시급함을 인식하고 대표로 선출되자마자 민주당의 18대 대선후보를 선출하기 위한 준비 작업을 실행할 '대선기획단'을 구성했다. 대선기획단장엔 선거 경험이 많고 특정 후보를 지지하지 않았던 중립 성향의 추미애 의원이 선임되었다. 대선기획단에서는 추미애 단장을 중심으로 잠재 후보들의 대리인이 한 명씩 참여해서 경선 세부 일정과 규칙, 일명 '경선 룰'을 만들었다. 경선 주자들의 요구 사항을 반영하면서도 모두 인정할 수 있는 공정하고 합리적인 룰을 만드는 것이 관건이었다. 결국 국민 참여 50퍼센트와 당원 투표 50퍼센트의 비중으로 경선 투표 원칙이 정해졌다. 후보 간 유불리에 따라 협상이 지연되는 진통을 겪었지만 결국 모든 경선 주자들이 동의하는 가운데 순조롭게 경선 룰이 통과되었다. 당시에는 이의를 제기하는 쪽이 없었으나 나중에 본 경선, 특히 제주 경선 직후에는 모두 합의했던 경선 룰이 경선 자체를 뒤흔드는 빌미가 되었다.

당내 후보 경선을 위한 결선 룰 협상에서 가장 논란이 된 것은 바로 '결선투표'였다. 문재인을 제외한 후보들은 '1위 후보가 득표율 50퍼센트를 넘지 못할 경우 결선투표로 1위 후보를 정한다'는 안을 내세워 문재인을 압박했다. 나를 포함한 여러 의원들은 문재인 후보에게 정당성도 합리성도 없는 결선투표는 절대 받아서는 안 된다고 강하게 제언했다. 하지만 문재인은 세 후보가 제시하는 어떤 요구든 다 받아들이겠다는 생각을 하고 있었다. 다만, 결선투표는 대승적으로 수용하되 일반 국민들의 참여가 보장되는 온라인 방식의 모바일 투표는 반드시 관철되어야 한다는 것이 문 후보의 확고한 생각이었다.

'후보가 결선투표를 받을지도 모른다'는 말이 퍼지자 담쟁이 캠프의 인사들이 깜짝 놀랐다. 당시 야권 주자들 중 가장 많은 국민의 지지를 받고 있었지만 경선 도중에 어떤 변수가 있을지, 문재인 후보에게 유리할지 불리할지, 알 수 없는 일이었다. 게다가 50퍼센트 이상의 지지를 받지 못할 경우 세 후보가 연합해서 결선투표로 가면 어떻게 될까? 과연 문재인이 이길 수 있을까, 장담할 수 없었다. 상대는 세 명이었기 때문이다. 결선투표를 받아들이는 것은 부당하게 위험 부담을 떠안는 일이었다. 당시 문 후보 대리인인 전해철 의원과 손 후보 측의 조정식 의원, 김 후보 측의 문병호 의원 등은 경선 흥행과 본선 경쟁력을 보장할 경선룰 마련을 위해 수시로 논의하고 있었는데, 경선 연기까지 예상되는 긴박한 상황이었다. 흥분해서 후보에게 달려가 '결선투표를 받아서는 안 된다'라고 간청하는 의원들도 있었다. 하지만 문 후보는 결선투표를 받겠다고 발표해버렸다. 7월 17일의 일이었다. 당시 문 후보의 생각은 이 정도로 정리된다.

"반드시 내가 아니어도 된다. 우리 진영에서 좋은 사람이 후보가 된다면 그걸로 족하다. 국민 앞에서 더 이상 추한 모습을 보여서는 안 된다. 어떤 요구든 받아들이고 최선을 다하자."

나 역시 결선투표는 불공정한 조건이라는 입장이었지만 어쩔 수 없었다. 당사자의 입장이 그리도 확고하다면 불리한 조건이라도 받아들이고 최선을 다하는 방법밖에 없었다.

"양보할 게 따로 있지!"

안타까운 마음에 겉으로는 이렇게 툴툴거렸지만 속으로는 문재인 후보에 대한 신뢰가 더 커졌다. 문재인 후보가 경선 내내 내세웠던 슬로건은 '모두의 승리'였다. 친노도 반노도 없는, 정권교체를 염원하는 우리 모두의 승리. 이 승리를 위해 문재인은 분명히 불리해 보이는 조건을 받아들였다. 결선투표 안을 받았을 뿐만 아니라 다른 후보들의 요구 사항이 있으면 다 받아들이라고 했다. 문 후보의 결단을 계기로 같은 날 당 최고위원회에서 완전 국민경선 방식의 대선후보 경선 규칙이 최종 결정되었다. '나 혼자만을 위한 유불리를 따지지 않고 때론 손해를 보더라도 간다', 바로 이것이 '모두의 승리'를 염원하는 문재인의 방식이었다.

상처로 얼룩진 대선후보 경선

결선투표제를 포함한 경선 룰이 최종 확정되자 경선 열기도 점점 달아올랐다. 이른바 빅 포(Big four) 후보 외에 당내 경선에 출마한 이들도 저마다의 강점을 내세웠다. 조경태 의원은 부산에서 유일하게 민주통합당 간판으로 세 번 연속 당선된 인물임을 내세웠고 김영환 의원은 참여정부에서 과학기술부 장관을 지낸 경력 등을 근거로 지지를 부탁했다. 행정자치부 장관과 대한체육회장을 지내고 총선 때 부산 부산진을 지역구에 출마했던 김정길 전 장관, 박준영 전 전남지사 또한 경선 출마를 선언했다.

문재인을 비롯, 손학규, 김두관, 정세균, 박준영, 조경태, 김정길, 김영환, 이 여덟 명이 18대 대선 민주통합당 후보 자리를 놓고 경선에 나서게 되었다. 언론에서는 이를 두고 1강 3중 3약의 구도라고 표현했다. 김정길 후보가 예비 경선 전에 사퇴하고 7월 29일과 30일 양일간 예비 경선(컷오프)을 위한 여론조사가 실시되었다. 그 결과 조경태, 김영환 후보가 탈락하고 문재인, 손학규, 김두관, 정세균, 박준영 후보로 본 경선 후보군이 정리되었다.

　민주통합당이 예비 경선을 마치고 본 경선을 준비하는 동안 새누리당은 경선 전당대회를 마무리하고 후보를 확정했다. 새누리당 경선은 사실상 박근혜 후보 추대를 위한 요식행위였고 모두 결과를 예상하고 있었기에 하나마나한 일이라는 평가를 받았지만 어쨌든 형식만은 경선이었다. 박근혜 후보는 그런 경선에서 86.3퍼센트의 압도적인 지지를 얻어 새누리당 대선후보가 되었다. 탈락한 후보들도 별 이의 없이 곧장 박근혜 후보를 지지하고 선거운동을 지원하겠다고 선언했다. 시간도 부족하고 여건도 좋지 않은 상황에서 예비 경선에 이어 본 경선을 치러야 하는 우리로서는 거침없이 본선을 향해 달려가는 그들의 추동력이 다소 부럽기도 했다.

　민주통합당은 8월 25일부터 본격적인 전국 순회 경선에 돌입했다. 첫 경선지는 제주였다. 후보들은 제주에 모든 인원을 집중해 지지를 호소했다. 제주는 일단 '첫 경선 지역'이라는 상징성이 있었고 첫 번째 지역에서 승기를 잡으면 나머지 지역 순회 경선에서도 무난하게 이기리라 전망했기 때문이다. 특히 후보들이 제주 첫 경선에 큰 의미를 부여하고 총력전을 펼친 데는 전례가 있기 때문이다. 2002년 민주당 대선후보 경선에 출마했던 노무현 후보가 제주 경선에서 모두의 예상을 깨고 1위를 차지하며 돌풍을 일으켰고 나머지 지역에서도 승기를 이어나가 결국 민주당 대선후보가 되었다. 이런 좋은 전례가 있기에 제주는 매우 중요한 곳이었다.

사실 제주 경선은 손학규 후보가 가장 확실한 자신감을 보이고 있었다. 제주도의 민주당 국회의원 세 명 중 두 명이 손학규 후보를 지지하고 있었기 때문이다. 손학규 후보가 이미 상당수의 대의원을 확보했고 경선인단도 가장 많이 모집했다는 소문이 들려왔다. 문재인 후보 입장에서는 확실히 불리해 보이는 상황이었다. 지지하는 의원 하나 없고 특별한 연고도 없는 제주도에서 이기기는 아무래도 어려워 보였다. 경선 전날, 나는 다소 불안한 마음을 안고 제주도로 내려갔다. 제주 항운노조에 가서 여러 사람들을 만나 터놓고 이야기했는데 노조원들 사이에서 문재인 후보에 대한 평판이 무척 좋아 내심 놀랐다. 서귀포에서 문재인 후보 지원 활동을 열심히 하고 있던 활동가 역시 나를 보자마자 이긴다고 장담했다.

"너무 걱정하지 마십시오. 문재인 후보가 이깁니다!"

"아주 보수적으로 봐도 문재인 후보가 50퍼센트 정도 득표로 이길 겁니다."

그러나 민주당 내부, 특히 언론의 분위기는 그렇지 않았다. 신문과 방송에서는 손학규 후보의 승리를 기정사실화하고 있었다. '문재인은 제주 경선은 버리고 울산과 광주에 집중해야 한다'며 훈수를 두는 평론가들도 있었다. 나 역시 항운노조에서의 좋은 분위기를 보고 기분이 나아지긴 했지만 객관적인 상황을 종합해볼 때 문재인 후보가 제주에서 이기기는 힘들어 보였다. 그렇게 이런저런 생각과 가정을 세워보느라 잠을 설쳤고 첫 경선 날이 밝았다.

뚜껑을 열어보니 경선 결과는 문재인 후보의 압승이었다. 합산 결과 문재인 12,023표(59.8퍼센트), 손학규 4170표(20.7퍼센트), 김두관 2944표(14.7퍼센트), 정세균 965표(4.8퍼센트)를 얻었다. 문재인 후보가 압도적인 1위를 차지했다. 우리는 물론이고 상대 후보들로서도 의외의 결과였다. 드러나게 감정을 표현하지 않던 문재인 후보 역시 제주 경선의 결과에는 흡족해하는 눈치였다.

이 결과는 사실상 '민의'가 잘 반영된 결과로 볼 수 있다. 문재인 후보가 얻은 58퍼센트는 민주통합당 후보에 대한 당시 대국민 여론조사 수치와 거의 비슷했던 것이다. 특정 후보를 지지하는 국회의원이 선거인단을 모집하고 그를 지지해달라고 청할 수는 있지만, 해당 선거인단이 꼭 특정 후보를 찍으라는 법은 없다. 다른 후보 진영에서 모집했다고 자신했던 선거인단 중 상당수가 문재인 쪽으로 이탈했고 그런 자연스런 민의가 표심으로 발현되어 승리를 거두었다. 귀중한 승리였다. 반면 다른 후보들의 분위기는 심상치 않았다.

당시 남부 지방에는 이른 태풍이 상륙해서 비행기가 뜨지 못했다. 기상악화에도 불구하고 참석한 몇몇 기자들을 격려할

겸 뒷풀이를 하고 있는데 결국 일이 터졌다. 갑자기 손학규, 김두관 두 후보가 다음 날로 예정된 울산 경선을 보이콧하기로 했다는 소식이 들려왔다. 그들은 '제주도 경선을 위한 모바일 투표 시스템에 문제가 있고, 전화로 진행된 국민경선 선거인단 투표도 총 다섯 번 가야 하는 전화가 한두 번만 가거나 아예 가지 않은 경우가 있었다. 그런 이유로 제주 경선 결과를 받아들일 수 없다'라고 주장했다. 게다가 모바일 투표에 관한 '소스코드'를 공개하라고 다른 후보 측에서 강하게 요구해왔다. 경선에 들어가기 전에 상세히 논의하고 협상하고 동의한 경선 룰 원칙을 믿을 수 없다고 뒤집자는 것이었다. 게다가 소스코드를 공개하면 누가 누구를 찍었는지 뻔히 드러나게 된다. 비밀투표 원칙마저 저버리고 무리한 요구를 하는 것이었다.

당 선관위 역시 소스코드 공개는 받아들일 수 없는 일이라고 선을 그었다. 그랬더니 세 후보 측은 모바일 투표에 사용된 프로그램 전체를 보게 해달라고 요구했다. 모바일 경선을 위한 전화는 총 다섯 통이 가도록 설계되어 있었는데 일부 지지자들에게는 전화가 아예 가지 않거나 한두 번에 그쳤다고 주장하기도 했다. 프로그램 공개는 받아들이기 힘든 요구였다. 결국 나중에 모바일로 투표한 사람들의 데이터 하나하나를 공동으로 확인했는데 이런 과정은 울산 경선에서도 지속되어 상당히 많은 인력과 시간이 모바일 투표 검증에 동원되었다.

당시 모바일 경선 프로그램을 설계한 당직자들과 문용식

인터넷소통위원장의 증언에 따르면 타 후보 측 참관인들과 공동으로 투표를 검증했으며 로그파일도 공개해서 함께 확인했다. 그 결과 모바일 투표에는 어떠한 오류도 없었고 모바일 투표를 위한 다섯 번의 전화는 오류 없이 걸렸으며 투표와 집계도 정확히 이루어졌음이 밝혀졌다. 그러나 다른 후보 측에서는 이런 결과는 아랑곳없이 끊임없이 모바일 투표 과정에 이의를 제기했고 마치 명확히 설명할 수 없지만 어떤 근본적인 부정이 있는 것처럼 여론을 몰아갔다.

8월 25일에 치러진 울산 경선은 제주 경선의 충격과 모바일 투표에 대한 타 후보들의 불신 분위기가 결합되어 냉랭한 상태로 시작되었다. 오후 1시에 행사가 시작되는데 손학규, 김두관 두 후보가 돌연 불참을 선언해버렸다. 문재인과 정세균 후보가 자리를 지켰지만 그런 상황에서 행사가 제대로 진행될 리 없었다. 어색한 분위기에서 투표와 행사가 마무리되었다.

후보들의 모바일 투표에 대한 의심과 불만 제기는 점점 도를 넘기 시작했다. 제주 경선 이후 다른 지역에서 행해진 후보들의 연설은 거의 모바일 투표에 대한 불합리한 의혹 제기와 소위 '친노 세력'에 대한 마타도어 일색이 되어갔다. 선관위의 공식 결정에도 불구하고 반발이 계속되자 여당은 경선 조작이라는 정치공세를 펼치기 시작했고 언론도 이를 확대하며 야당의 분열을 비판하는 상황이 이어졌다. 결국 정책과 비전으로 경쟁하는 가운데 축제가 되어야 할 경선 분위기는 점점 험악해졌다.

후보들의 지지자들은 점점 거칠게 자신들의 의사를 표현하기 시작했는데 충청과 광주의 경선 현장에서는 지지자들 간에 고성이 오갔고 국회의장을 역임한 임채정 경선 선거관리위원장이 인사말을 할 때 후보자의 홍보물과 플라스틱 물병이 무대로 날아드는 사건도 있었다. 인천 경선장에서도 상대 후보가 연설할 때 야유를 보내거나 퇴장해버리는 등 추태가 이어졌고 결국 관중석에서 사람들이 멱살을 잡고 고성을 지르는 싸움이 벌어지기도 했다. 국민과 당원 앞에 참으로 보이기 부끄럽고 민망한 난장판이었다.

더 큰 문제는 지지자들의 과격한 행동들이 사실상 거의 방치, 조장되었다는 점이다. 경선장에서 과격한 폭력 사태를 일으킨 이들 상당수는 경선장을 옮겨 다니며 조직적으로 경선 행사를 방해한 것으로 알려졌다. 후보들은 그러한 일부 지지자들의 과격한 행동을 제지하지 않고 사실상 방관해 사태를 진정시키지 못했다. 여기에 일부에선 '문재인이 민주통합당 대선후보가 되면 안철수와의 단일화 협상에서 양보할 것이다'라는 소문까지 퍼지고 있었다. 그런 소문의 사실 여부를 확인해달라는 기자들의 전화를 받기도 했다.

우리는 모바일 투표나 전화 투표 과정에 아무런 하자가 없다는 사실을 밝히고 나면 다른 후보들의 격앙된 감정도 풀리고 지지자들도 이해할 것이라고 생각했지만 경선장 폭력 사태는 좀처럼 수그러들 기미가 보이지 않았다. 그런 수준이 되자 문제를 후보자들끼리 타협해서 해결할 수가 없게 되었다. 당 지도부가 나서서 사태를 수습해야 했지만, 대표 경선 당시에 제기된 '이박 담합론' 때문에 지도부의 운신 폭이 매우 좁혀져 있는 상태라 어려움이 컸다. 만약 이해찬 대표나 박지원 원내 대표가 이를 조정하려고 적극 개입한다면 '역시 이박 지도부는 문재인 편을 든다'는 식의 공격을 받을 수 있었다.

당내 의원들도 각자 모여서 염려만 하고 있을 뿐 민망스런 상황을 해결하려는 적극성을 보이지는 않았다. 소위 '소장파'나 초선 의원들의 성명서 한 장 나오지 않고 있었다. 책임 있는 인사들은 언론 인터뷰에서 '이도 옳고 저도 옳다'는 식으로 무책임한 양비론을 펼쳤고 언론도 사태의 해결 방안을 제시하기보다는 경마 경기를 중계방송하는 식으로 매일 벌어지는 파국적인 상황을 나열해 보도하기만 했다. 출구가 안 보이는 야속한 상황이었다.

경선 후보들이 제주 경선 이후 경선 방식에 이의를 제기하며 격한 반응을 보인 것을 전혀 이해하지 못하는 바는 아니다. 절차 문제를 빨리 보완하고 경선을 중단해서는 안 된다는 입장을 견지한 정세균을 제외한 다른 두 후보의 반응은 특히 강경했다. 손학규 후보는 제주 경선에서 조직력의 압도적인 우위를 믿고 승리를 자신하고 있었으므로 패배를 받아들이기가 더 힘들었을 것이다. 제주 승리는 문재인 후보 측에서도 의외의 성과로 받아들였기 때문이다. 김두관 후보 역시 난처한 상황이었을 것이다. '김두관 출마설'이 돌면서 많은 언론들은 김두관 후보가 출마만 하면 폭발적으로 '확장성'을 보여주며 지지율이 크게 올라갈 것이라고 점쳤다. 2퍼센트대 지지율로 시작해 결국 대통령까지 된 노무현 전 대통령처럼, 당내 경선을 통해 자신도 혜성처럼 떠오를 수 있으리라고 믿었을 것이다. 게다가 김두관 후보는 지사직까지 사퇴하고 대선에 모든 것을 걸었다. 인정과 기대를 받던 큰 직책을 포기하고 나선 마당인데 애초의 생각보다 지지율이 오르지 않자 조바심이 났을 것이다. 충분히 이해할 수 있는 정황이다.

이런 이유들로 '그들이 아예 경선 판 자체를 깨려고 하지 않을까'라는 가정을 하는 이들도 많았다. 경선이 계속 그런 식으로 진행되면 다른 후보들에게 승산이 없었기 때문이다. 나 역시 극단적인 생각은 하고 싶지 않았지만 소란한 경선장의 풍경, 플라스틱 물병과 찢어진 홍보물이 나뒹구는 모습들을 보면서 울분이 치밀었다. 윤건영 보좌관은 당시 문제인 후보의 반응을 이렇게 전한다.

"문 후보님은 당시에 별로 동요하지 않으셨습니다. 경선장 폭력 사태에 대해서도 '안타깝지만 그분들 입장에선 그럴 수 있다'는 반응이었어요. 그런데 그런 소동이 잦아들지 않고 다른 후보 측에서 계속 '모바일 선거 부정'이니 '친노 패권주의'니 하며 심한 소리를 하자 '경선 방식이 이래서는 안 되겠다. 나중에 할 때는 미국식 프라이머리로 가는 것이 좋겠다. 지금처럼 나온다는 사람들 다 나왔다가 득표에 따라 떨어지는 식으로 하지 말고 주자들이 중간에 탈락해도 부끄러워하지 않고 명분 있게 퇴장할 수 있는 방식으로 바꿔야 이런 부작용을 막을 수 있겠다'라고 하셨습니다."

이런 상황에서도 당 차원의 대선 준비는 차근차근 진행되었다. 경선장에서의 볼썽사나운 사태에 개입하지 못하는 대신 이해찬 대표는 다가올 대선을 위한 당의 입장과 전략적 지향점을 만들어 나갔다. 울산 경선이 있었던 8월 25일에 당 최고위원회 워크숍이 제주에서 열렸다. 이 자리에서는 최대 화두로 떠오른 '새정치'의 실질적인 구현 방안, 대선 키워드, 슬로건, 선거 예산 편성 지침 등 대선에 임하는 큰 원칙들을 어떻게 정할지를 논의했다. 민주당의 취약 계층으로 지적되어온 40대와 50대 유권자를 위한 정책 개발의 중요성도 토론 주제였다. 이해찬 대표는 '선거의 타깃을 분명히 하자'라고 강조하며 특히 박근혜 후보가 내세우는 '경제민주화' 공약을 비판하며 민주통합당은 경제민주화를 더욱 선명하고 실현 가능한 공약으로 만들어 제시해야 한다며 이를 준비하라고 지시했다.

민주통합당 대통령 후보 문재인

2012년 9월 16일, 문재인은 최종 경선지인 서울에서 60.29퍼센트를 득표해 민주통합당 대선후보로 확정되었다. 총득표율은 56.5퍼센트로, 압도적이었다. 문재인 후보는 전격적인 결선투표 수용으로 마지막까지 관심이 집중되었던 경선에서 득표율 50퍼센트를 무난히 넘기며 자신이 야권의 대세임을 입증했다. 대선후보 경선은 제주도에서 시작해 서울에 이르는 전국 13개 도시를 순회하는 대장정이었고 87만 9790명이 선거인단으로 참여해 경선의 의미를 더했으며 당과 국민이 함께 뽑은 후보의 정통성을 확고히 했다. 애초부터 문재인은 높은 국민의 지지를 받고 있었고 1강 3중의 구도로 시작한 경선이라 '경선에 극적인 역동성이 없다'는 지적이 나왔다.

물론 결과만 보면 문재인 후보는 모든 도시에서 압도적인 1위를 차지했고 쉽게 대세를 굳혀온 듯하다. 하지만 승리에 이르는 과정은 고단했다. 경선 내내 후보들 사이에 날선 비판이 오가고 공방이 벌어졌으며 결선투표 요구에 폭력 사태까지 벌어지는 파란만장한 과정을 거쳐 힘들게 얻어낸 승리였다. 경선은 문재인이라는 후보를 탄생시켰지만 부작용도 많았다. 특히 본선에 들어가기도 전에 예선인 당내 경선에서 지나치게 많은 에너지를 소비해버린 점은 특히 안타까운 부분이다. 이는 2002년, 노무현의 등장과 극적인 경선 승리, 대통령 당선의 신화와 이를 2012년에 재현하길 원하는 당 안팎의 바람이 초래한 부작용이다. 당내 경선에 돌입한 후에 나는 선배 중진 의원을 찾아가 '문재인 후보를 도와달라'고 부탁한 적이 있다. 그 역시 문 의원에게 호감을 갖고 있었기에 흔쾌히 지원해주리라 예상했다. 그런데 돌아온 대답은 의외였다.

"나도 문재인이 제일 좋긴 한데 그래도 당내 경선이 치열하게, 다이나믹하게 되어야 민주당 붐이 일어나고 박근혜를 이길 수 있지 않겠어? 그러니, 나는 일단 다른 후보를 돕겠네."

많은 이들이 그런 식으로 2002년의 기적을 꿈꾸고 있었다. "Again 2002." 그런데 2002년과 2012년의 대선 경선 양상은 근본부터 분명히 달랐다. 2002년의 경선은 노무현이라는 다크호스가 큰 바람을 일으켜 판을 뒤엎는 극적인 사건이었지만, 2012년 경선은 시작도 하기 전에 사실상 문재인 후보가 대세를 움켜쥐고 있었다. 경선 시작 전에 문재인에 대한 국민들의 지지율은 20퍼센트대였고 나머지 세 후보는 각각 5퍼센트 안팎이었다. 경선 기간 중에 문재인 후보는 모든 도시에서 50퍼센트에 육박하는 지지율을 기록했고 이런 추세는 한 번도 흔들리지 않았다.

모든 사안이 민주적 절차를 밟아 결정되는 정당에서 경선을 안 할 수는 없겠지만, 경선이 무색해 보일 정도의 대세 흐름과 지지율의 격차가 드러났다. 이런데도 많은 사람들이 '경선 흥행=민주당 바람=대선 승리'라는 공식에 사로잡혀 자신이 지지하는 후보가 '제2의 노무현'이 될 수 있다고 생각했고 예상과 다른 결과가 나오자 오로지 1위 주자를 제쳐야 한다는 생각에만 사로잡히게 되었다.

그 결과 경선이 정정당당한 경쟁의 장이 아닌, 선두 주자 문재인에 대한 흠집 내기 경쟁의 장으로 변질돼버렸다. 이는 홀로 온갖 공격을 받은 문재인뿐만 아니라 손학규, 김두관, 정세균 세 후보에게도 큰 손실이었다. 자신들의 인물됨과 정책 비전을 충분히 제시하지도 못한 채 국민과 당원 앞에서 주로 싸우는 모습을 보였으니 말이다.

2002년의 신화를 다시 창조한다는 미신과 무차별적인 인신공격은 날이 갈수록 도를 넘어갔고, 공감대를 이루어 함께 나아가야 할 사람들끼리 독한 언사를 주고받아 상처를 냈다. 특히 문재인과 지지자들, 그리고 참여정부에서 함께했던 동지들을 겨냥해 도의에 어긋나는 막말이 난무했고 예정된 경선 일정들이 무시되었다. 약속된 텔레비전 토론이 방송 직전에 무산되는 일도 있었다. 이렇게 쌓인 앙금은 너무나 깊어져서 한두 번의 악수나 유화 제스처로는 해소되기 힘든 수준이 되어버렸다. 다른 후보를 지지하던 의원들 중 상당수는 문재인 대선 캠프에 쉽게 마음을 주지 않아 본선 경쟁력을 갉아먹는 결과가 되어버렸다. 이 모든 우여곡절은 당내 경선이 남긴 가장 큰 손실이다.

이 때문인지 서울 경선장에서 대통령 후보 수락 연설을 하는 문재인 후보의 얼굴이 마냥 기쁘게 보이지만은 않았다. 한 고개를 겨우 넘어섰는데 눈앞에 여러 개의 더 큰 산들이 기다리고 있었다. 일단 탈락한 다른 후보들, 손학규, 김두관, 정세균 후보와의 관계를 어떻게 회복하느냐가 문제였다. 경선 중에 갈등도 많았지만 어떻게든 화해하고 힘을 모아 같이 가는 모습을 보여야만 했다.

다음은 안철수 서울대학교 융합과학기술대학원장과의 단일화 문제였다. 그는 교수직을 유지하며 대선 출마에 대해 명확한 답을 내놓지는 않았지만 여러 정황으로 볼 때 '언제 출마를 선언하느냐'가 문제일 뿐이었다. 안철수 교수는 기존 정치에 식상함을 느낀 중도층과 합리적 보수를 지향하는 새누리당 지지자 일부, 민주통합당을 지지하기는 하지만 신뢰하진 않아 새로운 길을 찾는 이들, 특히 젊은 층에서 많은 지지를 받고 있었다. 또한 당시에 실시된 대부분의 지지도 조사에서 문재인 후보를 앞서고 있었다.

이런 상황에서 안철수 교수가 출마한다면 민주당과 문재인 후보로서는 어떻게든 그와 단일화를 이루고 힘을 합쳐 정권교체라는 과제를 달성해야 했다. 궁극적으로 박근혜와 새누리당을 이겨야 하는 큰 산이 남아 있었던 것이다. 무엇 하나 녹록지 않은 과제들이었다. 경선 후보들 중엔 문재인의 회동 제의에 소극적이어서 전화조차 잘 받지 않았던 분도 있었다. 안철수 교수의 인기는 점점 올라가고만 있는 듯했고 새누리당은 중앙당부터 지역 조직에 이르는 거의 모든 면에서 민주당의 역량을 압도했다. 따라서 무엇보다 일단 우리의 전열을 가다듬어야 했다. 문재인의 대선 캠프를 어떤 모습으로 만들 것인가, 이 역시 우리가 맞닥뜨린 큰 과제였다.

세 개의 대선 캠프

문재인이 민주통합당 대선후보가 되었다. 당의 전권도 후보에게 전부 위임된 상태였다. 서울 경선 전날인 9월 15일에 이해찬 대표는 긴급 최고위원회 회의를 열어 당무에 대한 모든 권한을 다음 날 선출될 당의 대선후보에게 위임하기로 의결했기 때문이다.

민주통합당 대선후보가 선출된 다음 날인 17일에 이해찬 대표는 문재인 후보와 최고위원회 회의를 열고 당 대표는 선거를 위한 당의 등록 대표로만 남고 공식 행사에 참석하되 대선과 관련된 선대위 구성 업무의 모든 재량권을 후보에게 넘기기로 결정하여 후보의 권한을 확실히 해주었다. 민주통합당의 인력과 역량을 전적으로 후보 중심, 선거 캠프 중심으로 집중해서 대선 체제를 가동하기 위한 이 대표의 의지가 반영된 조치였다. 또한 문재인 후보에게 제기될지도 모르는 '친노' 논란을 미연에 방지하기 위한 대책이기도 했다.

이제 대통령 후보로서 문재인의 이미지와 공약을 어떻게 정립하고 선거 캠프를 만들어갈 것인가라는 문제가 남았다. 당에서 실시한 조사에 따르면 '문재인은 기존 여의도 정치인들과는 확연히 다른 이미지로 가야 한다'는 결과가 나왔다. 그러자면 이미지도 슬로건도 캠프도 기존의 여의도 정치권과는 차별화해야 했다. 또한 개방적이고 신선하며 정치에 관심이 없는 이들에게도 어필할 수 있는 언어와 행동을 선보여야 했다. 여의도 정치에서 탈피하기, 경륜과 비전을 갖춘 신선한 새 정치인 이미지를 만들기, 이는 문재인의 성품이나 경력을 살리기에 적합한 방향이었으며 후보에 비해 낮은 우리 당의 지지도를 고려했을 때도 필수 과제였다. 선대위 기획위원을 거쳐 후보 비서실장으로 일한 노영민 의원의 말이다.

"당시 일어났던 새정치에 대한 요구, 그리고 문재인이라는 사람의 특성도 그랬지만 민주당은 당만으로 선대본을 구성할 수가 없었습니다. 일단 당시에 정치 자체에 대한 국민의 불신이 무척 컸습니다. 이명박 정권이 분명 잘못하고 있었지만 민주당도 믿음직하지 못하다는 것이 주된 여론이었습니다. 안철수 후보가 인기를 얻게 된 것 역시 그런 정치권에 대한 불신감에서 비롯된 현상이었죠. 문 후보는 '시대 교체, 정치 교체, 세대 교체'를 내세웠는데 이것은 참신하고 옳은 방향이었지만 정작 민주당 안에서 전적인 공감을 얻지는 못했습니다. 민주당 중심의 사고에 사로잡힌 사람들 때문이었죠. 그런 여러 가지 상황들 때문에 선대본은 민주당 위주로 꾸리기보다 여러 시민단체와 범야권 세력들이 결합해서 지평을 넓혀가는 세 개의 캠프로 구성되는 것이 바람직한 방향이었습니다."

문재인은 국민 참여, 모바일 방식이 도입된 경선에서 압도적인 지지를 얻어 대선후보가 되었다. 노무현 대통령과의 남다른 관계 때문에 '친노'라는 꼬리표가 어쩔 수 없이 따라다니기는 했지만 야권은 물론 정치적 입장이 전혀 다른 여권 인사들 상당수도 문재인 개인은 인정하고 있었다. 정말 심각한 문제는 민주통합당이었다. 당시 문재인 후보의 지지율이 20퍼센트를 상회한 반면 민주통합당 지지율은 10퍼센트대에 불과했다. 당이 후보에게 도움이 되지 못하는 상황이었다. 실제로 '문재인은 좋은데 민주당은 별로다' 라는 반응을 많이 접했다. 언론 역시 '민주당이 문재인의 발목을 잡고 있다'며 연일 난타해댔다.

후보에게 짐이 되는 당이라니, 안타까웠지만 인정하고 대책을 고민할 수밖에 없었다. 후보에 비해 낮은 당의 지지율이라는 단점을 보완하고 문재인 후보의 넓은 인맥과 범야권의 힘을 결집하기 위해 당 선거 캠프에 시민사회 인사가 적극 참여해야 한다는 주장이 설득력을 얻었다. 그러기 위해서는 시민사회를 '흡수'하는 모양새를 보이기보다는 별도의 자발적인 조직을 만들어 당과 수평적인 입장에서 협력하게 하는 쪽이 적합했다. 그리하여 '시민 캠프'가 구성되었고 유례없이 많은 인원과 다양한 조직이 문재인 대선 캠프에 합류하게 되었다. 당시 새정치를 이끌 당 밖의 새로운 인물과 세력이 필요했는데, 당은 당 중심으로 선거를 이끌기를 원했고 민심은 민주당만으로는 안 된다고 보았기에 나온 결과였다. 하지만 양측의 갈등을 조정하고 소통시켜야 할 지도부가 정치적 상황에 의해 취약해져 효율적인 운영이 어려웠다. 정태호 당시 전략기획실장의 말이다.

"당 바깥의 시민사회 인사들이 자발적인 문재인 지지 운동을 하는 조직으로서 '시민 캠프', 국가 운영의 비전과 세부 정책을 수립하고 명확히 보여주는 조직인 '미래 캠프', 그리고 민주통합당은 '민주 캠프'로 명명하고 캠프를 크게 세 개의 조직으로 운영하자는 안을 만들었습니다. 그리고 그렇게 만든 제안서를 후보에게 보여드렸는데 후보가 그것을 마음에 들어 했어요. 그리고 한 행사에서 전격적으로 발표해서 우리 캠프의 구성 틀로서 채택이 되었습니다. 혹자는 이런 선거 캠프 구성 방식을 바람개비에 비유하기도 했습니다. 시민, 미래, 민주 캠프와 주권자인 국민이 하나 되어 네 개의 날개로 힘차게 돌아가는 바람개비와 같다고도 했습니다." 바람개비 캠프가 탄생하는 순간이었다. 이 바람개비는 문재인 대선 캠페인 후반기에 선거운동 및 투표 참여 캠페인의 상징물로 사용되기도 했다.

이로써 민주통합당의 대선 캠프는 시민 캠프, 미래 캠프, 민주 캠프의 3원 체제로 확정되었다. 실무를 책임질 기구도 '조직' '정책' '홍보' 같은 기존 명칭을 사용하지 않고, 좀 더 살갑게 와닿고, 의미를 더 직설적으로 전달하면서도 어감은 정치적이지 않은 명칭들을 만들어 사용하기로 했다. 그 결과 홍보 부서는 '소통', 조직 부서는 '동행', 정책 공약을 개발하는 부서는 '공감' 본부라고 불리게 되었다. 이렇게 큰 그림을 그려놓고 '선대위 기획단'을 통해 세부 구성에 돌입했다.

선대위 기획단은 박영선, 노영민, 김부겸, 이학영 등 민주통합당 의원들과 안도현 시인, 김영경 전 청년유니온 대표가 참여하게 되었다. 30대 젊은 여성인 김영경의 참여는 파격으로 비쳤는데 청년과 일자리 문제에 대한 문재인의 정책 방향을 짐작하게 해주는 인선이었다. 선대위 기획단은 기획회의를 통해 선대위를 구성하는 임무를 맡았는데 전략 분야는 김부겸, 구성은 박영선 의원이 맡고, 후보와 논의하는 통로, 당과 연관된 행정 문제는 노영민 의원이 담당해 진행하기로 했다. 리더 격인 '단장'은 따로 선임하지 않고 모두 동일한 권한을 갖고 같은 위치에서 아무런 위계 없이 논의하기로 했다.

이런 수평적인 의사결정 시스템은 의사소통을 원활하게 하고 상하관계를 설정하는 부담이 없어 분위기를 유연하게 만드는 장점은 있었지만 모두 같은 비중을 맡다 보니 책임이 모호해지는 부작용이 있었다. 그래서 선대위와 캠프를 이어주고 후보의 의사를 대변할 비서실장을 세우게 되었다. 비서실장으로는 노영민 의원이 임명되었다.

"기획위원을 맡고 있었는데 어느 날부터인가 후보 비서실에 있는 사람들이 뭘 막 들고 와서 나한테 결제를 해달라고 하더군요. '왜 나한테 그러냐' 했더니 '의원님이 후보님 비서실장 아니십니까?' 그래요. 아, 난 안 한다고 사흘을 도망다녔어요. 너무 무거운 책임이었고 나는 적임자가 아니라고 생각했습니다. 내가 하도 안 한다고 하니까 박영선 의원이 안 되겠다 싶었는지 후보를 만나서 '후보님이 결정해주십시오' 그랬대요. 결국은 나랑 박 의원이 후보를 만났고 계속 사양할 수 없어서 큰 책임을 맡게 되었습니다. 후보가 대통령 비서실장을 하신 분이기에 그런 분을 보좌하는 역할이 부담스럽기도 했어요. 그래서 '후보님이 비서실장 해보셨으니 많이 가르쳐주십시오' 그랬죠. 그랬더니 후보님이 웃으면서 '나도 잘 몰라요, 그런데 잘하실 겁니다', 그러시더라고요. '잘할 수 있다', 그 말을 믿고 싶었습니다."

당시 캠프 인선은 박영선 의원이 맡았다. 그런데 캠프 초창기 인선이 생각보다 잘되지 않았고 캠프 합류가 확실해 보였던 인사들도 막상 영입 제안을 받은 자리에서는 소극적인 태도를 보였다. 이런 상황이 몇 번 반복되자 여기저기서 '친노가 캠프 구성을 배후에서 조종하고 있어서 일을 못 한다'며 공격하기 시작했다. 당시 기획위원들을 보좌하는 실무 책임자들이 경선 때부터 문재인과 함께한 터라 '친노 배후'의 실체가 아니냐는 의심을 받기도 했다.

선대위 기획단 회의에서 캠프를 구성하기 위한 큰 그림을 그린 후 10월 4일부터는 열 명의 상임선대위원장 체제로 넘어가게 되었다. 상임선대위원장단이 문재인 대선 캠프의 최고 회의 단위로서 의사결정을 할 터였다. 일단 대선기획단 기획위원 여섯 명 전원이 포함되어 연속성을 살리고 당내, 당외 인사를 각각 다섯 명씩 참여시킨다는 원칙을 세웠다. 그리고 이중 여성의 비율을 30퍼센트 이상으로 하여 우선 배정하기로 했다. 여성 선대위원장 30퍼센트 우선 배정은 후보의 뜻이었다. 당시 KTX 승무원노조 위원장이 물망에 올라 접촉했더니 이미 자신은 노조활동을 하지 않고 있다는 이유로 고사해서 영입이 실현되지는 못했다. 그래서 여성과 노동 분야에 대표성을 가진 인물로 우리당 비례대표 1번인 전순옥 의원이 참여하게 되었다.

시민사회에서는 이학영 의원, 금융 정책, 특히 가계부채 문제 전문가인 제윤경 에듀머니 대표, 참여연대에서 사무처장을 지낸 김민영 사무처장을 영입해서 더 큰 진용을 꾸렸다. 전체 인사들의 면면을 보면, 경력과 계파, 전문성을 배려한 민주통합당 의원들과 자기 분야에서 명망 있는 시민사회 인사들을 참여시켜 외연을 넓히고 다양한 의견을 수렴하려는 문재인 후보의 의도가 반영되어 있었다. 이 열 명의 상임선대위원장이 매일 회의를 열어 세 캠프의 세부적인 조직 구성과 인선을 마무리했다. 시민 캠프의 경우 위원장단을 자체적으로 구성하도록 자율권을 주었다. 시민 캠프는 기획단의 일원이자 오랫동안 시민사회에서 활동해온 이학영 의원이 전체 상황을 조율하기로 했다.

새정치, 정치개혁이 중요한 화두로 떠오르면서 '깨끗한 선거, 돈 안 쓰는 선거'에 대한 국민의 요구도 무척 강했다. 문재인 후보 또한 그런 상황을 인식하고 있었고 돈으로 사람을 동원하고 조직을 움직이는 구태의연한 선거 관행을 혐오했다. 전국 조직을 총괄하는 동행본부장을 맡았던 우윤근 의원은 깨끗한 선거에 대한 후보의 신념에 대해 이렇게 말한다.

"문재인 후보는 선거 비용 문제에 있어서 매우 확고한 입장을 갖고 있었습니다. 결과적으로 승리하는 것도 중요하지만 공정하고 투명한 과정도 그에 못지않게 중요하다는 것이었죠. 그런 후보의 뜻이 반영되어 탄생한 것이 바로 담쟁이 펀드와 총무팀으로 일원화된 선거비용 운영 방식이었습니다."

'오직 국민에게만 빚지겠습니다'라는 슬로건을 내걸고 시작한 담쟁이 펀드는 정치 펀드 중에서 가장 짧은 시간에, 가장 많은 자금을 모아 가장 깨끗하고 투명하게 운영한 모범사례로 남을 것이다. 담쟁이 펀드에 참여한 사람들의 다양한 사연들이 알려지면서 선거 캠페인의 일부가 되기도 했다.

후보는 캠프도 담쟁이 펀드처럼 투명하고 자발적인 방식으로 운용되기를 원했다. 그래서 캠프 자금 운영의 전권은 총무팀에 일임하고 모든 지출이 총무 부서를 통해서만 이루어지도록 했다. 사실 기존 정당들, 기존 선거 캠프에서 가장 많은 자금을 갖고 있는 쪽은 '조직'이었다. 선거를 위해 사람을 모으는 일에 돈을 쓰는 것은 정도의 차이는 있겠지만 여야가 따로 없었다. 우리도 그렇게 해왔다. 하지만 이번에는 달랐다. 우윤근 의원의 말이다.

"동행본부(조직)에는 자체 자금이 하나도 없었습니다. 지출을 하려면 총무부에 문서로 된 안을 제출하고 결제를 받아서 집행해야 했습니다. 제가 아는 한 우리 캠프에서는 개인적으로나 조직적으로나 단 몇 십, 몇 백만 원이라도 서류 처리 과정 없이 비용이 지출된 일이 없습니다. 자금원은 총무 한 부서고 우원식 총무본부장이 워낙 꼼꼼하게 챙겨서 음성적인 자금이 오고 갈 여지 자체가 없었으니까요.

일부 인사들은 내놓고 볼멘소리를 하기도 했습니다. '예전에 70년대 80년대에는 다 돈으로 했다, 돈을 아예 안 주면 사람을 모을 수가 없다'고요. 어느 지역에 갔더니 그곳에서 문 후보 지원 운동을 하시던 분이 저한테 '정말 돈 안 갖고 왔냐'고 물어보시더라고요. 그래서 '정말 없다, 이제 과거처럼 돈으로 조직 운영 안 한다'고 했습니다. 그랬더니 '차 트렁크 좀 열어봐야겠다. 돈 실어 온 거 없나 내 눈으로 봐야겠다'고 하시더군요. 그분도 농담 반으로 한 말이었지만 선거운동 기간 중에 그런 분들을 몇 번 만나면서 돈으로 조직관리했던 구태적 관행이 얼마나 뿌리 깊은지, 사람들의 인식을 바꾸는 것이 얼마나 힘든지를 알 수 있었습니다."

문재인 후보의 정책 공약을 만들기 위한 위원회 인선도 큰 과제였다. 정책 개발을 맡은 미래 캠프는 일자리, 복지, 경제민주화, 한반도 평화, 새정치 등의 다섯 가지 정책 과제를 선정했

고, 개별 정책 과제를 논의할 다섯 개의 위원회를 구성하기로
했다. 일자리 위원회 위원장으로는 처음부터 이정우 교수를 염
두에 두고 접촉했지만 자신이 맡으면 "또 친노로 가는 것 아니
냐"는 비판을 받을지 모른다며 계속 고사했다. 경제민주화 관
련 위원회의 좌장으로는 장하성 교수를 영입하려 했으나 그가
안철수 캠프에 참여함으로써 무산되었고 결국 이정우 교수가
맡게 되었다. 한반도평화위원회는 참여정부에서 통일부 장관을
지냈던 정동영 고문이 맡았고 복지국가위원회는 이혜경 서울복
지재단 이사장이 위원장을 맡았다.

　당시 가장 주목받고 있던 화두는 역시 '새정치'였다. 당에
설치될 새로운정치위원회의 수장으로는 조국 교수가 물망에 올
랐지만 이 역시 성사되지 못했다. 대중적인 인기나 영향력, 젊
은이들에게 어필할 수 있는 호감도로 볼 때 조국 교수의 영입
이 절실했고 문재인 후보 역시 새정치위원회 위원장으로는 조
국 교수가 적격이라며 최대한 노력해서 영입하라고 지시한 상
태였다. 우리는 여러 경로로 조국 교수와 접촉했고 반승낙 같은
긍정적인 답을 들어서 영입이 성사된 것으로 생각했다. 후보 역
시 '조국 교수 아니면 안 된다. 새정치의 아이콘으로 다른 사람
은 의미 없다'라고 말하며 그가 자리를 수락할 때까지 기다리라
고도 했다.

　이후 조국 교수는 문재인, 안철수 캠프 모두가 참여하는
'공동 새정치위원회'를 제안했으나 그마저 성사되지 않으면서

결국 '밖에서 후보 단일화와 정권교체를 위해 열심히 돕겠다'는 뜻을 밝혔다. 조국 교수 영입은 불발되었지만 나중에 조국 교수의 은사이자 서울대 법대 교수로 참여정부에서 인권위원장을 지낸 안경환 교수를 위원장으로 영입하게 되었다. 안경환 교수는 처음부터 문재인 후보를 지지해주었지만 정치권에는 처음 참여한 상황이었다. 그만큼 큰 결심을 하고 새로운정치위원회 위원장 직을 수락한 터라 고마운 마음이 컸다. 안경환 교수는 단일화 이후에는 시민사회와 함께한 '국민연대'의 대표로 활동하며 투표 참여 운동과 문재인 지원 활동에 적극적으로 나서주었다.

초창기 선대위 구성 과정을 전체적으로 돌아보면 투명한 논의 과정을 거쳐 하나하나 벽돌 쌓듯 만들어졌다는 것을 알 수 있다. 일부에서는 선대위 구성에 특정한 '외부의 힘'이 작용했다고 오해했는데 절대 사실이 아니다. 절차에 의해 선임된 선대위원장 열 명이 매일 모여서 회의를 했고, 결정된 사항들이 후보에게 보고되었다. 또한 모든 것이 공개된 자리에서 논의하고 보완하는 과정을 거쳐 선대위가 구성되었다. 최대한 많은 이의 의견을 받아 차이를 줄이고 타협하고 조정해서 큰일을 이룬다, 나는 바로 이것이 '민주주의'라고 생각한다. 그래서 다소 느리게 보이고 허점도 있었지만 우리의 선대위 구성 과정에서는 그런 민주주의 원리가 착실히 구현되었다고 자부한다.

아무튼 이러한 선대위 구성 경로를 거쳐 나는 민주 캠프의 종합상황실장으로 일하게 되었다. 언론에 의해 '친노'라고 불리고는 있었지만 후보와는 깊은 인간관계를 맺지 않았던 내가 중책을 맡은 것은 당사자인 내가 보기에도 의아한 일이었다. 하지만 문재인 후보를 신뢰했고 정권교체라는 큰 사명을 위해 봉사한다는 마음으로 감사히 받아들이고 최선을 다하리라 다짐했다.

선대위가 꾸려진 즉시 후보의 주요 정책이 발표되었다. 주요 정책은 '다섯 개의 문'으로 형상화하여 제시하기로 했다. 바로 '일자리 혁명의 문' '경제민주화의 문' '복지국가의 문' '새정치의 문' '평화와 공존의 문'이었다. 이 '다섯 개의 문'은 현재 대한민국에서 가장 시급하게 추진해야 할 과제를 선정해 공약으로 제시한 것으로, 앞으로 만들어질 모든 공약들도 이 다섯 가지 정책 방향을 바탕으로 수립되리라는 점을 알리는 예고편이었다. 청바지와 캐주얼 재킷 차림의 문 후보가 당사 대회의실의 '문'을 열고 입장하는 상징적인 퍼포먼스를 통해 이 '5대 문'의 이미지를 나타내기로 했다.

나는 무엇보다 '일자리 문제'를 가장 시급한 정책 과제로 삼아야 한다는 의견을 제시했고 후보가 이를 받아들여 5대 문의 첫 번째 문을 '일자리 혁명의 문'으로 지정하였다. 선대위가 정식 출범한 후에 열린 첫 회의가 바로 구로디지털단지의 태평양물산에서 열린 일자리위원회 회의였는데, 문재인 후보는 직접 위원장을 맡아 회의를 주재했다. 일자리위원회는 이정우 교수 이후에 위원장 급으로 영입할 만한 인사를 찾지 못했지만 후보가 직접 위원장을 맡으면서 일자리 문제의 중요성과 우리의 정책 대안을 더욱 부각시키는 뜻밖의 효과를 얻기도 했다. 후보는 일자리의 숫자만 늘리는 것은 의미가 없다고 보고 안정되고 성취감을 느낄 수 있는 '좋은 일자리'를 창출할 방안을 정책으로 구체화해달라고 주문했다. 그렇게 '일자리 혁명'은 문재인 후보의 초창기 주요 공약으로 자리 잡았다.

경선 후유증 수습하기

후보의 참신한 이미지를 살리고 전문성을 더할 수 있는 시민사회와의 결합, 개방적·수평적·집단적인 용광로 선대위, 다양한 분야의 전문가 영입, 9월 말이 되자 캠프는 이런 원칙에 따라 점점 진용을 갖춰가고 있었다. 그러나 가장 기본적이고 중요한 문제가 해결되지 않고 남아 있었다. 경선에 참여했던 다른 후보들과의 관계를 어떻게 설정할 것인가였다.

그동안 당내 경선을 마치고 나면 탈락한 후보들이 '공동선대위원장' '상임선대위원장' 같은 자리를 맡아 좌장 역할을 해왔다. 과거 우리 당의 대선 경선을 돌이켜봐도 이런 흐름은 관례나 다름없었다. 안으로는 경선 후에 흩어진 세력을 규합할 필요가 있었고 밖으로는 언론과 유권자 앞에 선거 승리를 위해 하나로 단합하는 모습을 보이기 위해서였다. 그런데 이번에는 쉽지 않았다. 경선의 후유증이 생각보다 컸고 오해에서 비롯된 불신 또한 깊었다.

문재인 후보는 경선에서 승리한 직후 손학규, 김두관, 정세균 세 후보들과 만나려 했지만 쉽게 자리가 만들어지지 않았다. 게다가 당 대표가 나설 수도 없었다. 후보들 중에는 경선 룰뿐 아니라 이해찬 대표에 대해서도 중립성을 의심하고 비토하는 움직임을 보이고 있었기 때문이다. 그런 마당에 대표가 나서서 중재한다고 해도 통하지 않을뿐더러 오해만 살 터였다. 3선 이상 의원급에서 중재를 하려고 해도 세 후보 모두에게 통할, 소위 '말발이 먹힐' 선수가 없었다. 그저 '문재인 후보가 먼저 나서 손을 내밀어야 한다'라는 원론적인 말만 계속 나왔다.

　　날짜는 하루 이틀 흘러가고 언론에서는 네 명이 언제 만나냐며 채근하는데 난감한 노릇이었다. 우리 측 입장에서는 일단 최대한 빨리 네 후보가 한 자리에 모여 대선 승리를 위해 화합할 필요가 있었다. 손학규 고문의 경우에는 문재인 후보가 하루에도 몇 번씩 전화를 했지만 '지금은 만나기 어렵다'는 답만 돌아왔다. 나중에는 아예 연락마저 잘 되지 않았다. 이 과정에서 노영민 의원이 손 고문을 설득하느라 무척 애를 썼다. 전화는 물론이고 직접 집까지 찾아가 도와달라고 부탁했지만 성사되지 않았다.

　　"손학규 고문은 생각보다 완강했습니다. 윤후덕 의원과 같이 가서 설득을 하려 했는데 절망감까지 느낄 정도로 말이 통하지 않았습니다. 경선의 앙금을 씻어내지 못하고 이 상황을 거부하고 있다는 느낌을 받았습니다."

노영민 의원의 말이다. 그는 계속 말을 이었다.

"사실 경선장에서 폭력 사태가 일어났을 때 '큰일났다'고 생각했습니다. 국민이 지켜보는 경선장에서, 우리 당 사람들끼리 고함을 치고 멱살을 잡는 등의 추한 모습은 민주당과 새누리당의 경계에 있는 유권자들에게 불과 몇 달 전에 일어났던 '통합진보당 사태'를 연상시키게 했다고 생각합니다. 매우 부정적인 연상을 일으켰죠.

문 의원과 소위 '친노' 그룹을 향한 비판들도 경선 과정의 필연적인 갈등이라고 보기에는 가혹한 부분이 많았습니다. 결국 그런 것들이 쌓이고 쌓여서 경선이 끝난 후에 당내의 상당수, 그중에는 물론 현역 의원들도 상당수 포함됩니다. 아무튼, 당내의 상당수가 자당의 후보를 돕지 않고 방관하는 결과가 초래되었습니다. 우리가 패배한 데는 많은 이유가 있겠지만 저는 당내 경선의 후유증이 가장 큰 패인이었다고 생각합니다. 경선장에서 독설이 난무하고 물병이 날아다닐 때 우리는 이미 졌는지 모릅니다."

결국 총무본부장으로 임명된 우원식 의원이 손학규 고문을 따로 만나 설득하기로 하고 문재인 후보에게 보고했다. 그랬더니 문 후보가 "손 고문과 어디서 만나느냐"고 물었다. 그러고는 우원식 의원과 손학규 고문이 함께 있던 인사동의 음식점에 불쑥 찾아가서 부탁했다. '함께하자, 도와주시라'고. 그렇게까지 했는데도 선뜻 화답이 돌아오지 않았고 식사 자리도 어색하게 끝나버렸다. 김두관과 정세균 경선 후보는 유연한 태도로 본인들의 경선 캠프 실무자들을 캠프에 파견해 적극적으로 힘을 더했지만 우리에게 필요한 것은 세 후보 모두의 단결된 모습이었기에 애타는 상황이 이어졌다.

세 후보를 대선 캠프 전면에 내세우기 어려웠던 데는 당시 최대의 이슈였던 '새정치'를 어떻게 구현할 것인가에 대한 고민도 한몫했다. 당시 여론은 민주당이 변화한 모습을 보이기를 요구했고 안철수에게 쏠린 민심도 그런 '새정치'에 대한 갈망의 반영이었다. 새정치는 내용으로 구현해야겠지만 국민이 알아볼 정도로 달라진 모습을 보이려면 짧은 선거 기간 동안에는 인물 교체로 나타내는 수밖에 없었다. 기존의 여의도 정치인이 아닌, 전문성 있고 참신한 인물들이 민주당의 이름을 걸고 선거 캠프 앞에 나설 필요가 있었다.

이를 위해 캠프 전면의 공동 선대위원장으로는 당 안팎에서 영입한 참신한 인물들이 나서고 세 후보들은 '고위전략회의'라는 별도의 회의체를 만들어 캠프 운영과 전략을 조언하고 후방에서 돕는 방식을 취해야 한다는 데 공감대가 형성되었다. 그래서 10월 4일경에 이해찬 대표와 박지원 원내 대표, 3인의 경선 후보, 한명숙 전 대표, 김한길 최고위원을 위촉해 고위전략회의를 설치해서 경선 후보들이 화합하고 당의 전략적 역량을 하나로 모으자고 제안했지만 이 역시 실질적인 역할을 하지 못해 흐지부지되고 말았다.

이때 일부 의원들은 이해찬과 박지원 대표가 고위전략회의에 참여하는 것은 쇄신이 아니라며 발목을 잡았다. 참으로 답답한 상황이었다. 경선으로 선출되었고 국민의 정부와 참여정부를 거치며 다양한 선거 경험을 쌓은 이해찬 당 대표와 박지원 원내 대표가 가장 중요한 대선 과정에서 역할을 맡을 수가 없게 되어버렸다. 오히려 당 안팎의 비합리적인 반발 기류에 휩쓸려 내몰리는 처지가 되었는데 이것은 우리에게 크나큰 손실이었다.

우리 지도부가 안팎의 입김에 흔들리는 동안 새누리당은 물불을 가리지 않는 '대통합' 행보를 보였다. 박근혜 후보는 이명박 정권 동안 관계가 소원해졌던 김무성 전 의원을 다시 불러들이기까지 했다. 과거 최측근이었던 김무성 전 의원은 이명박 집권 초기에 새누리당 친이계 쪽에 기울면서 박 후보로부터 완전히 등을 돌리는 것처럼 보였다. 총선에는 출마도 하지 못했다. 그래서 당시에 김무성 전 의원이 박근혜 후보에게 돌아온 것은 무척 파격적인 상황 전개였다. 두 사람은 분명 묵은 감정이 있었겠지만 공동의 목표 앞에서 구원을 잠재웠을 것이다. 김무성 전 의원은 박근혜 캠프의 좌장으로서 아주 저돌적으로 핵심 역할을 하고 있었다. 박근혜 후보는 과거 정반대편에 섰던 민주정부 출신 인사들과도 계속 접촉하며 영입하고 있었다.

상대는 그렇게 사람을 가리지 않고 모아들이는 상황인데 우리는 같은 편끼리 내치고 배제하고 반목하며 전장 앞에서 내부 갈등을 겪고 있었다. '이박 담합론'으로 촉발된 지도부에 대한 불신은 여전히 팽배했고 언론 인터뷰를 통해 아예 대놓고 이 대표를 흔드는 이들도 있었다. 특히 안철수 후보와 미묘하게 경쟁하는 상황에서 일부 의원은 중앙당의 조직적 개입을 운운하며 지도부를 공격하기도 했다.

이해찬 대표가 제 역할을 하지 못하게 되자 당과 후보를 연결하고 지지층을 결집할 인물이 도무지 나오지 않았다. 이렇게 복합적인 이유로 경선 후보의 협력을 끌어내는 데에 어려움이 많았지만, 문재인 후보는 세 후보에게 최대한의 예의와 성의를 다해서 예우하려 했고 경선 이후 지속적으로 연락을 시도하면서 도움받기를 원했다. 결국 10월 23일이 되어서야 문재인과 김두관, 정세균 세 사람이 회동 일정을 잡았다. 그러나 손학규 고문이 불참한 데다 시기상으로도 한참 늦어 단합의 효과가 약해졌을 뿐 아니라 경선 후유증을 봉합하기 어려웠고 대외적인 선전 효과도 기대하기 힘들었다. 정말 아쉬운 만남이었다. 이 회동에 손학규 고문은 '일정 조율의 문제' 때문에 참석하지 못했다. 당시 상황을 잘 알고 있는 실무자들의 증언이다.

"당시 회동 일정에 대한 조율은 순조롭게 잘 협의되었습니다. 만약 어떠한 착오가 있었다고 하더라도 손 고문 본인이 당과 국민을 위해 민주통합당 후보를 돕겠다는 의지가 확실하게 있었다면 일정 같은 것이 무슨 문제였겠습니까. 손학규 고문은 후보들과의 첫 회동 자리에 불참함으로써 경선 패배에 대한 그의 감정의 골이 깊다는 것만을 증명한 셈이었습니다."

어수선한 분위기에서, 탈락한 후보들이 관례적으로 선대위 원장을 맡는 등의 문제는 깊게 논의되지 못했고 일단은 김두관, 정세균 두 후보가 "대선 승리를 위해 협력하고 문재인 후보를 지원한다"라고 밝히는 선에서 마무리되었다.

용광로 선대위? 뜻밖의 복병들

본선 캠프를 구성한 개념 틀은 '용광로 선대위'였다. 용광로 선대위를 통해 당과 시민사회를 망라한 전문 인사들을 영입함으로써 후보의 외연을 확대한다는 명분을 내세웠지만 실은 '친노색깔을 빼기' 위한 방법이기도 했다. 캠프 인선에 어려움이 많았던 이유도 바로 이 때문이다. 적합한 인사에게 지원 요청을 할라치면 '아무개가 친노라서 안 된다'라는 식의 견제가 들어왔다. 여의도 정치인이 아닌 인사, 참신한 이미지, 친노 색 배제, 시민사회와 전문가 그룹의 진보적 인물…… 이런 점들을 모두 고려해서 인선하니 작업이 더디게 진행되었고 힘이 들 수밖에 없었다.

선거를 사실상 진두지휘하는 기획본부장에는 이목희 의원이 임명되었다. 그는 민주당에서 손꼽히는 전략가이다. 캠프가 나뉘어 있어도 기획본부장이 중심을 잡아 모든 선거운동을 총괄해가야 하는 상황에서 그만한 적임자도 없었다. 하지만 선거 경험이 없는 분들과 함께하는 수평적 구조의 회의 체계에서 예민한 전략기획을 보고하고 토론하는 데 한계가 있었다. 결국 이목희 본부장을 보좌했던 정태호 전략기획실장(사퇴 전)이 나서다 보니 또 친노가 나선다는 이야기가 돌게 되었다.

용광로 선대위 구성에 중점을 두고 만든 캠프에 다양한 변수들이 드러나다 보니 무엇보다 긴밀해야 할 캠프와 후보의 소통도 원활하지 못했다. '친노'로 불리는 인사들을 전면에서 배제하고 나니 후보가 직접 소통할 수 있는 통로가 별로 없었다. 후보 입장에서도 난처했을 것이다. 그동안 함께 일해온 인연이 있는 사람들이 제외되고 여의도에서 처음 만나다시피 한 사람들이 캠프에서 주요 보직을 맡았으니 말이다. 사실 선거 캠프의 참모와 후보는 아무 때나 기탄없이 의견을 내고 만나고 전화 통화를 해서 복심이나 다름없이 소통해야 하는데 우리 캠프 선대위원장 중에는 그런 사람이 별로 없었다. 일단 종합상황실장으로 임명된 나부터도 후보와 끈끈한 인연은 없는 사람 아닌가. 나는 후보와 맺은 관계를 바탕으로 일했다기보다는 선거 과정에서 후보를 알아가고 최대한 객관적으로 직언하기 위해 노력했을 뿐이다.

이래저래 아쉬운 점은 있었으나 전체적인 구성과 시스템에서 크게 문제 될 것은 없었다. 열 명의 선대위원장 회의에서 꼼꼼히 논의해 구성한 선대위 조직은 곧 역할과 담당이 기능적으로 잘 구분되어 작동되었고 적합한 인사들이 본부장과 관리자급 직위에 임명되었다. 일부 조율이 필요했던 부서들에서도 하나의 목표를 위해 협력하는 분위기가 조성되었다. 그러나 이제 와서 돌아보면 과연 본선 캠프를 구성하던 초창기에 '우리가 최선을 다했던가' 하는 의문이 남는다. 간신히 캠프의 진용을 짰지만 캠프에 보직을 받고 참여했던 의원들, 본부장들의 책임감과 열정이 부족했던 것은 사실이다. 뼈아픈 고백이지만 짚고 넘어갈 수밖에 없다.

당시 의원들 사이에 안일한 분위기가 만연해 있었다. 국정감사 기간 어느 날인가는 아침 8시에 상황 점검 회의를 하러 당사에 나갔는데 본부장들, 보직을 맡은 의원들이 한 사람도 나오지 않았다. 조금 기다리다가 나도 화가 나서 내 방으로 들어가 버렸다. 얼마나 절박한 선거인데…… 텅 빈 회의장을 보니 화가 치밀었다. 나중에 우윤근 의원이 다시 회의를 하자고 불러서 나가기는 했지만 본선 캠프 초창기에 몇 번 그런 경험을 하고는 무척 실망했다.

왜 많은 이들이 열성적으로 대선 캠프에 힘을 쏟지 않았을까? 모든 의원에게 보직을 주고 선대위에 참여시키다 보니 나하나 빠져도 무방하다고 생각하게 된 걸까? 아니면 자기 계파 수장이 대선후보 경선에서 떨어져서 열심히 할 필요가 없다고 생각했을까? 안철수 후보와의 단일화를 바라보았기 때문일까? 당시 민주통합당 상황으로 보아 여러 사정이 맞물려 나타난 현상이었겠지만 이유야 어떻든 큰 싸움 앞에서 그런 태도는 안일

해도 너무 안일한 것이었다.

　이렇게 본선 캠프 구성 초창기에는 의원들이 적극적으로 선거운동에 전념하지 않았다. 자신이 출마한 선거에 임하는 마음으로 열심히 뛰는 의원들도 있었지만 일부에 불과했고 많은 의원들이 '남의 집 불구경하듯' 애매한 태도를 취하고 있었다. 후보가 수시로 도움이 필요한 인사들에게 전화하고 여러 방식으로 접촉했지만 경선 때 다른 후보 캠프에 있던 의원들은 여전히 '문재인 후보가 적극적으로 도와달라고 하지 않는다'는 등의 이유를 대며 소극적이었다. 당시 상황을 노영민 의원은 이렇게 지적한다.

　"선거는 후보 중심으로 가야 합니다. 앞으로 우리 당에서 어떤 선거를 하더라도 선거는 당 중심이 아니라 후보를 중심으로 해나가야 합니다. 계파, 세력, 이해관계를 다 접고 후보를 중심으로 당이 하나로 뭉쳐야 이깁니다. 그런데 이번 선거에서는 후보를 중심에 두지 않는 세력들이 당내에 너무 많았습니다. 경선 후유증이 분명히 존재했고 캠프가 대규모로 꾸려지면서 민주당 중심이 되지 않는 것에 불만을 가진 이들도 있었습니다.

　문재인 후보는 90만 명이 참여한 국민경선 방식을 통해 선출되었고 대선 캠프 또한 역사상 가장 많은 인원이 참여한 용광로 캠프로 이루어졌습니다. 역사적으로 '범야권'에서 이 정도로 크게 하나가 된 적은 없었습니다. 그것은 민주당의 틀만으로는 이룰 수 없는 성과였습니다. 그런데 이런 긍정적인 면들이 당 중심으로 사고하는 분들, 민주당이 선거 상황을 주도해야 한다고 생각하는 분들에게는 서운하게 여겨졌던 것 같습니다. 그래서 선뜻 후보에게 협조하지 않았던 거겠죠.

충청권 대책을 둘러싸고도 문재인 후보는 강한 의지를 갖고 본인의 인연과 인맥을 총동원해 새누리당과 선진당의 합당에 맞서 그에 반대하는 전 국회의원, 도지사, 시장, 군수 등 충청권 인사들을 영입하고자 했습니다. 하지만 민주당 지역 정치권의 반대로 제대로 추진되지 못했습니다. 늘 선거의 캐스팅보트를 쥐고 있던 충청권의 표심을 얻기 위한 후보의 결정을 당이 반대해서 좌절시키고 말았던 것입니다."

시간은 촉박한데 경선은 분쟁으로 얼룩지고 이후에도 갈등이 가시질 않았다. 친노 논란에서 벗어나고 외연을 넓히기 위해 용광로 선대위가 구성되었는데 응당 캠프의 좌장이 되어야 할 당 대표는 배제되는 분위기였다. 이런 배경에서 10월 중순 본선 캠프가 꾸려졌고 문재인 후보는 이렇게 복잡한 당 안팎의 장애물을 헤쳐가면서 일찌감치 박근혜 후보를 중심으로 연합한 새누리당을 상대할 수밖에 없었다.

돌연 불거진 친노 퇴진 요구

경선 승리, 그리고 안철수의 전격적인(그러나 충분히 예상되었던) 출마 선언에 놀랐지만 본선 캠프는 차근히 구성했고 이제 본격 레이스에 들어가려는 찰나, 당 안팎에서 '3철 퇴진' 요구가 제기되었다. '3철'은 알려진 대로 후보의 연설문을 맡는 메시지팀장으로 있던 양정철, 문재인 후보의 후원회 운영위원 이호철, 민주통합당 의원으로 캠프에서는 기획본부 부본부장을 맡고 있던 전해철, 세 사람을 의미한다.

  3철 퇴진론은 선대위원장 한 사람이 회의석상에서 '3철이 물러나야 한다'는 취지의 발언을 한 것을 계기로 수면 위로 떠올랐다. 그는 소위 '3철'을 콕 집어 거명하진 않았지만 당시에 한 발언의 맥락상 누구를 가리키는지 단박에 알 수 있었다. 언론에서도 '친노 2선 퇴진' '친노 배제'를 헤드라인으로 뽑았고 인터넷 커뮤니티에서는 '3철이 왜 물러나야 하느냐?' '물러나서는 안 된다'는 게시물이 올라오면서 찬반 논쟁이 벌어졌다. 이런 과정을 거치며 선대위 출범 자체보다 3철 퇴진 여부가 더 주목받는 기묘한 양상으로 일이 번지기 시작했다. 결국 '3철'로 거론된 세 명을 비롯해 자칭 타칭 친노라 불리며 이 사태를 수습하기를 원했던 인사들이 모여서 회의를 했다. 윤건영 보좌관은 당시의 분위기를 이렇게 전한다.

"어차피 이렇게 된 거 깔끔하게 다 물러나자는 의견에 대부분 동감했습니다. 당시 저희는 이런 논란이 단지 '3철'에만 국한된 것이 아니라 결국은 이해찬 대표를 겨냥하게 될 것이라고 판단했습니다. 그래서 그런 요구가 옳든 그르든 상관없이, 후보님께 부담을 드리지 않기 위해 모두 물러나자고 결심했습니다. 그렇게 뜻을 모은 후 후보님께 말씀을 드렸더니 '당신들이 그렇게 해결할 수 있는 것이 아니다, 물러나는 것이 올바른 문제 해결 방법도 아니다'며 만류를 하셨습니다. 그래서 저희가 도리어 후보님을 설득했습니다. 짐이 되어드릴 수는 없으니 물러나게 해주시라고 부탁을 드렸습니다."

애초에 당 안팎에서 '퇴진' 대상으로 지목되었던 3인과 퇴진 여부를 두고 논의하는 과정에서 스스로 결심한 이들까지, 결국 아홉 명이 선대위 보직을 내려놓고 물러나기로 했다. 후보에게 부담이 될 수 있는 친노 퇴진 논란을 한 번에 마무리해 나중에 비슷한 상황이 재연되는 사태를 막기 위한 고육책이었다.

10월 21일, 양정철 메시지팀장, 전해철 기획본부 부본부장, 이호철 후원회 운영위원, 김용익 공감 2본부 부본부장, 박

남춘 특보단 부단장, 윤후덕 비서실 부실장, 정태호 전략기획실장, 소문상 정무행정팀장, 그리고 윤건영 일정기획팀장이 선대위 보직에서 사퇴했다. 지금에야 밝히지만 다소 뜬금없고 억지스럽게 퇴진 대상이 된 경우도 있었다. 이호철은 중앙 선대위는 물론 부산에서조차 아무런 직책을 맡고 있지 않았는데 후원회를 담당하는 직함을 만들어서 바로 사퇴하기도 했다.

이들 모두 참여정부에서 일했던 인사들로 문재인 후보와는 오랫동안 인연을 맺었고 호흡을 맞춰왔던 이들이었다. 또한 갓 꾸려진 선대위에서 후보와 직접 소통하는 창구를 맡아 중요한 역할을 수행하고 있었다. 그러나 어떤 불가해한 큰 흐름 속에서 이들의 전면 퇴진이 선대위 운영, 나아가 대선 승리의 필수 조건인 양 여론이 형성되었고 이런 여론이 얼마나 타당한가에 대해서는 '묻지도 따지지도' 못한 채 그들은 '후보를 위해' 물러날 수밖에 없었다.

친노가 물러나야 한다는 주장에는 선거 전략상의 판단도 섞여 있었다. 친노에 호의적인 측에서도 '친노가 물러나서 문 후보의 득표율에 조금이라도 도움이 된다면 물러나는 게 좋지 않을까?' 하는 의견도 나왔다. 그렇다면 애초에 왜 선대위에서 친노가 물러나야 한다는 여론이 만들어졌을까? 왜 친노에게 그렇게나 거세게 물러나라고 했을까? 국민의 정부와 참여정부를 무능한 좌파 정권으로 규정하려는 새누리당과 지지 세력들의 이런 프레임은 끝없는 정치공세로 이어졌고 대선에서도 정점을 찍었다. 정략적 공략 포인트였던 것이다. 이는 민주당 내 경선에서도 증폭되었고 정치 세력 사이의 이해관계에 따라 악용되면서 '친노'가 만인만사에 있어서 악이라는 프레임은 더욱더 공고해졌다.

친노 아홉 사람의 퇴진 요구와 전면 사퇴, 이 과정을 지켜보면서 나는 특히 큰 목표를 위해 하나로 뭉쳐야 할 사람들이 도리어 서로를 비난하고 탓하며 갈라서는 모습을 보고 실망했다. 평소에 감정이 있었더라도, 뜻이 서로 달랐더라도 대선 승리라는 대업 앞에서는 온갖 역량을 최대한 끌어모아 힘을 합쳐야만 한다. 대의에 필요하다면 적도 설득해서 데려와야 하는 판에 '네가 있으면 부담이 된다' '승리하려면 누구는 물러나야 한다'는 식의 논리를 만들어 같은 당 안에서 서로 공격하고 밀어내기에 바빴다. 없는 힘도 만들어서 모아야 하는 시기에 '배제의 정치' '뺄셈의 정치'를 해서 결과적으로 우리의 역량을 스스로 갉아먹는 꼴이 되었다. 계파를 척결하고 단합하자던 사람들이 도리어 특정인을 지목해서 밀어내자는 주장을 하고 있었다.

친노 아홉 사람은 그렇게 물러났지만 후유증은 생각보다 컸다. 빈 책상은 다른 이들로 금세 채워질 수 있었겠지만 후보와 캠프의 가교 역할은 누가 대신하기 힘들었다. 캠프 실무자들도 겉으로는 동요하지 않고 맡은 일에 열중하고는 있었지만 분위기는 어수선했다.

선대위가 구성되자마자 어떤 일을 하기도 전에 친노가 죄인 취급을 받고 사퇴하는 상황에서 이해찬 대표의 역할도 극도로 한정되었다. 아홉 명이 퇴진하면서 가장 우려했던 부분도 자신들을 쳐냈던 친노 퇴진 여론이 확산되어 결국 당 대표까지 흔들지도 모른다는 것이었다. 그런 상황을 막아보기 위해, 굳이 퇴진 대상으로 언급되지도 않은 사람들까지 스스로 떠나겠다고 선언했던 것이다. 정상적인 상황이라면 당 대표가 나서서 껄끄러운 상황들을 해결해야 했다. 손학규, 김두관, 정세균 세 후보의 경우도 문재인 후보가 아니라 당 대표가 나서서 그들을 위로하고 예우하며 '선출된 후보를 중심으로 단합하자'는 메시지를 선포해야 했다. 선거 상황에서 지극히 당연한 당 대표의 역할이다.

하지만 친노가 만악의 근원쯤으로 거론되는 당시의 서슬 속에서 이해찬 대표가 나설 여지는 없었다. 그가 한마디만 꺼내도 친노 프레임을 들먹이며 물러나라고 할 이들이 도처에 기다리고 있었기 때문이다. 언론도 그러한 논란의 당위는 따지지 않는 듯했다. 그냥 불거진 논란 자체만 보도하면서 민주당이 엄청난 자중지란에 빠진 것처럼 보이게 되었다. 그런 난마 속에서 이해찬 대표는 가장 중요한 시기에 자신이 잘할 수 있는 일, 마땅히 해야 할 역할을 하지 못하고 발이 묶이고 말았다. 당 대표의 역할이 박탈되다시피 한 상황이었다. 이해찬 대표 스스로 "난 선거 때 텔레비전 본 것밖엔 한 일이 없다"며 자조적인 농을 던지기도 했다.

이렇게 선거 전면에서 뒤로 물러난 이해찬에 대해 안 후보 측이 불쾌해한다는 이야기가 들려왔다. 이해찬 대표가 언급한 '무소속 대통령 불가론' 때문이었다. 10월 9일 이해찬은 교섭단체 대표 라디오 연설에서 '70퍼센트를 내주더라도 통합하라'는 김대중 대통령의 유지를 언급하며 총선 기간 민주당을 축으로 이뤄냈던 야권연대를 강조했다. 그러면서 '현대 정치의 기반은 정당정치이며 정당 없는 민주주의는 없다. 민주국가에서 무소속으로 당선되어 국가를 경영한 예는 없다'라고 못 박았다. 사실이 그랬다. 해당 발언은 민주당이 다른 어느 쪽에 비해 능력 있고 우월하다는 뜻이 아니었다. 어쩔 수 없이 명백한 사실을 알리는 것이었다.

국가 운영의 어려움과 조직의 방대함은 한 개인의 인기와 능력으로 감당할 수 없다. 건전한 당 조직과 인력 풀과 그들이 만들어내는 정책이 바탕이 되어야 국가를 운영할 수 있다. 정치를 알든 모르든 누구라도 이해할 수 있는 사실이다. 연설에서 이 대표는 안철수 후보에게 분명한 메시지를 보냈다. '민주당에 입당하든가, 당을 만들어 통합해야 승리할 수 있다'라는 메시지를. 당시 여론조사로는 문재인 후보가 안철수 후보에게 근소한 차이로 뒤지고 있었지만 야권 단일화를 성사시킨다면 둘 중 누구든 승리할 것이라는 조사 결과가 나와 있었다. 포털과 인터넷 커뮤니티에서는 매우 조직적인 움직임으로 보이는 반야권 성향의 게시물과 댓글이 판을 치고 있었으며 새누리당의 정문헌 의원이 2005년 남북정상회담의 'NLL 대화록'을 언급하며 슬슬 북풍 공작의 시동을 걸고 있던 참이었다. 이런 상황의 시급함을 느낀 이해찬 대표는 라디오 연설을 통해 안철수 후보에게 객관적인 상황을 인식하고 민주당에 들어와서 문재인과 경쟁해 대선에서 승리하자는 메시지를 전한 것이다.

'무소속으로는 힘드니 민주당으로 들어오거나 당을 만들어 합쳐서 대선에서 이기자.' 이것이 당시 이해찬 대표 연설의 골자였다. 그런데 이를 안 후보 측은 자신들에 대한 폄하나 모욕으로 받아들인 눈치였다. 진심 캠프의 유민영 대변인은 '이 대표의 발언이 국민 기대와 다르다'라고 브리핑했다. 안철수 후보 또한 10월 11일에 열린 행사에서 '지금 상태에서 여당에서 대통령이 되면 밀어붙이기로 세월이 지나갈 것 같고 야당에서 당선되면 여소야대로 임기 내내 시끄러울 것 같다'며 여야 양측을 동시에 비판하는 발언을 하며 이해찬의 무소속 불가론을 반박했다. '차라리 그럴 바에 무소속 대통령이 국회를 존중하고 양쪽을 설득해 나가면서 가는 것도 충분히 가능하다'면서 무소속 대통령을 할 수 있겠느냐는 기자의 질문에 짧게 '할 수 있다'라고 말하기도 했다.

이에 대해 이해찬 대표도 곧바로 응수했다. 10월 17일에 언론사 정치부장단과 인터뷰하면서 안 후보에게 '신당 카드'를 꺼내들었다. "안 후보가 정당정치에 보류 입장을 보이는데 이것은 국회를 부정하는 것으로 문제가 많습니다. 안 후보는 차라리 '새로운 당을 만들자'라고 했어야 합니다." 아예 큰 틀에서 민주당과 안철수 후보가 신당으로 연합해 정권교체를 이루자는 제안이었다. 이렇게 10월 중순까지 언론을 통해 안철수 후보와 이해찬 대표는 '무소속 대통령론'을 두고 각을 세웠다.

상황이 엉켜가는 와중에 '아홉 명의 친노'가 선대위에서 물러나 친노 논란은 일단 가라앉는 듯싶었지만 그렇게 쉽게 끝날 문제가 아니었다. 정치개혁을 위한 인적 쇄신 논리가 선거전의 대세를 점하면서 애꿎게도 '민주당 지도부가 물러나는 것이 바로 정치 쇄신'이라는 식의 주장이 당 안팎에서 힘을 얻게 되었다. 10월 31일에는 김한길 최고위원이 전격 사퇴했다. 김한길 최고위원은 사퇴 즈음에 언론 인터뷰에서 '인적 쇄신이 정치 쇄신의 출발점이며 문 후보가 이미 그것을 잘 인식하고 있다'라고 말했다. 이해찬과 박지원의 사퇴를 의미하는 발언인지에 대해서는 명확하게 답하지 않았으나 사실상 그런 뜻으로 해석될 만한 말이었다. 당의 '새로운정치위원회'도 10월 31일에 열린 회의에서 당의 쇄신을 위해 지도부 총사퇴가 필요하다는 데 의견을 모았다. 이해찬, 박지원 지도부가 사퇴해야 이긴다는 논리는 당 안팎에 마치 대선 승리의 필수 조건처럼 퍼져 나갔다.

역시 물러난 친노들의 우려대로 칼끝은 이해찬 대표를 향하고 있었음이 곧 드러나게 된다. 그리고 안철수 후보와의 단일화 국면에서 '친노들이 차기 정부에서 임명직을 맡지 않겠다는 선언을 하라'는 요구가 다시 제기되어 친노는 또 한번 큰 홍역

을 치르게 된다. 대체 친노가 무엇인가. 주홍글씨라도 되는가,
그들이 무엇을 얼마나 더 내려놓아야 한다는 말인가, 나로선 도
통 알 수 없는 일이었다. 이후 캠프는 빈 자리에 새로운 인력을
충원하고 본격적인 야권 후보 단일화 국면에 진입하게 된다.

2부

'문안 드림', 최초의 만남

문재인 후보는 경선 당시부터 단일화의 필요성을 언급해왔다. 캠프 관련 인사들과 의원들도 언론을 통해 단일화의 필요성을 역설하고 두 사람이 속히 만나야 한다는 의견을 계속 피력하고 있었다. 그러나 안철수 후보 측은 별로 서두르는 기색이 없었다. 언론의 빗발치는 질문에도 명확한 답을 내놓지 않고 강연, 지역 방문 등의 일정을 이어가고 있었다.

안 후보가 다소 늦게 출발한 만큼 단독으로 지역을 순회하며 선거운동을 할 필요가 있다는 데에는 우리도 공감했지만 단일화를 할 것이라면 시간이 너무 부족했다. 게다가 우리의 상대인 박근혜 후보는 여당의 단독 후보로서 상대적으로 여유 있게 지역을 순회하고 있었다. 그렇다 보니 느긋한 안철수 후보에게 우리가 일방적으로 빨리 만나 단일화하자며 '구애'하는 것으로 비칠 정도였다.

새누리당 의원들은 자신들의 회의석상에서 '단일화 구걸하는 민주당'이라며 대놓고 비웃어댔다. 당내에서도 '안철수에게 너무 목매지 말고 독자적으로 하라'는 요구가 많았다. 그래도 제1야당인데 갑자기 등장한 다크호스에게 너무 끌려 다니는 인상을 주지는 말라는 뜻이었다. 일리 있는 말이었지만 단일화는 피할 수 없는 과제였고 일단 두 사람이 만나서 단일화에 공감한다는 사실을 표명하는 것이 중요했다. 여러 경로로 단일화 회담을 빨리 해야 한다는 뜻을 안 후보 측에 전달했다. 그렇게 물밑 작업이 진행되는 동안 '구애하는 민주당과 느긋한 안철수' 상황이 지속되는가 싶었는데 10월 5일에 안철수 후보가 전남대 강연 자리에서 '만나자'는 말을 꺼냈다. 당시 안 후보의 발언은 대략 이렇다.

"각자의 공약도 완성되지 않은 상태에서 단일화 방식과 형식만 따지면 진정성이 없고 감동도 사라지며 1 더하기 1이 2가 되기도 어려울 것이다. 우선 문 후보와 제가 먼저 만나 서로의 가치와 철학을 공유하고 정치 혁신에 대해 합의하면 좋겠다."

그러면서 '새누리당 재집권에 반대한다' '국민의 지지를 받으면 정권교체가 가능하다' '정권교체와 정치 혁신을 저 혼자의 힘으로 해낼 수 없다는 것을 알고 있다'라고 말했다. 그때까지 안철수가 후보 단일화에 대해 언급한, 가장 적극적인 발언이었다. 새누리당 집권에 반대한다는 뜻 역시 명확히 천명했다. '정권교체를 위한 후보 단일화와 정치 혁신'에 안철수 후보도 우리와 생각을 같이한다는 것을 드러낸 강경한 메시지였다. 전남대 강연을 취재했던 기자들도 안 후보의 발언 수위에 꽤나 놀랐다.

우리로서는 반가운 반응, 기다려왔던 일이었다. 언론은 일제히 '안철수의 파격 제안' 등의 제목을 뽑았다. 이 상황만 보면, 마치 안철수 후보가 먼저 단일화 회동을 제안한 것처럼 보이기도 했다. 우리는 즉시 만나자는 답을 보냈고 곧 안철수 후보 대변인 정연순 변호사가 5일 오후에 기자들에게 문자 메시지를 보내 두 후보가 6일에 만날 것이라고 통보했다. 만남의 형식은 '배석자 없는 단독 회동'이며 시간과 장소는 '미정'이었다.

두 후보가 만난다는 소식이 전해지자 여론은 들끓었다. 야권 지지자들은 축제 분위기가 되었다. 두 사람이 단독으로 만난 자리에서 어떤 이야기가 오갈지 추측하는 기사들도 쏟아졌다. 그때 야권 지지자들 사이에는 '문안 드림'이라는 말이 크게 유행했다. 조국 교수가 트위터를 통해 처음 제안했던 문재인, 안철수 단일화의 타이틀로 '문재인 후보와 안철수 후보가 단일화를 위해 국민에게 인사와 문안을 드린다'는 의미였다.

그렇게 두 사람의 만남에 대한 기대와 흥분, 그리고 약간의 우려가 뒤섞인 분위기에서 11월 6일, '문안 드림'의 날이 밝았다. 두 후보의 첫 만남 장소로는 애초에 세종문화회관 세종홀과 국회 한옥인 사랑재가 고려되었지만 백범기념관으로 결정되었다. 백범 김구 선생의 독립운동 정신과 업적을 기념하는 장소라는 상징성이 있는 데다 장소가 넓어 많은 취재진을 수용할 수 있어서 여러모로 적절한 장소였다.

두 후보의 지지자들은 일찍부터 기념관 진입 도로 앞에서 각자 지지하는 후보의 이름을 외치며 진을 쳤다. 두 캠프에 파견되어 있던 언론사 기자들도 아침부터 한 자리로 모여들었다. 꽤 넓은 백범기념관 주차장이 가득 찼다. 한정된 장소에서 포토라인에 가깝고 후보들 얼굴을 잘 촬영할 수 있는 자리를 차지하기 위한 경쟁도 치열했다. 결국 급하게 번호표를 만들어서 자리를 배정할 수밖에 없었다. 추첨한 번호에 따라 기자들 사이에 탄식과 환호가 엇갈렸다. 앞 번호를 뽑은 기자들은 환호성을 지르며 기뻐했다. 역사적인 날이었으며 모두가 들뜬 분위기였다. 터질 듯한 기대감과 긴장감이 현장의 공기를 압도했다.

5시 52분에 안철수 후보가 먼저 모습을 드러냈다. 안 후보는 기자들 앞에서 짧게 인사말을 한 후 바로 회담장으로 들어갔다. 뒤이어 문재인 후보가 차에서 내려 회담장으로 들어갔다. 문 후보는 조금 길게 인사말을 하고 이동했다. 두 후보는 기념관 안에 마련된 원탁에서 사진기자들을 위해 포즈를 취하고 바로 다른 장소로 이동해서 단독 회담을 열었다. 전에도 행사장에서 이야기를 나눈 적은 있었지만 두 사람만 마주 앉아 제대로 대화를 나눈 것은 그때가 처음이었다. 문재인 후보는 안철수 후보에 대해 어떤 느낌을 받았을까? 윤건영 보좌관의 전언이다.

"후보님이 만난 안철수 후보는 한마디로 '안철수는 좋은 사람'이었습니다. 회담 끝나고 어떠셨냐고 여쭤보니 '좋은 사람이더라'고 하시더군요."

비공개 회담은 1시간 정도 진행되었다. 저녁 8시쯤 두 후보는 기념관 앞에서 기다리던 기자들 앞에 다시 나타나 밝은 표정으로 웃으며 손을 맞잡았다. 지지자들은 "문재인! 안철수!" "안철수! 문재인!"을 연호했다. 후보들은 지지자들에게 인사를 한 후 자리를 떴고 양측 대변인들, 우리 캠프의 박광온과 진심 캠프의 유민영이 일곱 가지 사항으로 된 합의문을 발표했다.

첫째, 엄중한 시대 상황에 대한 인식, 고단한 국민의 삶과 형편, 정치 혁신에 관한 국민들의 요구에 대해 폭넓은 대화를 나눴고 인식을 함께 하고 있음을 확인했다.

둘째, 정권교체를 위해서는 새정치와 정치 혁신이 필요하고, 정치 혁신의 첫걸음은 정치권이 먼저 기득권을 내려놓는 것이라는 데 의견을 같이 했다.

셋째, 단일화는 대선 승리와 정권교체를 위한 단일화, 가치와 철학이 하나 되는 단일화, 미래를 바꾸는 단일화의 원칙 아래 새누리당의 집권 연장에 반대하는 모든 국민의 뜻을 하나로 모아나가기로 의견을 같이 했다.

넷째, 단일화를 추진하는 데 있어 유리함과 불리함을 따지지 않고 새정치와 정권교체를 열망하는 국민의 뜻만 보고 가야 하며 국민의 공감과 동의가 필수적이라는 데 뜻을 같이했다.

다섯째, 단일 후보는 후보 등록 이전까지 결정하기로 하고, 이를 위해 함께 협의해 나가기로 했다.

여섯째, 새정치와 정권교체에 동의하는 양쪽의 지지자들을 크게 모아내는 국민 연대가 필요하고 그 일환으로 정당 혁신의 내용과 정권교체를 위한 연대의 방향을 포합한 '새정치공동선언'을 두 후보가 우선적으로 국민 앞에 내놓기로 했다

일곱째, 투표 시간 연장을 위해서 함께 노력하기로 했다. 이를 위해서 서명 운동을 포함한 캠페인을 공동으로 펼쳐 나가기로 했다.

새정치공동선언문 작성을 위한 실무팀을 구성하기로 했다. 그리고 팀장을 포함해 양측에서 세 명씩으로 구성하기로 했다.

예상보다 훨씬 진전된 내용이었다. 우리 입장에서는 '후보 등록 이전에 단일화'한다고 합의했다는 점이 가장 큰 수확이었다. 안철수 후보 측은 '새정치공동선언문'을 작성해 발표하기로 한 데에 더 큰 의미를 두었다. 두 후보 측에서 중요하게 여기는 항목에는 조금씩 차이가 있었지만 양측 모두 합의문이 잘 만들어졌다는 데는 이견이 없었다. 나중에 새정치 협상단과 단일화 협상단을 어떻게 꾸릴 것인가를 두고 서로 생각이 달랐다는 점 (우리 측은 동시에 같이, 안 후보 측은 새정치 협상이 먼저 실행돼야 단일화 협상이 가능하다는 의미로 이해했다)이 드러나 결국 우리가 안 후보의 의견을 받아들이기는 했지만 당시로서는 전체적인 내용이 만족스러웠다. 이 일곱 가지 합의를 바탕으로 단일화 룰과 새정치공동선언문 작성을 위한 실무 협상이 시작되었다.

정치개혁 동상이몽

새정치공동선언문을 만들기 위한 협상은 11월 8일에 시작되었다. 우리 쪽에서는 새정치위원회에서 간사를 맡고 있던 정해구 성공회대 교수를 새정치 협상단의 간사로 선임하고 소통2본부장을 맡고 있던 김현미 의원, 정태호 사퇴 이후 전략기획실장을 맡고 있던 윤호중 의원과 함께 협상단을 꾸리도록 했다. 안철수 후보의 진심 캠프에서는 김성식 캠프 공동선대본부장과 김민전 경희대 교수, 심지연 경남대 교수가 협상 대표로 나왔다.

마포구에 있는 창비카페에서 열린 첫 협상에서 정해구 교수는 '국민들이 오늘 협상에 주목하고 있다. 단일화가 이루어져서 한국 정치가 바뀌는 정권교체를 바라기 때문일 것이다'라고 서두를 꺼내고 '가능한 한 빨리 새정치공동선언문을 도출해내자'라고 말했다. 김성식 본부장은 정치 혁신을 강조하면서 '새정치국민선언문이 통과의례가 되어서는 안 된다'라고 밝혔다. 협상에 임하는 양측의 온도차가 느껴지는 발언이었다.

안철수 후보 측이 새정치 합의문에 명기해야 한다고 제시한 정치개혁 방안은 크게 다음과 같았다.

1. 국회의원 수를 축소할 것.
2. 중앙당을 축소할 것.
3. 정당에 대한 국고보조금을 축소할 것.

이 세 가지 정치개혁 안은 안철수 후보가 10월 23일에 인하대 강연에서 밝힌 내용으로 당시 정치권뿐 아니라 학자와 전문가, 언론인들 사이에서도 상당한 논란을 일으키고 있었다. 그런데 안철수 후보 측은 이를 새정치공동선언문에 고스란히 반영하기를 바랐다. 이에 대해 윤호중 의원은 이렇게 평한다.

"안철수 후보의 정치개혁안에 대해서 당시에 엄청난 논란이 있었습니다. 국회의원뿐 아니라 학자들 사이에서는 충격적이라는 반응이 많았습니다. 그런데 그 충격이 긍정적인 의미에서의 충격이 아니었고 의구심과 실망감에서 비롯된 충격이었다는 것이 문제였습니다. 정치개혁안의 초점이 민주주의 발전과 제도 개선을 위한 것이 아닌 '비용 절감'에 주로 맞춰져 있었기 때문입니다. '규모를 줄이고 지출을 줄이자'는 것이 안 후보가 내세운 정치개혁안의 중심이었습니다."

협상팀을 지원했던 실무자 또한 안철수 후보의 정치개혁안에 대해 이렇게 말한다.

"인하대에서 안철수 후보가 정치개혁안을 발표한 후 '인하대 쇼크'라는 말까지 돌았습니다. 애초에 새정치를 기치로 내걸고 시작했던 안철수 후보가 어떤 새정치안을 내놓을지, 기대를 많이 하고 있었거든요. 그런데 내용이 너무 뜻밖이었고 안 후보의 지지층 중 상당수도 바로 이때부터 고개를 갸웃거리기 시작했다고 봅니다. 정치개혁 안에서 드러난 안 후보의 정치권에 대한 인식은 실망스러웠습니다. 중립적인 입장에 있었던 의원들과 안철수에게 호감을 갖고 있던 층에서도 실망감을 표출했고 아주 심하게는 '정치학과 대학원생만도 못한 인식이다'는 혹평이 나왔습니다."

우리는 그동안 캠프의 공약팀(미래 캠프)과 당의 새정치위원회에서 만들었던 정치개혁안을 정리해서 제시했다. '여야정 정책협의회'를 통한 국정의 책임성 제고, 권력을 효율적으로 분산하기 위한 책임총리제와 제왕적 대통령제의 개선, 정당 시스템의 개혁, 권역별 비례대표 의석 100석까지 증원, 온오프 결합 정당 추진, 중앙당의 정책 기능 강화, 공직 후보 공천권을 국민에게 돌려주는 공천 제도의 개혁 등이 우리 안의 핵심이었다. 우리의 정치개혁안은 모든 면에서 '민주주의 강화'를 목표로 했다. 민주주의의 기본 원리인 3권 분립을 공고히 하고 정당을 민주화하고 국민에게 직접 혜택을 줄 수 있는 정책 기능을 강화하는 등 전반적인 정치 활동의 내실을 강화하자는 안이었다.

새정치공동선언문을 만들기 위한 협상 과정에서 특히 합

의하기 어려웠던 안은 바로 '국회의원 정수 축소'였다. 진심 캠프 협상단은 국회의원 정수 축소가 새정치 합의에서 가장 중요하다며 반드시 그대로 명시해야 한다고 주장했고 우리는 받아들일 수 없다고 맞섰다. 우리가 국회의원 정수 축소를 받아들일 수 없었던 데에는 이유가 있었다. 윤호중 의원의 말이다.

"일단 국회의원 숫자가 줄어들면 그렇지 않아도 특권 논란에 시달리는 국회의원 직이 극소수만 할 수 있는 자리로 인식되고 더욱 특권화될 것이 뻔합니다. 국회의 고유 기능인 행정부에 대한 감시와 통제 기능 또한 숫자가 줄어들면 약해질 수밖에 없죠. 게다가 역사적으로 볼 때도 우리나라는 의회 권한이 대통령에 비해 상대적으로 약했고 '제왕적 대통령제'라는 말이 나올 정도로 대통령 권한이 막강한 체제이기에 정수 축소는 민주주의의 원리로 볼 때도 거꾸로 가는, 불합리한 해법이었습니다. 이에 대해서는 우리 당뿐 아니라 다수의 전문가들이 동의하고 있었습니다."

그렇다. 흔히 외국과 우리 국회를 자주 비교하며 '우리나라 국회가 너무 비대하다. 의원 숫자가 너무 많다'라고 이야기하는 이들이 있는데, 상하 양원제를 채택하는 외국과 달리 단원제이며 국토 대비 인구수가 많은 우리나라의 의회와 지역 현실은 분명 차이가 있다. 이를 고려하지 않고 무조건 몇몇 선진국의 형식만을 따라서 국회의원 수를 줄여야 한다는 주장은 이치에 맞지 않다. 의원 숫자를 조정해야 한다면 우리의 사회변화와 지역 현실을 충분히 고려해야 마땅할 것이다.

우리는 한국의 실정에서 오히려 국회의원은 400명 정도로 늘려야 하고, 비례대표 의원 또한 다변화되고 급변하는 사회구조를 반영하고 다양한 계층의 목소리를 대변하기 위해 대폭 증원하는 것이 바람직하다고 보아 이를 새정치안에 반영하자고 제안했다. 그러나 안 후보 측은 국회의원 정수 축소 안은 결코 양보할 수 없다고 못을 박았다.

안철수 후보 측은 중앙당을 대폭 축소하는 방안 또한 제시했다. 중앙당에 지급되는 정부 지원금도 줄여야 한다고는 했지만 얼마나 줄여야 할지 구체적으로 제시하진 않았다. 물론 의원 수를 줄이고 정당 보조금을 줄이면 당장 무엇인가 달라진 것처럼 보일 터다. 세금을 아끼고 개혁을 한 것처럼 보일 수 있다. 하지만 국가의 기능, 정치의 기능, 국회의 기능은 그렇게 간단치 않다. 의원들의 국회 활동을 지원하는 중앙당이 없어지면 정당의 기능은 사실상 상실되는 것이나 마찬가지다. 정책은 어디서 만들며 국회의원이 되려는 후보자들을 선정하고 관리하는 일은 또 어디서 할 것인가? 지금 중앙당에서 맡고 있는 공직 후보자에 대한 심사, 선정, 관리 기능이 없어지면 국회의원 선거는 정책과 인물을 살펴 국민의 대변인을 선출하는 본래 기능을 잃고 지역의 명망가나 자본을 가진 토호들이 주도할 것이다.

비용과 규모의 시각으로 정치의 기능을 평가하는 것은 온당치도 않고 합리적이지도 않다. 정치개혁의 문제는 밖에서 바라보는 것보다 훨씬 복잡하다. 우리는 '정당에 대한 지원을 무조건 축소하는 것보다는 정당의 정책 연구 기능에 대한 지원은 오히려 늘려서 역량을 강화하고 실현 가능한 좋은 정책들을 많이 내놓도록 지원하는 것이 적합한 개혁안'이라고 거듭 주장했다.

안철수 후보가 정치개혁 방안으로 왜 그토록 비용 절감 문제를 강조했는지 어느 정도 이해는 한다. 그동안 정치인과 국회가 국민에게 많은 실망을 주었고 국민들은 상대적으로 '신선한 인물'인 안 후보가 소위 '새정치'를 보여주기를 크게 기대했다. 최근 한 주간지의 조사 결과 국가기관 가운데 국회에 대한 불신도가 68퍼센트에 달했다. 시민들을 만나 보면 '국회에서 뭘 하느냐, 민주당 제발 좀 잘하라'는 말도 많이 듣는다. 격려보다는 불신과 우려가 섞인 질책이 더 많다. 드러나게 혐오감을 표시하는 시민들도 많다.

섭섭하지만 이해한다. 당연하다. 현장에 나가면 국민이 국회에 얼마나 실망하고 있는지, 국회의원들이 얼마나 제 역할을 못하고 있었는지 느낄 수 있다. 하지만 정치가 제 역할을 제대로 못하고 있다고 해서 지원을 끊고 규모를 줄인다면 어떻게 될까? 기업은 물론 공적인 조직에서도, '비용 절감과 인원 감축'은 절대 최선의 안은 될 수 없다. 조직 안의 사람들이 제 역할을 못하고 있다면? 잘하게 만들면 된다. 불필요하고 부당한 특권은 없애고, 제도를 보완하고, 감시를 철저히 하고, 잘못한 사람에게는 합당한 처벌을 하고, 잘한 사람에게는 칭찬을 해주면 될 일이다. 물론 말처럼 쉽지는 않다. 진정한 의지와 추진력이 있어야 해낼 수 있고 많은 고민을 해야 할 것이다.

협상팀을 지원하는 실무자들 일부는 안철수 후보 측이 '무소속으로 당 조직이 없는 입장에서 우리가 가진, 정당의 이점을 최대한 약화시키려는 의도'로 정당 규모를 줄이자는 제안을 한다는 추측을 하기도 했다. 우리로선 협상의 상대를 존중하는 차원에서 억측은 자제하자는 입장이었지만 안 후보 측의 정당 규모 축소, 지원 축소 안은 구체성도 합리성도 부족했기에 그런 추측도 꽤 설득력을 얻어갔다.

새정치 부문의 지난한 협상 과정을 지켜보며 내가 가장 아쉽게 여겼던 점은 안철수 후보의 정치에 대한 관점이었다. 진심 캠프의 협상단이 제안한 정치개혁안을 통해 드러난 안철수 후보의 정치에 대한 시각은 크나큰 '혐오'였다. 국회와 정치인을 무능하고 비용이 많이 드는 존재로 인식하고 무용하다고 여기는 혐오감, 그리고 효율을 중시하는 기업가 마인드가 결합되어 '정치의 비용 절감'을 중점으로 한 새정치안이 도출된 것이 아닐까? 그러나 대통령을 꿈꾸는 사람이라면 '국회의원들 일도 못하는데 인원 줄이고 정당 규모도 축소하자'는 식의 주장만으로는 부족하다. 정치의 잘못된 관행과 부조리를 개선하고 국회의원들이 더 열심히 일하게 만들 근본적인 개선책을 내놓아야 한다.

안철수 후보는 출마 선언 후 '앞으로도 정치를 하겠느냐'는 기자의 질문에 '다리를 불사르고' 왔다고 답했다. 정치인의 삶을 계속 살아가겠다는 뜻이었다. 그렇다면, 정치에 전력투구할 사람이라면, 자신도 한 사람의 정치인이라면 정치에 대한 혐오와 질책 이상의 구체적인 개선안을 내놓았어야 한다. 나는 그런 의미에서 안철수 후보의 새정치안에 적지 않게 실망했다.

새정치공동선언문 합의를 위한 회담은 전체 의제 조율로 시작되었지만 초반부터 의원 정수 축소에 대한 의견이 첨예하게 맞서 첫날은 아무런 성과를 내지 못했다. 결국 합의문에는 국회의원 정수 '축소'가 아닌 '조정'이라는 용어를 쓰기로 했다. 새정치 외에 남북관계에 대한 시각 차이도 컸다. 안철수 측은 남북관계 개선에 전제조건을 달았다. 금강산 관광 사업이나 경제협력같이 그동안 북한과 함께 했다가 중단된 협력 사업들을 재개하기 위한 대화를 하려면 북한이 '신변 안전 보장' 등을 우선 약속해주어야 한다고 주장한 것이다.

그런 주장은 이명박 정부의 대북 정책 기조인 5·24 조치의 내용과 동일한 것이다. 5·24 조치는 사실상 남북대화를 진행하지 말자는 입장 표명이나 마찬가지고, 이명박 정부가 들어선 직후부터 남과 북의 관계는 기본적인 대화 채널마저 단절될 정도로 후퇴 일로를 달리고 있었다. 때문에 이명박 정부의 안과 거의 같은 안철수 후보 측의 대북관은 남북문제 전문가들로부터 상당한 비판을 받고 있었다. 우리는 대화를 재개하려면 전제조건을 달지 말고 일단 양측이 만나서 경색된 남북관계를 종합적으로 풀어가야 한다는 입장이었기에 안 후보 측의 시각에 동의할 수 없었다.

의원 정수 축소와 남북문제에 대한 시각 차이는 새정치선언문 합의 이후에 열린 두 후보자 간의 단일화 토론회 때도 여실히 드러났다. 11월 21일 밤에 열렸던 후보 단일화 토론회장에서 문재인, 안철수 두 후보는 새정치선언문에 적힌 '의원 정수 조정'이라는 문구를 두고 대립했다. 새정치 협상팀은 우리 측 안인 '지역구와 비례대표 의원 수 조정'과 안철수 후보 측 안인 의원 정수 '축소' 사이에서 '조정'이라는 단어를 사용하기로 합의하고 발표했는데 안 후보 측은 이 문구에 대해 민주당과 '축소'로 합의했다고 해석하고 언론에 알리고 있었기 때문이다. 대북 문제에 대해서도 문재인 후보는 안철수 후보의 안이 '이명박 정부의 안과 동일하다'라고 지적한 반면 안 후보는 '그렇지 않다'라고 각을 세웠다. 문제에 대한 인식의 차이가 너무 컸기에 양측이 끝까지 명료하게 합의하기는 불가능한 대목이었다.

계속된 협의 과정에서 우리는 국회의원 정수 축소 문제는 일단 넘긴 후에 정당 개혁 같은 좀 더 구체적인 정치개혁안에 대한 논의를 진전시키길 원했다. 그런데 묘한 대답이 돌아왔다.

"그 전에 민주당에서 성의를 보여주셔야 합니다."

'성의?' 윤호중 의원은 당시 상황을 이렇게 전한다.

"구체적인 정치개혁에 대해 논의하자고 했더니 '민주당이 성의를 보여야 한다'라고 하더군요. 의아했습니다. 그래서 그 '성의'가 무엇입니까? 하고 물었더니 '기득권을 내려놓아야 한다'라고 말했습니다. 안철수 캠프 측 협상팀은 다음 단계로 협상을 진행하자는 제안을 하면 애매모호하게 에둘러서 '민주당이 성의를 보여야 한다, 기득권을 내려놓아야 협상을 할 수 있다'라는 말을 반복했습니다. 명확히 말해주길 바랐지만 계속 그런 식이었습니다. 그런 식인 데다 정수 축소 안에 대한 입장 차이가 커서 8일, 9일, 10일은 어떤 안도 합의하지 못하고 그냥 지나갔습니다. 계속해서 어떤 것이 성의냐, 기득권은 무슨 뜻이냐고 물었더니 종내는 '국민이 요구하고 민주당 내에서도 요구하고 있는 것이 있지 않습니까?'라는 답이 돌아왔습니다. 그제야 알게 되었습니다. 그들이 정말로 우리에게 말하고 싶었던 것은 '이해찬 대표와 박지원 원내 대표, 민주당 지도부 물러나라'는 것이었습니다. 기가 막혔습니다."

협상단을 지원했던 실무진은 이렇게 증언한다.

"'우리당 지도부 퇴진은 여기서 말할 사안이 아니다. 우리당 내의 이야기 아니냐, 이 협상장에서는 새정치에 관한 이야기를 하자'라고 했지만 안 후보 측은 물러서지 않았습니다. 누가 들어도 '이박 퇴진'으로 들을 수밖에 없는 뉘앙스를 말에 풍기면서 어떨 때는 '우리 입으로 그렇게 말할 수는 없다'며 발을 빼기도 했습니다."

한 당직자의 증언도 들어보자.

"협상이 쉽지 않을 것이라는 건 예상했지만 그 정도로 나올 줄은 상상하지 못했습니다. 협상은 기본적으로 상대를 인정하고 이견을 좁혀가는 과정입니다. 철천지원수인 적국과 협상을 하더라도 상대 측의 정권을 인정해주고 시작하는 것이 외교의 기본 예의 아닙니까? 하지만 저쪽은 민주당을 인정하지 않았습니다. 구태, 척결의 대상으로 보고 지도부를 흔들었습니다. 축구 경기로 치자면 시합하는데 갑자기 '너희 팀 주장이 별로다, 주장 빼면 속개하겠다'라고 억지를 부리는 것과 같았습니다. 게다가 그것을 협상의 전제조건으로 삼았다는 점이 더 기가 막혔습니다. 협상 상대의 지도 체제를 제거하는 것을 볼모로 협상을 지연시키고 있다고밖에 볼 수 없는, 매우 모욕적인 처사였습니다."

새정치 협상단은 애가 탔다. 새정치가 선거의 최대 화두로 떠오른 당시 분위기에서 유권자와 언론은 단일화 실무 협상만큼이나 이것의 전제가 될 새정치 협상이 어떤 결과물을 만들어낼지를 주목하고 있었다. 짧은 시간 안에 실현 가능하고 내실 있는 정치개혁안을 만들어가야 했지만 상대는 생각보다 강경했고 시간은 너무 없었다. 하루가 급한 상황에서 안철수 측의 애매한 태도와 무리한 요구에 부딪혔고 끝내 그들의 의도가 '이박 퇴진'임을 알게 된 후로는 협상은커녕 정상적인 대화가 불가능한 지경에 이르렀다.

그렇게 되돌이표같이 출구 없는 논쟁을 반복하다가 11월

11일이 되어서야 겨우 '대통령의 권력 행사, 국회와 대통령의 관계 설정, 정당 개혁, 정치개혁'에 대한 논의를 시작할 수 있었다. 우리의 애초 계획은 이랬다. '11월 10일에 새정치합의문 논의를 마무리하고 늦어도 11월 15일까지는 단일화 방식에 대한 협상도 마무리해야 국민경선 방식의 단일화를 하고 남은 본선 일정을 치를 수 있다.'

이것이 새정치와 단일화 실무 협상에 임하는 우리의 시간 계획이었다. 이 때문에 의원 정수 축소와 같은 결정적인 사안을 제외하고 대세에 지장이 없는 한 안철수 후보 측의 요구를 최대한 수용하면서 협상을 신속하게 진행하려 애썼다. 하지만 안철수 캠프의 태도는 달랐다. 윤호중 의원의 말이다.

"하루 종일 회의를 했습니다. 시간이 없으니까요. 우리는 애가 타서 '시간이 없다. 어서 다음 논의를 진행하자'라고 한 반면 안 캠프 측 대표단은 서두르는 기색이 전혀 없었습니다. 같은 말을 반복하고 같은 논의를 되돌리는 날들이 3일 동안 계속되었습니다. 게다가 도저히 받아들일 수 없는 요구 사항들을 꺼내들었죠. 회의가 끝나면 협상팀은 모두 녹초가 되어 있었죠. 당에 돌아오면 의원들이 몰려들어서 '정말 그쪽에서 이박 퇴진을 원하느냐'며 의도가 있는 질문을 퍼부어댔습니다.

11일인가? 오전에 만나서 회의를 시작하는데 안 후보 측이 '회의를 못하겠다, 논의를 중단하고 캠프로 돌아가겠다'라고 하더군요. 그래서 '무슨 말씀이냐?'라고 했더니 '문재인 후보 측은 맨파워가 많아서 캠프를 운영할 인원이 있고 협상을 진행할 인원이 따로 있지만 우리는 그렇지 못하다. 우리는 적은 수로 진심 캠프를 운영하면서 동시에 협상도 하고 있다. 우리가 협상장에 나와 있으면 캠프 운영이 되지 않으니 캠프에 돌아가서 일을 보고 다시 만나자'라고 했습니다. 그런 이유로 두 번 정도 협상이 중단되기도 했습니다."

안철수 후보 측은 국민경선을 감안해 11월 15일을 마지노선으로 두고 있던 우리의 시간계획을 알고 있었던 것은 아닐까? 논의를 진전시키지 않고 계속 무리한 요구를 하고 이런저런 핑계를 대면서 협상을 자주 중단시켰기 때문이다. 안철수 캠프의 단일화 협상안은 '문재인은 양보하고 안철수가 단일 후보가 된다', 이것 하나뿐이라고 극단적인 분석을 하는 팀장들도 많았다. 그것이 아니라면 협상장에서 안철수 후보 측 대표단이 보였던 태도를 설명할 길이 없었다.

안철수 후보 측은 새정치선언문에 민주당을 '낡은 정치'의 상징 자체로 명시하는 문구를 넣으려 했다. 당시 검토했던 새정치선언문의 개략적인 도입부는 이렇다.

우리의 기성 정당은 중앙당 집중, 인물과 계파 중심의 줄 세우기, 국민과의 소통 부족, 현장과 유리된 정치로 국민생활을 제대로 챙기지 못하고 국민의 신뢰를 얻지 못한 측면이 있었다. 그러므로 **민주통합당**은 당의 민주화와 국민 참여와 소통, 국민생활과 삶을 챙기는 새로운 정당으로 발전해나가고자 한다.

그런데 안 후보 측은 아예 처음부터 '우리의 기성 정당' 부분에 '민주통합당'을 넣어야 한다고 주장했다. 그들의 주장을 수용한다면 이런 문장이 만들어진다.

민주통합당은 중앙당 집중, 인물과 계파 중심의 줄 세우기, 국민과의 소통 부족, 현장과 유리된 정치로 국민생활을 제대로 챙기지 못하고 국민의 신뢰를 얻지 못한 측면이 있었다. 그러므로 민주통합당은 당의 민주화와 국민 참여와 소통, 국민생활과 삶을 챙기는 새로운 정당으로 발전해 나가고자 한다.

'민주통합당은 반성문부터 쓰고 시작하라'는 뜻이었다. 협상팀으로부터 이 소식을 전해 듣고 철저히 무시당하는, 모욕적인 기분이 들었다. 상대를 전혀 인정하지 않고 도리어 척결의 대상으로 보고 모욕하는 이들과 무슨 협상을 하겠는가. 분노를 토로하는 실무자들도 있었지만 협상에 대한 이야기들, 특히 부정적인 반응이 밖으로 새어 나가서는 안 되었기에 다들 격한 감정 표현은 자제하며 협상단이 잘해주기만을 바라는 분위기였다. 윤호중 의원은 이에 대해 이렇게 말한다.

"계파요? 물론 우리 당에 계파는 있습니다. 계파는 분명히 존재하고 계파별로 당직 나누는 것도 있었습니다. 그것 역시 없어져야 할 것이라는 것, 저희가 분명히 인정했습니다. 하지만 계파에 의거해서 사람들을 '줄 세우기' 시킨다는 표현은 맞지 않습니다. 사실 계파 없는 당이 어디 있습니까. 그것의 의미와 그것을 나쁘게 이용하는 것이 진짜 문제지요. 게다가 지금 민주당의 계파는 과거 3김 시대에 비하면 그 고리가 매우 약해진 것이며 이제는 의원 사이의 '친소 관계'일 뿐입니다. '누가 누구랑 더 친하고 잘 알면 사안에 따라 뜻을 같이 하기 쉽다'는 정도지요.

그리고 '계파간의 대립'이라는 것도 당 지도부에 들어가고자 하는 의원들의 '서포터즈', 그 이상은 아닙니다. 3김 시대처럼 계파가 주도하던 시절도 아니고 당 제도적으로도 어느 몇 사람이 일방적으로 전횡할 수 없게 되어 있습니다. 그렇게 설명을 했는데도 안 후보 측은 계속해서 '민주당은 계파 중심이며 특정 계파의 패권주의가 문제다'며 민주통합당을 문구 맨 앞에 넣어야 한다고 반복하더군요. 설득이 안 됐습니다. 벽에 부딪힌 느낌이었고 모욕감도 느꼈습니다."

양측 협상팀은 이 문안을 만드는 단계에서 사흘 정도를 거의 '싸우다시피' 했고 회의는 공전했다. 특히 안 후보 캠프의 김성식 공동선대위원장이 강경한 입장을 보였다. 그 문장의 '기성 정당'은 새누리당까지를 포함하는 것이라며 협의 취지에 맞으려면 반드시 선언문 서두에 '민주통합당'이라고 명기해야 한다고 주장했다. 결국 난상토론 끝에 '계파 중심의 줄 세우기' 앞에

'인물'이라는 말을 넣는 것으로 정리했다. 결국 새정치 선언에 대한 협상은 15일에 마무리되었다. 양측 모두 만족스럽지 않은, 절반의 타결이었지만 시간이 너무 부족했다. 15일에 양측의 새정치 협상단 대표가 조정해서 결과를 발표하기로 하고 일단 회담을 마무리했다.

단일화 협상의 암초들, 양보론 대 양보론

단일화 협상을 위한 최초의 협상팀은 박영선, 윤호중, 김기식, 이 세 사람으로 구성되었다. 문재인 후보는 능력과 경험에 비추어 협상팀에 적합한 인사들을 직접 선정했다. 일단 박영선 의원에 대해서는 가장 원칙적으로 '파이팅' 있게 협상을 꾸려나갈 거라고 판단했다. 앞서 서울시장 후보 단일화의 경험이 있고 강인한 파이터로서 쉽지 않을 단일화 협상을 돌파하는 데 적격이라고 여겼다. 윤호중 의원은 전략기획실장으로 여론조사 등을 총괄하고 있었던 전문성을, 김기식 의원은 서울시장 선거 당시 단일화 과정을 조정했던 경력을 고려해 협상팀에 추천되었다.

안철수 후보의 진심 캠프 측에서는 후보 비서실장이었던 조광희 변호사와 비서실장이자 상황실장이었던 금태섭 변호사, 이태규 미래기획실장이 참여했다. 11월 13일, 통의동 갤러리 '류가헌'에서 처음 만났는데, 협상장에 있었던 대표 중 한 명은 당시 분위기를 이렇게 전한다.

"협상이라는 것은 우리의 안과 저쪽의 안을 각각 제안하고 토론을 해서 절충안을 만들어가는 것이지 않습니까? 그런데 안철수 후보 측은 단 하나의 안밖에는 갖고 있지 않은 듯 보였어요. '안철수가 야권 단일 후보다, 문재인은 우리에게 양보한다.' 이게 그들의 유일한 안이다 싶었습니다. 게다가 초기 협상장에선 아예 어떤 제안도 내놓지를 않았습니다. 협상을 해서 의견을 맞춰가기 위해 만난 건데 구체적인 안을 제시하지 않아서 우리는 무척 의아했습니다. 우리는 단일화를 위한 최선의 1안, 그리고 그것이 받아들여지지 않을 때를 대비한 2안, 3안까지의 대비책을 갖고 협상장에 나갔기 때문입니다."

하지만 첫 만남의 분위기는 그런대로 좋았다고 한다. 양측은 11월 6일에 두 후보가 만나 합의한 공동합의문에 따라 대선 승리를 통한 정권교체 안을 협의하기로 재확인하고 그날 단일화 협상을 위한 5개 항의 합의문을 발표했다. 내용은 이렇다.

1. 국민이 감동하는 아름다운 단일화가 되기 위하여 상호 존중의 정신을 일관되게 견지한다.
2. 국민의 알 권리 보장 차원에서 텔레비전 토론을 실시한다.
3. 합의가 이루어질 때까지 매일 오전 10시에 회의를 개시하여 집중적으로 논의한다.
4. 매일의 회의 결과는 합의에 따라 공식 발표하고 공식 발

표 이외의 사항에 대해서는 언급하지 않기로 한다.

5. 익명의 관계자의 발언은 공식 입장이 아님을 분명히
한다.

협상 대표들은 갤러리에서 상견례를 마치고 기자들에게 공
개하지 않은 모처로 이동해서 본격 협상에 들어갔다. 그런데 서
로의 입장을 놓고 의견을 나누기도 전에 엉뚱한 데서 잡음이 들
려왔다. 안철수 캠프 측이 윤건영 보좌관이 단일화 협상장에 배
석자로 참석한 점에 불만을 제기했기 때문이다. 그의 항변이다.

"안 캠프 쪽에서 '윤건영이 빠졌으면 좋겠다, 적절하지 않
다'라며 문제 제기를 했다더군요. 제가 당황스러웠던 건 그런
얘기를 언론에 먼저 했다는 겁니다. 아예 저랑 같이 있을 때 직
접 얘기를 하거나 협상단의 다른 의원들에게라도 얘기를 했다
면 좋았을 텐데 그런 얘기를 어떤 신문에 먼저 해서 기삿거리가
되었습니다. 그냥 저한테 직접 얘기를 했다면 바로 물러났을 텐
데 말입니다. 게다가 저는 그 자리에 배석해서 말도 한마디 안
했습니다. 안철수 캠프에서는 김윤재 변호사가 배석자로 나왔
는데 두 캠프 측에서 배석자들은 발언하지 않기로 약속을 하고
나왔어요. 그래서 가만히 앉아서 듣고 타이핑만 했습니다. 아
무튼 언론을 통해 저더러 '친노다, 윤건영이 왜 왔냐', 이러면서
또 물러나라고 해서 바로 또 물러났습니다. 단일화 협상장에 두
번 배석하고 다시는 가지 않았어요."

예상치 못한 잡음은 다른 데서도 터져 나왔다. 11월 13일에 문재인 후보의 정무특보를 맡고 있던 백원우 전 의원이 자신의 페이스북에 안철수 캠프의 협상단 일원인 이태규 씨의 총선 공보물을 올려놓았는데 안철수 캠프는 이를 문제 삼았다. 이태규는 과거 이명박 대통령의 여의도연구소에서 활동하다 한나라당에서 당직을 맡았고 청와대 미래기획실장, KT 계열사 임원 등을 지낸 인물이다. 4·11 총선 전에는 고양에서 새누리당 공천을 신청했지만 뜻을 이루지 못했다.

백원우 의원이 페이스북에 올렸던 이태규 씨의 4·11 총선 홍보물 내용을 보면 '한나라당 정권을 만들었던 사람, 개혁적 실용 정권을 꿈꾸었던 사람'이라는 제목을 달아놓고 '한나라당 경선기획단장, 대선준비팀 총괄간사, 중앙선대위 전략기획팀장으로 2007년에 한나라당 정권을 창출한 1등 공신의 하나'로 소개하고 있다. 그로서는 새누리당 공천을 받기 위한 자랑스러운 경력이었을 것이다. 그러나 백원우 의원은 이명박 정권을 만든 공신이라고 자랑하며 불과 몇 개월 전에 박근혜의 새누리당에서 국회의원을 지망했으나 좌절되자 금세 안철수 캠프로 옮겨간 것은 개인의 노선 변화라고 보기에도 대단한 모순이며 그런 이와 우리 캠프 대표들이 마주 앉아 '정권교체'를 위한 '야권의 후보 단일화 협상'을 한다는 것이 이치에 맞지 않는 '모욕적인 일'이라고 생각했다. 그래서 자신의 페이스북에 이태규의 홍보물을 게시하고 '안철수 단일화 협상팀 이태규? 한나라당 정권을 만들었던 사람, 개혁적 실용 정권을 꿈꾸었던 사람, 모욕적이다'라는 내용을 함께 올렸던 것이다.

안철수 캠프 측은 강하게 불쾌감을 표시하며 백 의원을 선대위 보직에서 사퇴시키라고 요구했다. 사과 정도로 마무리하는 것이 어떻겠느냐는 의견도 있었다. 하지만 안철수 캠프의 요구는 워낙 강경했고 '협상팀원에 대한 인신공격'이라며 백원우 의원은 즉각 사퇴하고 선대위에 관여하지 말라고 요구했다. 결국 백 의원은 그날 사퇴했고 즉시 게시물도 내렸다.

안철수 후보 캠프에서 제기한 문제는 이뿐만이 아니었다. 우리로서는 다소 의아할뿐더러 확인되지 않았거나 전혀 사실이 아닌, 다른 사안에 대해서도 불쾌감을 표했다. 협상단의 일원인 김기식이 한 라디오 인터뷰가 그중 하나였다. 김기식 의원은 협상단 첫 회의를 마치고 라디오 방송과 인터뷰를 했는데 '합의되지 않은 사항'('후보 간 복수의 텔레비전 토론도 가능하다. 16일까지는 합의를 해야') 을 '발설'했다. 그러자 안철수 후보 캠프는 '공식 발표 외에 다른 의견을 내지 않기로 한 협상단의 최초 합의 사항을 위반한 잘못'이라고 주장했다.

김기식 의원 입장에서는 민주당 의원으로서 '앞으로 그렇게 되었으면' 하는 희망사항을 밝히는 수준의 인터뷰를 했는데 안철수 캠프 측에서 그렇게 받아들일 줄은 몰랐다. '양보론' 논란도 이때 나왔다. 일부 언론에 '이번 주가 지나면 안 후보가 양보할 수 있다'라는 소위 '양보론'이 민주당 관계자의 발언이라며 언론에 보도되었는데 이 역시 몹시 불쾌하다고 전해왔다.

물론 그들 입장에서는 불쾌해할 수 있는 사안이었다. 그러나 우리로서도 난감한 것이, '민주당 관계자'가 어디 한둘인가. 의원부터 실무자급에 이르기까지 모두 취재원이 될 수 있다. 우리 역시 단일화 협상이 무척 중요하며 협상이 타결될 때까지 며칠이 매우 민감한 시기임을 인식하고 조심했다. 이 때문에 캠프 팀장들과 실무자급에 이르기까지 모든 이들에게 언론 인터뷰나 발언을 자제하도록 나름대로 '입단속'을 하고 있는 상태였다.

하지만 그 숱한 사람들 중 누군가 기자와 인터뷰를 했을 수도 있다. 그리고 이 과정에서 '우리 입장'에서의 '희망사항'에 해당하는 말이 일방적인 '양보론'으로 전해졌을 것이다. 언론 인터뷰에서 종종 앞뒤 맥락이 절단되고 의미가 왜곡되는 일이 벌어지지 않는가. 언론을 상대하다 보면 그럴 때가 있다. 기자는 취재 방향이 있고 취재원에게 듣고 싶은 말이 있는 반면, 취재원은 나름대로 하고 싶은 말이 있으니 가끔 오해 아닌 오해가 생기는 게 아니겠는가. 공보단장인 우상호 의원은 기자들을 만나 '캠프의 책임 있는 인사 중에 그런 발언을 한 사람은 없다, 오해가 풀리기를 바란다'라고 밝히며 해명했다.

결국 11월 14일 오전 협상에서 안철수 후보 측은 백원우, 양보론, 김기식 건으로 문제를 제기하고 그날 오후엔 조직 동원 문제를 거론하며 캠프에서 조직적으로 문자를 보냈다는 이유로 결국 협상을 중단하기에 이른다. '여론조사 대비 유무선 전화 잘 받아주세요, 외출시 집 전화 착신해주세요' 같은 내용의 문자 메시지가 시민 캠프 명의로 발송되었다는 것이다. 한 시민이 안철수 캠프에 제보한 내용이라며 문자 메시지 캡처 이미지까지 신문기사에 나왔다. 마치 우리 캠프가 단일화 과정에서 당력을 동원해 조직적으로 반칙을 하고 있는 것처럼 보일 판이었다. 그 소식을 듣고 선대위에서 문자를 발송할 수 있는 담당자들을 불러 확인했지만 시민 캠프 차원에서 공식적으로 그런 문자를 발송한 적은 없었다.

문자 메시지 발송 횟수와 내용은 모두 회의에서 결정해왔다. 정상적인 상황에서는 아무 부서에서나, 당이나 캠프 명의로 그런 문자를 보낼 수는 없다. 만약 그런 문자가 발송되었다면 당 조직 동원의 최일선 책임자인 지역 위원장들이 모두 알았을 것이다. 민주당 지역 위원장 가운데 상당수가 안철수 후보를 지지하는 상황에서 섣부른 '반칙' 행위는 상식적으로도 불가능한 일이다. 시민 캠프의 유정아 대변인은 이에 대해 '열혈 지지자가 개인적으로 그런 문자를 보냈을 가능성은 있지만 캠프에서 공식적으로 그런 일을 한 적이 없다, 전혀 사실이 아니다'라고 확인했다.

백원우 의원의 페이스북 게시물 건을 비롯해서 협상 시작 직후 안철수 캠프에서 문제 제기했던 사항은 크게 이상의 네 가지였다. 그렇게 오해가 풀리고 협상에 집중하기를 바랐지만 상대의 입장은 요지부동이었고 하루가 지나자 더욱 강경해졌다.

윤호중 의원의 말이다.

"단일화 협상팀은 기자들의 이목을 피하기 위해 경찰청 인근의 한 레지던스 객실을 빌려서 회담을 진행했습니다. 14일 오전에도 그 장소에서 2차 회담을 시작하려는 차에 안 후보 측이 '단일화 협상을 중단한다'라고 일방적으로 통보하고는 바로 나가버렸어요. 붙잡을 틈도 주지 않고 얘기를 시작하자마자 나가버렸습니다. 의아한 건 그렇게 갑자기 철수해버린 안 후보 대표단의 일사분란한 행동이었습니다.

본래 외교 협상 중에도 돌발 상황이 생기면 협상단 자체로 철수를 결정할 수는 없어요. 판을 깨더라도 상황을 본부에 알리고 '본국의 훈령'을 기다리는 게 당연한 것 아닙니까. 그런데 안 후보 측 협상단은 '협상을 중단하겠다'라는 말이 떨어지자마자 다 같이 나가버렸습니다. 저는 이분들이 애초에 판을 깨려고 나왔다는 확신을 갖게 되었습니다. 사전에 약속하지 않고서는 그런 행동을 할 수가 없지 않겠습니까."

과연 이렇게까지 할 일인가 싶었다. 우리 나름대로는 성의를 다해 해명하고 백원우 의원까지 물러나게 했는데 이런 식으로 협상을 중단하고 자리를 박차고 일어나다니. 안철수 측이 협상 중단을 선언했다는 소식이 전해지자 캠프의 분위기는 착 가라앉았다. 당내 일부 인사들, 그리고 언론에서는 안철수 후보 캠프가 '의도적으로 시간 끌기'를 하는 게 아니냐는 우려와 불안감을 드러냈다. 노골적으로 불만을 제기하는 이들도 많았다.

우리는 의원들에게 회담에 대한 사적인 논평을 삼가라고 부탁했고 캠프 실무자들의 술자리에서도 단일화 협상 관련한 대화를 일절 자제해 달라는 공문을 게시했다. 상대를 자극하거나 괜한 빌미가 될 언행을 하지 말자는 조치였다. 협상단으로 참여했던 의원들 모두 협상 얘기만 나오면 고개를 절레절레 흔들었다. 윤호중 의원은 협상 결렬의 배경을 이렇게 말한다.

"우리는 단일화 과정을 어떻게 만들 것인지, 어떤 방식으로 단일화를 이룰지에 대한 구체적인 방안을 제시했습니다. 그리고 2안, 3안도 있었습니다. 제시한 안이 채택되지 않을 경우에 다시 제시할 안들, 우리가 양보할 수 있는 것과 양보할 수 없는 사안들에 대한 기준과 대책이 다 있었죠. 최대한 빠르고 원만하게 단일화를 이루기 위해 가능한 모든 안을 검토해서 준비해 갔습니다.

그런데 그쪽은 가부간에 의사 표명 자체가 없었습니다. 우리가 낸 안에 찬성하는 것도 아니고, 아주 반대하는 것도 아닌, 아주 어중간한 스탠스로 대화를 이어갔습니다. 결국 박영선 의원이 '협상을 하자, 어서 그쪽 생각을 제시해달라'라고 강하게 얘기를 했지만 별 반응이 없었어요. 김기식 의원과 조광희 비서실장이 고교 동창이라고 해서 이야기가 통할지도 모른다고 기대를 했었는데 그런 사적인 관계와 협상과는 아무 상관이 없더군요. 박영선 의원이나 김기식 의원 역시 빨리 이 협상을 마무리하고 싶어서 '구체안을 내라, 서로 너무 지나친 요구는 하지 말자'라고 강경하게 이야기했지만 소용없었습니다. 아까운 하루가 그렇게 지나갔고 그 뒤 며칠도 무척 힘들었습니다."

협상 실무에 관여했던 관계자는 이렇게 덧붙인다.

"그쪽 협상팀은 단일화 협상에 대한 '재량권'이 없었습니다. 우리가 '이렇게 해볼까요?'라고 제안을 하면 어딘가로 사라졌다가 돌아와서 '안 된다'라고만 하더군요. 우리 협상단은 타협할 수 있는 사안과 그렇지 않은 사안에 대해 독자적으로 판단해서 결정할 수 있는 권한과 다양한 제안들을 준비해서 협상장에 나간 데 비해 그쪽 팀은 준비도 안 되어 있는 건지 권한이 없는 건지 우리 얘기를 그저 듣고만 있다는 인상을 받았습니다.

나중에 전개된 상황을 봐도 그렇습니다. 안철수 캠프 협상단은 단 하나의 카드만 갖고 나왔고 그걸 관철시켜야 하는 입장이었습니다. 그러니 협상이 정상적으로 될 리가 없었죠. 시간이 임박해오니까 단일화에 대한 방안들을 겨우 제시하기도 했는데 그 방안들은 합리적이지도 않고 공정하지도 않은, 우리가 수용하기 힘든 것들이었습니다."

우리 협상팀이 초기에 가지고 간 단일화 방안은 '국민경선'이었다. 여론조사와 국민경선을 섞더라도 국민경선 방식을 반드시 포함해야 제대로 된 야권 후보 단일화를 할 수 있다고 보았다. 일단 문재인은 당원과 국민이 같이 선출한 제1야당의 대통령 후보였기에 설령 문재인이 단일 후보가 되지 못하는 상황이 발생하더라도 그를 뽑아주었던 당원과 경선에 참여한 90만

명에 가까운 국민을 납득시킬 정당한 절차가 필요했다. 그런 절차와 정당성은 여론조사만으로는 충족되기 어려웠다.

여론조사는 방법과 조사 문구에 따라 편향과 오차가 발생할 수 있기에 여론조사만으로 단일화를 하는 것은 적절치 못했다. 무엇보다 우리는 야권 단일 후보를 세우는 과정 자체를 축제로 만들기를 원했다. 따라서 국민경선은 여론조사의 허점을 보완해 공정성을 보장할 수 있을 뿐 아니라 국민이 직접 참여해 야권 후보를 만들어가며 단일화를 축제의 장으로 만들 수 있는 방법이었다. 게다가 국민경선으로 가면 두 후보에 대한 국민의 관심도 높일 수 있어 본선 승리의 가능성 또한 높아질 것이라 예상했다. 문재인 후보는 '절대로 나여야 할 필요는 없지만 야권후보 단일화의 방식은 절차적으로 정당하고 국민이 납득할 수 있는 것이어야 한다, 그것은 국민경선이다'라는 원칙을 갖고 있었다. 그러나 협상이 난항을 거듭하며 하루 이틀 날짜가 지나가 국민경선을 할 수 있는 시간은 점점 사라지고 있었다.

협상 재개를 위한 고육책, 지도부 사퇴

협상이 중단되자 책임 소재를 두고 공방이 거세졌다. 안철수 후보는 11월 15일에 언론사 정치부장들과 만난 자리에서 '문재인 후보가 잘못된 보고를 받고 있다'는 취지의 발언을 했다. "단일화 합의 이후 합의에 반하는 일들이 생겨 수차례 문 후보 측에 전달했으나, 문 후보가 보고받지 못했다는 것을 전화 통화를 하면서 알게 됐다." 뒤이어 16일 오전에는 안 후보가 직접 긴급 기자회견을 했다. '정치 혁신은 낡은 구조와 방식을 깨는 것, 진정으로 하나가 되기 위해 민주당이 할 일이 있다, 잘못된 것이 있다면 사과하겠다고 말씀하셨다. 그 진심을 믿는다, 민주당 확고한 쇄신과 혁신 과제를 실천해주길 바란다'라는 내용이었다. 짧게 말하면, '민주당이 할 일이 있으며 그것은 민주당의 확고한 쇄신, 혁신'이라는 것이다. 그렇다면 그가 언급한 '민주당의 혁신'이란 과연 무엇을 의미하는 걸까?

상황이 이렇게 되자 협상의 물꼬를 트기 위해 선대위원장단이 사퇴를 결의하나 문재인 후보는 이를 반려하고 다음 날 오후에 오마이뉴스 '열린 인터뷰'에서 강도 높은 발언을 하게 된다. 애초에 문 후보가 김정숙 여사와 함께 출연해서 선거운동과 후보자의 가족 이야기를 나누는 자리로 오래전부터 예정되어 있었지만 단일화 협상이 중단된 상황이라 질문의 초점은 어떻게 협상을 이어갈지에 집중되었다.

문재인 후보는 평소와 달리 목소리와 눈빛에 힘이 들어가 있었다. 당사에서 인터넷 방송으로 지켜보던 우리도 긴장하지 않을 수 없었다. 협상이 갑자기 중단된 데 대해서는 '판이 깨질 만한 사정이 발생하지 않았다'라고 못 박으며 '시간이 절대적으로 부족하니 협상의 장으로 돌아오길 바란다. 국민이 바라는 단일화를 이뤄내겠다'라고 했다. 윤건영 보좌관이 협상팀 배석자에서 제외된 점에 대해서도 작심한 듯 말을 이었다.

"윤건영 씨가 배석하면 안 될 이유가 뭔가요? 친노였다는 이유로? 그 이유 묻고 싶습니다. 물론 그게 걸림돌이 돼서는 안 되니 그렇다면 빼면 됩니다. 그런데 이태규 씨의 한나라당 경력을 페북에 하나 올린 것도 안 된다는 거 아닌가요? 이런 모순이 어디 있나요?"

'잘못된 보고'를 받고 있다는 안 후보의 발언에 대해서도 '다 읽어보고 보고받고 있다. 차단된 것 없다'라고 확실히 했고 선대위원장 총사퇴에 대해서는 '안 후보도 그걸 원하는 것은 아닐 것이며 그렇게 해결할 문제도 아니'라고 선을 그었다. 그러면서 거듭 협상 재개를 촉구했다.

"단일화 협상이라는 것이 순조로울 수는 없습니다. 곳곳에 암초가 있기 마련이고. 저는 부딪히는 상황도 우리가 잘 헤쳐나가기만 하면 오히려 좋은 교훈이 될 수 있다고 생각합니다. 다만 안타까운 것은 시간입니다. 한 달 전에 시작했다면 이런 상황보다도 여유 있게 임할 수 있었을 텐데 지금은 불과 일주일밖에 안 남았다고 강조하고 싶습니다. 유리그릇을 들고 걷는 것처럼 조심스럽게 하겠습니다. 반드시 단일화를 국민이 바라시는, 아름다운 모습으로 이루겠다고 약속드립니다."

11월 16일에는 당혹스러운 일이 벌어졌다. 민주당 전직 의원들 예순일곱 명으로 구성된 '정권교체와 민주 헌정 확립을 희구하는 전직 의원 모임'이 국회 정론관에서 '당원의 안철수 지지를 허용해야 한다'라는 내용의 성명을 발표했다. 단일화 논의를 활발하게 하기 위해 민주당원도 자유롭게 안철수 후보를 지지할 수 있도록 해야 한다는 주장이었다. 사실상 민주당의 공식 후보에 대한 내부의 공세였다. 협상팀의 대화가 중단된 후 후보자들이 언론을 통해 공방을 주고받는 와중에 민주당의 내부 인사들이 안 후보 쪽에 기우는 듯한 상황이 전개된 것이다.

이런 상황에서 민주당 지도부의 사퇴 문제를 해결의 실마리로 삼아야 한다는 주장이 나오고 만다. 앞서 문재인 후보는 사퇴서를 반려했고 오마이뉴스 인터뷰에서도 '그런 방식은 맞지 않다'는 입장을 밝혔지만 안 후보 측을 다시 협상 테이블로 끌어내기 위해서는 결단이 필요하다는 의견이 힘을 받게 된 것이다. 우원식 총무본부장같이 합리적인 인사도 용광로 선대위의 화룡점정으로 이해찬 대표가 사퇴해야 한다고 주장했다. 그역시 대표 사퇴가 고육책이라는 사실을 알았지만 당시 상황을 감안해 단일화 협상과 득표에 어떻게든 이로운 상황을 조성하려 했다. 지극히 전략적인 판단이었다.

결국 내가 이해찬 대표를 만났다. 단일화 협상의 교착 상태를 풀기 위해 사퇴가 필요하다는 의견을 어렵게 전했다. 나와 만난 자리에서 이해찬 대표는 착잡한 표정으로 창밖만 바라보고 있었다. 선거전 초반, 당 안팎에서 이 대표를 흔들 때 이런 말을 한 적이 있다.

"굽은 소나무가 선산을 지킨다고 했어. 문 후보가 출마하기로 결심했고 민주당 대선후보가 되었을 때 나는 정권교체를 위해 어떤 희생도 감수하겠다고 맹세를 하고 시작했어요. 그래서 자리에 연연하지는 않아요."

11월 18일 오전, 이해찬 대표를 비롯한 민주당 지도부가 사퇴 기자회견을 했다. 당시 정기국회가 열리고 있었기 때문에 박지원 원내 대표는 정기국회를 마친 후 사퇴하기로 정리했다. 사퇴 기자회견문은 다음과 같다.

존경하는 국민 여러분, 사랑하는 당원 동지 여러분.
우리들이 오늘 사퇴를 결심한 이유는 정권교체와 단일화가 그만큼 절박하고 중요하기 때문입니다. 우리가 정권교체를 위한 단일화를 거부하거나 지연시키는 핑곗거리가 되어서는 안 되기 때문입니다. (중략)

더 이상 문재인 후보의 고뇌를 보고 있을 수 없습니다. 우리들은 문재인 후보를 오랫동안 알고 지냈습니다. 진실한 사람이며 의리가 있고 옳게 살려고 노력하는 분입니다. 국민의 삶과 정권교체를 위해 모든 것을 내던진 분입니다.

존경하는 국민 여러분, 사랑하는 당원 동지 여러분.

오늘 당 대표와 최고위원직을 사퇴하는 자리에서 문재인, 안철수 두 후보님께 몇 가지 부탁을 드리고자 합니다.

첫째, 올곧고 선한 마음으로 정말 새로운 정치를 해주십시오. 우리 정치에서 척결되어야 할 가장 대표적인 구태 정치가 거짓말과 분열주의 그리고 무책임하고 불안한 정치다. 정당민주주의를 부정하고 당권 투쟁, 자리 싸움에 골몰하는 정치다. 이런 정치를 혁신하겠다라고 하셨으니, 그 생각을 끝까지 밀고 나가셔서 정말 새로운 정치가 뿌리내리도록 해주십시오.

둘째, 단일화에 진심을 가지고 즉각 논의를 재개해주십시오. 지금 단일화의 지연은 정권교체를 바라는 국민들을 너무나 불안하게 만들고 있습니다. 역사의식과 시대정신을 가지고 단일화에 임해주십시오. 국민이 참여하고 축제가 되는 아름다운 단일화를 해주십시오. 물론 단일화 과정에서 서로 오해와 마찰이 있을 수 있습니다. 하지만 시간이 많지 않습니다. 만약 개인의 권력욕과 유·

불리를 따져서 단일화를 질질 끌거나 결렬시킨다면, 결코 국민이 용서하지 않을 것입니다.

마지막으로 고 김대중 대통령과 고 노무현 대통령을 존중해주십시오. 민주당은 그분들이 이끈 정당이고, 박지원 원내 대표를 비롯한 이른바 동교동의 분들, 그리고 이른바 친노는 그분들과 함께 민주화 운동의 사선을 넘었고 평화적 정권교체와 참여적 정치를 위해 일했던 사람들입니다.

민주당을 구태 정당으로 지목하고, 이 사람들을 청산 대상으로 모는 것은 두 분 전직 대통령님에 대한 모욕입니다. 안 후보께서도 이분들을 존경한다고 하신 바, 그 마음을 잊지 말아주시기 바랍니다.

존경하는 국민 여러분, 사랑하는 당원 동지 여러분.

이제 대선이 한 달밖에 남지 않았습니다. 이번 대선은 책임 정치를 실현하고 미래를 향해 나가는 출발점입니다. 과거를 반성하고 미래를 향해 가야 합니다. 그러나 이명박 정부의 악정에 공동 책임이 있음에도 불구하고 박근혜 후보와 새누리당은 전혀 반성하지 않고 있습니다. 오히려 적반하장으로 자신들의 책임을 남들에게 돌리려고 합니다.

이런 몰염치하고 파렴치하며 후안무치한 정부와 정당을 심판해야 합니다. 다시는 국민을 무시하지 못하도록 해야 합니다. 정치인들과 정당이 책임을 지도록 해야 합니다. 그래야 나라가 반듯하게 설 수 있습니다.

정권교체와 새로운 미래를 향해 백의종군의 자세로 온 몸을 던져 일하겠습니다. 모든 것을 내려놓고 여러분과 함께하겠습니다. 우리나라를, 우리 민주당을 도와주십시오.

정권교체를 해야 한다는 당위와 사명, 문 후보에게 걸림돌이 되지 않겠다는 사퇴 이유, 김대중, 노무현 전 대통령을 기반으로 한 민주당의 역사, 이명박 정권을 심판하자는 간절한 호소가 모두 들어 있는 절절한 글이었다. 무엇보다 더 이상 논의를 지연시키지 말고 속히 단일화 회담장으로 나와 정권교체에 매진하자는 강한 메시지를 안 후보 측에 던진 것이었다.

통 큰 양보?
공론조사, 적합도, 지지도 그리고……

당시 민주당 지도부 사퇴에 대해 혹자는 고육지책을 넘어 '장수를 스스로 베는' 결단이라고 평했다. 출범한 지 6개월밖에 안된, 그것도 대선을 앞둔 당 지도부가 이런 식으로 어이없게 물러난 것은 정치사에서 찾아볼 수 없고 상식에도 어긋나는 엄청난 사건이었다. 이제 민주당은 상대가 원하는 패를 다 내놓은 셈이었다. 중단된 협상의 물꼬는 오로지 당사자인 후보들이 만나서 터야 했다. 같은 날 문재인 후보는 영등포 당사에서 기자회견을 열고 단일화에 대한 룰을 정하는 문제는 안 후보 측에 일임한다고 선언했다.

'야권 단일화 방식을 안철수 후보 측이 결정하도록 맡기겠다. 여론조사 방식이든, 여론조사에 더해 배심원을 두든, 참여경선이든 어떠한 단일화 방식에 대해서도 안 후보 측이 결정해주시면, 만나서 구체적인 실행 방안을 협의하면 된다'라는 것이 그날 회견의 내용이었다. 11월 18일, 대통령선거 투표일까지

한 달 남은 셈이었다. 그때는 이미 우리가 이상적으로 생각했던 국민경선 등의 단일화 방법을 시행하기에는 절대적으로 불가능해진 시점이었다. 너무 시간을 지체해버렸다. 문재인 후보는 안철수 후보 측이 요구하던 대로 지도부를 사퇴시키는 고육책까지 썼다. 그런 상황에서 상대를 향해 최후의 카드를 던진 것이다. 우리는 단일화와 (앞으로의 선거운동 일정상) 협상으로 시간을 낭비할 수 없다고 판단하고 안 후보 측이 최소한의 상식적인 합리성을 갖춘 단일화 안을 제시한다면 그대로 받아들일 생각이었다. 문 후보는 긴장된 어조로 말을 이었다.

"대선후보 등록일(11월 25일~26일) 전까지 단일 후보를 확정하기 위해서는 늦어도 24일에는 단일 후보가 결정돼야 합니다. 그러려면 가장 간단한 방식인 여론조사를 하더라도 늦어도 20일까지는 합의돼야 합니다. 그래서 당장 오늘 오후부터라도 협의를 재개하길 바랍니다."

그날 저녁, 문재인, 안철수 두 후보가 서울의 한정식당 달개비에서 다시 만났다. 두 번째 회담의 분위기는 흥분되고 화기애애했던 백범기념관에서의 첫 만남 때와는 달랐다. 양측 실무자들도 후보들도 모두 긴장된 분위기였다. 웃음기를 찾을 수 없었다. 신랄한 대화가 이어졌지만 협상을 재개해야 한다는 데 의견을 모았다.

후보들이 다시 만난 다음 날인 11월 19일, 중단된 지 닷새 만에, 대선 투표일을 딱 한 달 남긴 이날부터 단일화 회담이 다시 시작되었다. 우리 측에서는 박영선 의원을 내세웠고 안철수 캠프 측은 새로이 하승창 대외협력실장을 팀장 격으로 내세워 양측 협상팀이 다시 마주 앉았다. 협상이 중단되어 닷새를 허비 해버린 대가는 컸다. 우리는 줄곧 국민이 참여하는 합리적인 방식의 단일화를 제안했지만 닷새가 아무 성과 없이 지나버려 국민 참여 방식을 채택하기란 물리적으로 불가능해졌다. 이제 실질적으로 가능한 안은 여론조사 방식뿐이었다. 관건은 여론조사의 세부 방식을 어떻게 합의해내느냐였다.

안철수 후보 측은 드디어 구체적인 단일화 방안을 제시했다. 여론조사와 '공론조사'를 50퍼센트씩으로 하고 후보자 토론회는 텔레비전 토론으로 대체하자는 것이었다. 본래 공론조사(Deliverative poll)는 미국의 제임스 피시킨이 만든 것으로, 과학적 여론조사와 소집단 토론을 접합하여 공론을 알아보는 방식이다. 정보가 부족한 대중들의 의사가 잘못 드러날 수도 있는 '여론조사'의 단점을 보완하기 위해 만들었으며, 주로 거시정책이나 집단의 이해관계가 첨예하게 맞서는 정책을 결정할 때 참고하는 방법으로 1994년 영국에서 유럽연합 단일통화 가입에 관한 의견을 수렴할 때 처음 쓰였다 한다.

공론조사는 특정 지역에 방사능 폐기장이나 도로, 화장장 등의 시설을 짓는 문제를 결정할 때 사용되는 방법이기도 하다. 따라서 후보 단일화 과정에서 일반적으로 사용되는 방법은 아니었지만 그쪽에서 '거의 최초로' 구체적인 안을 내놓았기에 우리는 기대를 안고 내용을 살펴보았다. 안철수 캠프가 제안한 '공론조사'는 이런 방식이었다.

> 민주당 중앙대의원과 안철수 펀드 후원자를 각각 1만 4000명을 무작위 추출하고 그들 중 3000명이 응답할 때까지 조사한 뒤 합산해서 후보를 결정하자. 조사 문구는 "선생님께서는 박근혜 후보를 이길 후보로 안철수, 문재인 중 누구를 선택하시겠습니까?"로 한다.

조사 방식의 부적절함은 차치하고라도, 조사 대상, 샘플 추출 방법, 조사 문구에 이르기까지 모두 불공정한 제안이었다. 민주당 대의원은 당의 역사에 따라 매우 다양한 사람들로 구성되어 있다. 당원이기는 하나 민주당원이 된 동기가 다양하기 때문에 그들 모두 문재인을 지지하진 않는다. 예를 들면, 몇 년 전에 어느 정치인을 지지하며 입당해 민주당적을 유지하고 있지만 현재는 안철수 혹은 박근혜 같은 후보를 지지할 개연성이 있는, 다양하고 느슨한 집단이다. 민주당 대의원의 충성도가 부족하다는 문제가 아니다. 민주적 대의 체계를 갖춘 정당의 정상적인 대의원 구성이다. 하지만 이제 막 가입자를 받은 안철수 펀드 가입자들은 안철수만을 열성적으로 지지하는 단일하고 절대적인 지지층이다. 이렇게 두 집단이 근본적으로 성격이 다른데 같은 조건으로 보는 것 자체가 불공정한 설정이었다. 우상호 공보단장은 공론조사 제안에 대해 이렇게 말했다.

"민주당 대의원의 경우 구성이 다양해 문 후보를 100퍼센트 지지하는 게 아닌 반면 안 후보 펀드 후원자는 적극적 지지층이다. 안 후보 측이 이를 뻔히 알면서 이런 안을 가져온 게 참으로 어이없다."

조국 교수 역시 언론 인터뷰를 통해 공론조사의 불공정성을 지적했다. "이번 안은 안철수 후보에게 가장 유리한 방안인데 안철수 후보 측은 이런 안이 그대로 무사통과되리라고 생각했을까요?" 우리도 그것이 궁금했다. 안철수 후보 측은 그토록 무리한 안을 우리가 동의해주리라고 생각했을까? 공론조사는 누가 봐도 일방적으로 안 후보에게 유리한 방법이었다. 절대적으로 시간이 부족한 상태에서 천금 같은 닷새를 허비하고 다시 시작한 협상인데 그들은 도저히 받아들일 수 없는 안을 들고 나왔다. 우리 협상팀은 공론조사의 비합리성을 지적하며 안철수 캠프 측 협상단에 수정안을 제시했다. 단일화 협상에 관여했던 한 인사의 말이다.

"안 후보 측이 최초에 제시한 단일화 안은 도저히 받아들일 수 없는 불합리한 방법이었지만 공론조사에 대한 그쪽의 의지가 워낙 강했기에 '할 거면 제대로, 보완해서 하자'라고 제안했습니다. '공론조사를 하려면 양쪽이 공정하게 펀드 가입자 등이 아닌 일반 시민을 대상으로 조사 참여 여부를 물은 뒤 호응하는 이들을 대상으로 조사를 실시하자'라고 했습니다. 그렇게 하면 샘플이 어느 한쪽으로 편향되는 것을 막고 공정한 방식이 되지 않겠습니까? 하지만 단번에 거부하더군요. 그냥 자신들이 낸 공론조사 안을 받으라고 주장했습니다. 그것 외에 다른 여지는 없다는 태도였는데 그건 '문재인이 양보해라'는 말이나 다를 것이 없었습니다. 협상이 이런 것인지. 다시금 벽에 부딪힌 것 같은 기분이 들었습니다."

게다가 협상 과정을 언론 등 외부에 발설치 않기로 했던 처음의 합의가 무색하게 안철수 후보 측 인사들은 마치 공론조사를 하기로 합의했는데 민주당이 바꾼 것처럼 호도하는 인터뷰를 했다. 송호창 의원은 한 라디오 인터뷰에서 '민주당이 룰을 위임할 것처럼 했다가 말을 바꾸고 있다' '공론조사 거부하는 것은 민주당 당원을 스스로 믿지 못하는 것'이라고 발언했다. 민주당의 역사를 안다면, 민주당원들이 어떻게 구성되어 있는지 안다면 나올 수 없는 반응이었다.

자신들에게 일방적으로 유리한 룰을 만들어놓고 무조건 받아들이라고 하면서 상대의 입장, 특히 자신이 한때 속했던 당의 성격은 전혀 모르는 것처럼 말하고 있었다. 물론 우리는 18일에 열린 후보 회견에서 단일화 룰을 안 후보 측에 일임한다고 밝힌 바 있다. 그러나 이것은 어디까지나 안 후보 측이 최소한의 상식, 조사 전문가들도 납득할 수 있는 최소한의 공정성을 견지한 안을 제시하리라 여겨 제안한 것이었다. 이렇게까지 무리한 제안을 해올 줄은 상상치 못했다. 그런데도 몇몇 언론에서는 공론조사의 내용을 제대로 들여다보지 않은 채 '큰형님이라고 하더니 쪼잔하게 군다' '룰을 일임한다면서 뒤늦게 딴 소리를 한다'라며 비난해댔다. 너무나 답답했던 나는 21일에 MBN과의 인터뷰에서 이렇게 말했다.

"우리가 단일화 방식을 일임한다고 제안했던 것은 '축구든 야구든 농구든 당신들이 제안한 게임을 받아들여서 하겠다'라는 뜻이었습니다. 그런데 안 후보 측은 축구를 하자고 하면서 '우리는 열한 명이 뛸 테니 당신들은 몇 명 빼고 다섯 명만 나오라'는 식의 제안을 했습니다. 이런 식의 룰은 안 됩니다. 적어도 양쪽이 다 이길 수도 있고 질 수도 있는, 그런 정도의 가능성을 동일하게 갖고 게임을 해야 합니다. 그런 측면에서 우리는 안 후보 측이 제시한 가상대결 안이 야권 단일 후보를 선출하는 룰로서 적절치 않다고 보는 겁니다."

공론조사의 불합리성이 언론의 지적을 받고 그런 방식으로는 도저히 합의에 이를 기미를 보이지 않자 양측은 각기 다른 내용의 새로운 여론조사 안을 제안할 수밖에 없었다. 우리는 '적합도'를 묻는 여론조사 방식을 제안했다. '야권의 단일 후보로 문재인, 안철수 중 누가 적합하다고 생각하십니까?'를 적합도 여론조사의 문항으로 제안했다. 안 후보 측은 '양자 가상대결' 방식을 제안했다. '문재인 대 박근혜' '안철수 대 박근혜'를 상정하고 야권 후보가 어느 쪽으로 단일화되었을 때 이길 가능성이 높은지를 묻는 식이었다. 우리는 한 발 물러나서 적합도와 지지도를 함께 묻는 방식을 다시 제안했지만 안 후보 측은 가상대결 방식만을 고수했다. 사실 여론조사만으로 결정하는 단일화를 반대했지만 시간에 쫓기는 상황에서 가장 합리적인 방안은 우리가 다소 유리하다는 '적합도' 조사와 안 후보가 유리하게 나오는 '지지도' 조사를 함께 실행할 수밖에 없다는 판단을 내렸다.

이런 식으로 장장 15시간 동안 협상을 벌였지만 우리의 수정안에 대한 안철수 후보 측 입장은 변함이 없었고 양측의 대화가 계속 평행선을 달리는 형국이었다. 결국 어렵게 다시 시작된 협상에서도 합의를 끌어내지 못했다. 이 과정에서 양 캠프 대변인 간에 협상 내용을 유출했다느니 언론 플레이를 한다느니 비난하는 민망한 상황이 벌어지기도 했다. 하지만 협상이 진전되지 않은 진짜 이유는 두 캠프 간에 좁혀지지 않는 의견 차이 때문이었고 결국 20일 밤 11시가 넘어서 기진한 양측 협상팀은 다음 날을 기약하며 헤어졌다. 당시 상황에 대해 노영민 의원은 이렇게 증언한다.

"우리 측은 '적합도'를, 안 후보 측은 '가상대결'을 제안했습니다. 그런데 가상대결은 '역선택'의 우려가 컸습니다. 역선택이란 조사 대상에 포함된 새누리당 지지자들이 자기가 지지하는 후보의 승리를 위해 상대 후보군 중 약체로 판단하는 후보를 지지하는 상황이죠. 야권 후보를 결정하는데 여권 후보 지지자들이 영향력을 행사할 수 있는, 아주 모순적인 상황이 발생할 수도 있었습니다. 우리는 그런 위험성을 갖고 있는 가상대결은 합리적이지 않다고 판단하고 대안을 제시했습니다. 적합도와 지지도 두 문항을 함께 물어보는 방식으로요. 그런데 안 후보 측은 가상대결 방식을 계속 고집했습니다. 타협의 여지가 없다는 태도였죠.

날짜는 다가오는데 출구가 안 보이는 협상이었습니다. 당시 몇몇 언론에서는 양 캠프가 세부적인 룰을 갖고 서로 간에 유불리를 따져가며 다투는 것처럼 보도가 되었지만 우리는 유불리보다 더 큰 대원칙을 갖고 협상에 임했습니다. 문재인이든 안철수든 야권 단일 후보는 야권 지지층이 선택해야 한다는 것이었습니다. 적합도냐 가상대결이냐를 놓고 의견 차이를 보였던 것도 근본적으로는 그런 생각의 차이 때문이었습니다. 우리는 '야권 후보는 야권 지지층이 선정한다'라는 대원칙이 준수되기만 한다면 적합도든 지지도든 경쟁력이든 어떤 방법이라도 받아들이겠다는 입장이었습니다. 사실 단일화 협상을 시작할 때부터 이 협상은 결국 우리가 어느 정도는 손해를 보는 쪽으로 결론이 날 것이고 그럼에도 불구하고 이겨내야 하는 것이라고 예상하고 있었습니다."

이 상황에서 공은 다시 후보들에게로 넘어갔다. 11월 22일에 문재인, 안철수 두 후보는 홍은동 그랜드 힐튼 호텔에서 다시 만났다. 배석자 없는 단 둘만의 만남이었기에 구체적으로 어떤 대화가 오갔는지는 정확히 알지 못한다. 당시의 대화는 두 후보만이 온전히 알고 있을 테고 만일 우리가 안다고 해도 여기서 공개하는 것은 적절치 않다고 생각한다. 그러나 두 사람 사이에 상당히 극적인 이야기가 오갔으리라는 짐작은 할 수 있다. 하지만 단독 회동에서도 해결점을 찾지 못했고 두 후보는 각자의 캠프로 발길을 돌렸다. 노영민 의원은 말한다.

"두 후보가 어떤 이야기를 나눴는지 정확히는 모릅니다만 격렬한 대화가 있었던 건 분명해 보입니다. 호텔 방을 하나 잡아서 두 후보가 마주 했는데 꼬박 1시간 정도 있다가 후보가 나오셨어요. 문 후보는 늘 침착한 편인데 그날 회담장을 나설 때는 다소 상기된 표정이었습니다. 호텔 방 문을 나섰는데도 계속 생각에 잠겨 있었는지 나가는 방향을 잠시 잊으셨을 정도였으니까요."

문재인 후보와 가까운 한 선대위원장은 회담 직전의 분위기를 이렇게 전한다.

"문재인 후보가 안철수 후보와 단독 회동을 하러 그랜드 힐튼으로 가는 도중에 민주당 원로들로부터 전화를 엄청나게 받았습니다. 후보가 계속 통화중이다 보니 연결이 안 된다며 저한테 전화를 연결시키기도 했습니다. 내용은 주로 '문재인 당신은 민주당 후보다, 당신 개인의 의사로 양보할 수 없다. 만에 하나 양보를 해야만 하는 최악의 상황에 닥치더라도 최소한 의원 총회나 어떤 의결기구를 통해서든 당과 국민의 동의를 받아야 한다', 이런 식의 다짐, 당부의 전화였습니다. 그런 전화를 수십

통 받고 안 후보를 만나러 간 문재인 후보 심정이 어땠을까요? 엄청난 부담감과 압박감을 느꼈을 겁니다. 대권 후보로서의 개인의 입장은 물론 민주당의 존망이 자신에게 온전히 걸려 있는 상황이었으니까요. 결국 두 후보 간의 담판도 결렬되어버렸으니 회담장을 나서실 때 여러 가지 생각이 많았을 겁니다.

후보들 사이에 오간 대화의 전체 내용까지를 제가 다 알지는 못하나 안 후보는 그 자리에서 문 후보에게 '자신에게 양보할 것'을 요구했습니다. 문 후보는 당의 원로들의 충고를 기억하며 공당의 후보로서 자신의 입장을 설명하고 최소한의 합리적인 절차를 갖춰 단일화하자고 제안했고요. 안 후보는 계속 '자신에게 양보해야 박근혜를 이길 수 있다'라고 주장했습니다. 그 주장의 근거요? 문 후보보다 앞서 있는 지지율이었죠. 여기까지가 두 후보의 단독 회동에 대해 제가 파악하고 있는 사실입니다."

당시 문재인 후보를 수행했던 관계자의 증언을 들어보자.

"후보께서 그랜드 힐튼을 나서서 차에 올라 타셨는데 이런 말씀을 하셨습니다. '이제 나는 내 할 일 다했다. 할 만큼 했으니 이제 당신들이 알아서 좀 하시라.' 후보님의 말투는 단호했지만 무척 피로해 보였습니다. 단일화 협상 과정에서 후보님이 느꼈을 압박감을 짐작할 수 있었습니다."

그랜드 힐튼 호텔에서 열린 후보간 단독 회동에 대해 떠도는 낭설 중 하나는 이 자리에서 안 후보가 문 후보에게 '후보직을 양보하면 민주당에 입당하겠다'라고 했다는 것이다. 민주당 대선평가위원장을 맡았던 한상진 교수가 이런 주장을 했고 일부 언론도 이런 내용을 사실처럼 보도하기도 했다. 노영민 의원은 이렇게 말한다.

"올해 2월 25일에 한상진 교수가 대선평가보고서 제작을 위해 면담하자고 해서 갔는데 그 자리에서도 이런 얘기를 하더군요. 안 후보가 문 후보에게 '양보해주면 민주당에 입당하겠다'라고 제안했는데 문 후보가 거절해서 성사가 안 되었다고요. 저는 하도 의아해서 당일에 문 후보에게 물어봤는데 그랜드 힐튼에서 안 후보가 그런 발언을 한 적은 없다고 하시더군요. 그래서 한상진 교수에게도 그렇게 전해줬는데 계속 그런 식으로 이야기가 되고 있는 것 같습니다. 게다가 안철수 후보의 그동안의 입장을 돌아봐도 그 시점에서 민주당 입당을 제안했다는 건 말이 안 됩니다.

안 후보는 민주당을 포함한 기존 정당을 구태 정치, 낡은 정치의 근원으로 지목하고 청산, 개혁해야 한다는 입장을 견지해서 많은 지지율을 얻은 사람입니다. 안 후보의 지지층들은 안 후보를 기존 정치와는 다른 신선한 인물로 보고 지지하고 있었고 언론이나 주변에서 안 후보가 민주당에 입당할지도 모른다는 식의 '썰'만 나가도 지지율이 이탈되는 현상이 나타났습니다. 민주당의 몇몇 인사들도 언론을 통해 '안 후보가 민주당에 입당해야 한다'라는 발언을 한 적이 있는데 그런 발언에 대해 안 후보는 '정치적인 음해'로 간주하고 강력하게 항의해왔습니다. 그런 안 후보가 겉으로는 민주당과 선을 그으면서 문 후보와의 독대 자리에서 입당할 수 있다는 발언을 했다는 것은 상식적이지 않습니다."

최후통첩, 그리고 특사 회담

'마지막 담판'과 다름없었던 그랜드 힐튼 회담이 무위로 끝나면서 단일화는 환상이었던 양 가뭇하게 멀어져가는 듯했다. 문재인 후보는 무거운 걸음으로 당사로 돌아왔고 안철수 후보는 당일 오후 일정을 모두 취소했다. 그날 저녁, 사태의 긴급함을 느낀 재야와 문화계 인사들이 단일화를 촉구하는 긴급 성명을 발표했다. 소설가 황석영, 미술가 임옥상 등 문화계의 원로 인사들이 주축이 된 '정치개혁과 단일화 실현을 위한 문화예술인, 종교인 모임'은 문재인, 안철수 후보 측이 각자 제안한 적합도와 가상대결 조사를 모두 실시해서 결과를 합산하는 방식으로 단일화를 속히 이뤄줄 것을 제안했다. 우리 캠프의 우상호 공보단장은 문화예술계의 이런 절충안 제안을 즉시 수용하고 안철수 후보 측에도 수용할 것을 제안했다.

"우리 캠프는 가상대결 방식이 논리적으로 여러 문제가 있다는 점에서 문제를 제기했지만 정권교체를 바라는 국민의 열망 때문에 이 제안을 수용키로 했습니다. 안 후보 측에서도 좀 더 진지한 검토를 통해 답을 줄 것을 제안합니다."

후보자 간 단독 회동이 성과를 못 내면서 기존의 단일화 협상팀이 전혀 제 기능을 발휘하지 못하는 상황에서 도리 없이 공개 제안을 한 것이었다. 그리고 밤이 되었다. 안철수 후보 측의 박선숙 선대본부장이 기자회견을 한다는 소식이 전해졌다. 텔레비전 화면에 등장한 박선숙의 표정은 평소와는 많이 달랐다. 작심을 하고 나온 듯 말투도 격앙되어 있었고 중간 중간 템포를 끊어가며 회견문을 읽어갔다. 내가 알던 박선숙 본부장과는 사뭇 다른 모습이었다. 그는 우리 측 공보단장 우상호에 대한 비난으로 포문을 열었다. 우상호 단장이 문화예술계 인사들의 절충안을 양쪽 캠프가 공히 받아들이자고 제안한 맥락은 전혀 언급하지 않고 마치 우리가 말을 바꾸고 있는 양 상황을 호도했다.

"우상호 단장은 애초에 얘기했던 적합도를 다시 들고 나왔습니다. 이게 대체 뭘 하자는 것입니까? 협상 과정에서 적합도를 꺼냈다가 다시 지지도로 수정하고 문 후보 측의 중단된 협상의 최종안은 지지도였습니다. 그래서 두 안을 섞자는 제안을 할 것이면 정직하게 실제 대결(가상대결) 50퍼센트, 지지도 50퍼센트 이렇게 말씀하셔야 맞습니다."

박선숙 본부장은 가상대결을 계속해서 '실제 대결' 또는 '실제 조사'라고 말했다. '실제 대결'은 야권 단일 후보와 박근혜 후보가 맞붙는 12월 19일 선거일 텐데 단어 하나에도 민감한 여론조사를 두고 그렇게 표현했다. '마지막 제안'이라며 단호하게 입을 연 박선숙 본부장에게서 '선심 쓰듯이' '태도' '저의' '반칙' '진정성을 의심' '민심 왜곡' '선거 부정' 등 격한 언사들이 쏟아졌다. 낯설고 격양된 그의 모습을 지켜보는 마음은 당황스럽고 답답했다.

"우리는 우리가 제안했던 실제 대결 안과 문 후보 측이 제안한 최종안이었던 지지도를 반반씩 혼합한 안으로 조사에 들어갈 것을 제안합니다. 또한 역선택을 막기 위해 박근혜 후보의 지지층은 제외되어야 합니다." (후략)

박선숙 본부장이 제안했던 안은 가상대결과 지지도를 50퍼센트씩 반영하자는 것이었고 여론조사 기관은 하나로 제안했다. 보통 이런 조사를 할 때는 최소한 두 개 이상의 기관이 참여한다. 그래야 오차를 줄이고 최대한 사실에 근접한 결과를 얻을 수 있기 때문이다. 더욱이 10위권 내 메이저 조사 기관들은 방송사들과 출구조사를 하기로 계약해 단일화 여론조사에 참여하지 않았다. 따라서 신뢰할 만한 기관도 제한돼 있어서 한 곳에 맡기면 심각한 오류를 범할 수 있었다. 그런데 박 본부장은 단 하나의 기관을 통해서만 조사하자고 제안했고 '이것이 마지막 제안'이라고 못을 박았다. 우상호 단장는 박선숙 본부장의 '최후통첩'을 이렇게 논평했다.

"대화 상대끼리 '최후통첩' 등 협의의 여지를 줄이는 방식은 국민이 납득하기 어렵습니다. 협상팀이 다시 만나 양쪽의 주장을 놓고 협의를 해보는 것을 제안합니다."

박선숙 본부장이 기자회견에서 제시한 내용을 받을 수도 있지만 방식은 여전히 미심쩍었고 협상 상대에 대한 공격적인 태도 역시 지극히 비상식적이었다. 시간은 여지없이 흘렀고 결국 교착 상태로 11월 23일 아침이 밝았다.

23일 아침에 안철수 후보가 문재인 후보에게 전화를 걸어왔다. 후보들은 서로의 개인 번호를 알고 있었고 회담이 결렬되는 동안에도 종종 전화 통화로 의견을 나눠왔다. 안 후보는 문 후보에게 특사 회담을 제안했다.

'서로의 입장을 대리하는 특사를 세워 의견을 조율해보자.'

문재인 후보는 즉각 제안을 받아들였다. 그러면서 '권한 없는 사람이 나오면 안 된다, 전권을 가진 특사여야 한다'라고 제안했다. 안 후보도 여기에 동의했다. 우리 측의 특사로는 이인영 의원이 지명되었다. 갑작스러워 보였지만 사실은 전부터 예견하고 준비했던 일이었다. 노영민 의원의 말이다.

"단일화 회담이 시작될 때 '이 일이 무척 어렵겠다'라는 예감이 들었습니다. 아주 결정적인 순간에는 후보 간의 극적인 담판이나 특사로도 갈 수 있겠다는 생각을 했고 그런 상황을 대비해 협상을 잘할 수 있는 사람을 준비시켜야 했습니다. 이인영 의원은 서울시장 선거 때 협상을 해본 경험이 있고 차분하고 합리적이라 어려운 상황을 잘 돌파할 수 있을 거라 생각되었습니다. 그래서 단일화 협상이 시작되자마자 이인영 의원을 만나 앞으로의 협상 진행 상황을 모니터해두라고 말했습니다. 때문에 이 의원은 협상팀의 일원은 아니었지만 협상의 우여곡절들을 상세하게 알고 있었죠."

이인영 의원은 곧 문재인 후보를 만났고 단일화 협상 특사 임무를 수행하게 되었다. 문 후보는 이 의원에게 협상의 전권을 준다는 사실을 재차 확인해주었다. 타협이든 결렬이든 양보든, 단일화에 대한 모든 권한이 이인영 의원에게 위임되었다. 안철수 후보 측의 특사로는 박선숙 본부장이 지명되었다. 둘은 23일 정오에 모처에서 단독으로 만났다. 상황이 무척 어려웠지만 이인영과 박선숙은 오랫동안 친분을 유지하던 사이라 말이 잘 통할 것이라는 기대도 있었다. 잘 아는 사이니 탁 터놓고 이야기하면 합당한 결과가 나올지도 모른다고 기대했다. 박선숙 본부장은 이 자리에 총 5장으로 된 문건을 가지고 나왔다. '문재인-안철수 후보 간 단일 후보 선출을 위한 시행세칙'과 '문재인-안철수 후보 간 단일 후보 선출을 위한 설문안'이었다.

박선숙 본부장의 안은 20여 개가 넘는 항목으로 구성되어 조사에 대한 세부 원칙까지 상세히 지정돼 있었는데 전화 여론조사로 지지도와 가상대결(안 후보 측이 줄곧 '실제 대결'이라고 칭한)을 50퍼센트씩 반영하는 것이 골자였다. 그런데 이 안에도 결정적인 결함이 있었다. 일단 기존 단일화 협상에서 합의했던 사항들을 전면 부정하다시피 한 내용이었으며 조사 방법 또한

2012.19.19 대통령선거
문재인-안철수 후보 간 단일 후보 선출을 위한 설문안

조사기관 :
표본수 : 4,000표본
조사기간 : 11월 23일 ~24일 이틀간
자료수집방법 : RDD 방식 / 유선, 무선 혼합

문. OO님께서 사시는 지역은 어디인가요?

문. OO님께서는 올해 만으로 몇 살이신가요?
(만 18세 이하 면접 중단)

문. 성별 (목소리로 판단)
1)남자 2)여자

문1. 선생님께서는 오는 12월 19일에 치러 질 대통령선거에 참여해 투표하실 의향이 얼마나 있으신가요? 참고로 투표일은 임시 공휴일입니다.
1) 반드시 투표할 것이다.
2) 아마 투표할 것이다.
3) 아마 투표하지 못할 것이다.
4) 거의 투표하지 못할 것이다.

문2. 오는 12월 대선이 다음과 같이 치러진다면 누구를 지지하시겠습니까? Rotation
1) 박근혜
2) 문재인
3) 안철수
4) 모름 / 무응답

(문3과 문4는 Rotation 방식으로 진행한다.)

문3. 오는 12월 대선에서 새누리당 박근혜후보와 단일후보로 문재인후보가 맞붙는다면 누구를 지지하겠습니까?
1) 박근혜
2) 문재인
3) 모름 / 무응답

문4. 오는 12월 대선에서 새누리당 박근혜후보와 단일후보로 안철수후보가 맞붙는다면 누구를 지지하겠습니까?
1) 박근혜
2) 안철수
3) 모름 / 무응답

문5는 응답자별로 문5A와 문5B를 번갈아서 한 문항만 설문한다.
문5A. 새누리당 박근혜후보와 경쟁할 단일후보로 문재인후보와 안철수후보 중 누구를 지지하십니까?
1) 문재인 2) 안철수 3) 모름 / 무응답

문5B. 새누리당 박근혜후보와 경쟁할 단일후보로 안철수후보와 문재인후보 중 누구를 지지하십니까?
1) 안철수 2) 문재인 3) 모름 / 무응답

2012.19.19 대통령선거
문재인-안철수 후보 간
단일 후보 선출을 위한 시행세칙

제1장 총칙

제1조(목적) 이 규칙은 2012년 12월 19일에 실시하는 대통령선거의 문재인후보와 안철수후보간 단일후보 선출을 위한 여론조사방식에 관한 세부사항을 규정함을 목적으로 한다.

제2조(방법) 문재인후보와 안철수후보간 단일후보 선출을 위한 여론조사는 유권자를 대상으로 한 전화면접여론조사의 방법으로 실시한다.

제3조(기관) 국민여론조사기관(이하 '조사기관'이라한다)은 양측 협의 하에 코라 소속기관 중에서 1개의 회사를 선정한다.

제4조(국민여론조사의 방법)

1)국민여론조사(이하 이 조에서 '조사'라 한다)는 2012년 11월 23일부터 24일까지 실시하며, 조사시간은 매일 오전 9시부터 오후 10시까지로 한다.(점검 필요)

2)조사는 2012년 10월 행정안전부 주민등록 인구통계 자료 유권자 구성비를 기준으로 다음 각호에 따라 무작위로 할당 할당 추출한다.

  1. 성별 : 남성, 여성
  2. 연령별 : 19세 이상 20대, 30대, 40대, 50대, 60세 이상

3. 지역별 : 서울, 경기/인천, 대전/충북/충남, 광주/전북/전남, 대구/경북, 부산/울산/경남, 강원/제주

3) 유효표본 수는 4,000표본으로 한다.

4) 성별,연령별, 지역별로 각 할당이 완료된 시각을 기준으로 할당을 초과하여 응답한 결과는 유효표본으로 인정하지 아니한다.

5) 성별, 연령별 할당 비율을 준수하기 위하여 본 질문 전에 조사대상자의 연령을 우선 질문하며, 성별은 목소리로 판단한다.

6) 지역별 할당 비율을 준수하기 위하여 응답자에게 17개 광역시도 기준 거주지역을 질문한다.

7) 질문 배치 및 구성은 응답자들이 문재인후보와 안철수후보간 후보단일화에 관련 조사임을 인지하지 못하도록 구성한다.

8) 본 질문은

    1. '새누리당 박근혜후보'와 '문재인후보'간 실제대결, '새누리당 박근혜후보'와 '안철수후보'간 실제대결(이하 실제 대결),

    2. 박근혜, 문재인, 안철수후보의 3자구도 가상대결 박근혜후보 지지자를 제외한 후보 지지도로 한다.(이하 지지도)

9) 모든 설문은 조사대상자가 '모름/기타후보/잘모르겠다'에 해당하는 응답을 한 경우, 1회에 한해서만 재질문한다.

10) 문재인후보와 안철수후보의 제시 순서는 Rotation 방식으로 진행한다.

11) 제1항의 기간 내에 4,000명의 유효표본을 완료하지 못하는 때에는 4,000명 미만으로 조사를 종료한다. 이 경우 2012년 10월 행정안전부 주민등록 인구통계에 의거 가중치를 부여해 보정한다.

12) 여론조사 기관은 담당하는 모든 조사를 외주 없이 직접 수행하여야 한다.

13) 조사는 CATI 시스템으로 진행한다.

14) 유선 및 휴대폰 전화번호의 추출은 RDD(Random Digit Dialing)방식으로 한다.

15) 유선 및 휴대폰 전화번호의 비율은 30%대 70%대로 하며, 3%P 내에서의 오차는 허용한다.
16) 각 후보자 측은 조사의 실행 및 보고서 제출 등의 과정을 참관할 수 있다.

제5조(최종 결과 산출 방법)
1) 최종 결과산출은 지지도와 실제대결의 반영 비율을 50%대 50%로 한다.
2) 지지도의 산출은 박근혜, 문재인, 안철수후보의 3자구도 가상대결에서 박근혜지지자를 제외하고, '모른 / 무응답'을 포함한 상태에서 문재인후보와 안철수후보의 지지도 차이로 한다.
3) 실제대결 격차는 문재인후보와 박근혜후보의 실제대결 격차와, 안철수후보와 박근혜후보의 실제대결 격차로 산출한다.
   1. 문재인후보와 박근혜후보의 실제대결 격차의 산출
   2. 안철수후보와 박근혜후보의 실제대결 격차의 산출
   3. 1과 2를 바탕으로 두후보간 실제대결 격차를 산출한다.

가능한 허용 오차를 키우는 쪽으로 설계되어 있었다. 전화 여론 조사를 수행할 기관도 메이저 회사들은 이미 불참을 알려와 할 수 있는 곳이 제한된 상황임에도 불구하고 복수 조사는커녕 여전히 딱 한 곳만을 지정하자고 제안했다. 더욱이 유선전화 30퍼센트, 휴대전화는 70퍼센트의 비율이었다. 박선숙의 제안서는 한마디로 안 후보가 마지막으로 기대를 걸어볼 만한 룰이었다. 이인영 의원은 박선숙 본부장이 가져온 문건을 한참 들여다보다가 물었다.

"주신 안에 더해서 합의를 해볼 수는 있는 거지요?"

"아니요. 회담도 토론도 필요 없습니다. 일 점 일 획도 빼지 말고 이 안을 받으세요."

박선숙의 대답이었다. 대화도 토론도 없는 회담이라니. 결국 5시간 만에 특사 회담도 결렬되었다.

이인영 의원이 성과 없이 돌아오자 캠프의 분위기는 다시금 무겁게 가라앉았다. 11월 23일 오후였다. 우리가 설정한 마지노선은 11월 24일 정오였다. 후보등록일이 11월 26일이므로 24일 정오까지는 합의한 후 오후부터 여론조사를 실시해 26일 오후에 결과를 낸 뒤 바로 후보등록을 하는 것이 우리의 최종 일정이었다. 그 시점에서는 어떻게든 결단을 내려야만 했다. 이인영 의원과 박선숙 본부장의 특사 회담이 열리고 있는 도중에 안철수 후보 측의 조광희 비서실장이 노영민 의원에게 문자를 보내왔다. "'기자들이 특사에게 전권이 있느냐'라고 묻기에 '협상팀보다 권한은 있겠으나 최종 결정은 후보들이 할 것이다'라고 브리핑했습니다"라는 내용이었다. 노영민 의원의 말이다.

"그 문자를 받고 좀 어이가 없었습니다. 특사에게 전권을 주겠다고 후보끼리 합의하고 공표해서 회담을 하고 있는 도중에 문자 한 통으로 그것을 뒤집은 셈이니까요. 그래도 어쩌겠습니까. 특사 회담도 결렬된 마당에 실제로 남아 있는 협상의 여지는 후보 간의 담판뿐이었습니다. 우리는 협상이 꼬여갈 때부터 24일 정오를 협상의 마지노선으로 잡고 있었습니다. 빠듯하긴 했지만 달리 도리가 없었기에 '24일 오전에 후보들이 만나서 어떻게든 결론을 내면 곧장 여론조사에 들어가자'라고까지 생각하고 있었죠. 그런데 전혀 예상치 못한 일이 벌어졌습니다."

실패한 단일화

후보 단일화는 한국 정치사에서 특히 자주 거론되는 정치 행위다. 상대적으로 세가 약한 진영이 연합해서 큰 정치세력에 대항하기 위한 과정, 후보 단일화. 민주당 출신의 두 대통령이 단일화 과정을 거쳐 당선되었기 때문에 우리에게는 더욱 특별하게 받아들여진다. 19대 총선에서는 범야권 후보 간의 단일화 과정을 거쳤고 18대 대선을 앞두고 우리는 또 한 번의 단일화 상황에 직면하게 되었다.

안철수 후보가 야권의 다크호스로 급속하게 떠오를 때부터 많은 이들이 그와 민주당 후보의 단일화를 염두에 두었다. 우리 역시 단일화는 피할 수 없는 과정이고 대선 승리를 위해 꼭 이뤄야 할 일이라고 생각했다. 3자 구도의 승부는 필패가 확실시되었기에 안 후보와의 단일화를 통해 정권교체를 해내야 한다는 데에 모두 공감하고 있었다. 그렇게 후보 단일화는 대선 이슈의 정점이 되었고 언론과 대중 모두 시기와 방식을 궁금해했기 때문에 당의 인사들에게 단일화에 관한 질문이 쏟아졌다. 그런 질문에 대한 답으로 어떤 식으로든 단일화를 언급하면 언론에서는 크게 주목하였다. 정책이나 선거 전략을 논의하는 도중에 단일화에 대한 질문이 나오면 다른 것은 모두 묻히고 기사의 헤드라인은 단일화로만 뒤덮이는 실정이었다. 그런 사이클이 몇 차례 반복되다 보니 어느 시점부터 '민주당은 단일화에만 올인하고 있다'라는 비아냥 섞인 비판까지 듣게 되었다. 이런 비판에 대해 당시 단일화 과정에 깊이 관여했던 한 인사는 이렇게 말한다.

"단일화 전략에 대해서 비판이 많지만 우리는 후보 단일화가 대선 승리의 필요조건은 되지만 필요충분조건은 아니라고 생각했습니다. 단일화가 전부는 아니라는 말이죠. '단일화만 하면 이긴다'라는 식의 안일한 생각은 한순간도 해본 적이 없습니다. 우리는 그렇게 자만하지는 않았습니다. 객관적으로 무얼 보나 자만할 근거가 없었지요. 다만 '단일화를 하면 이길 가능성이 높아진다' 정도로는 생각했습니다. 그리고 단일화에 대해 확실한 원칙이 있었습니다.

일단 두 후보 간의 단일화는 국민 참여의 장이 되어야 했습니다. 문재인 후보는 민주당의 국민 참여 경선으로 선출한 정통성 있는 야당의 대선후보였습니다. 당원과 국민이 그를 민주당 후보로 뽑았습니다. 때문에 다른 누구와 단일화를 한다면 그를 뽑아준 국민이 납득할 수 있는 정당하고 합리적인 방식으로 이

175

뤄져야만 한다는 것이 우리의 원칙이었습니다. 우리는 '단일화를 한다면 국민 참여 방식으로 공정하고 합리적으로 해서 국민에게 감동을 주어야 하고, 단일화 이후에는 두 후보가 공동 선거운동을 해서 서로의 부족한 부분을 채워가는 식이 되어야 한다'라는 원칙을 줄곧 주장해왔습니다."

이런 공감대를 바탕으로 우리 캠프의 이목희 전략기획본부장은 단일화 3대 원칙을 제시하기도 했다.

1. 국민의 참여가 보장되는 방식.
2. 국민의 알 권리가 충족되는 방식.
3. 세력을 통합하는 방식.

단일화가 필요조건일 뿐 전부는 아니라는 생각은 문재인 후보도 여러 차례 강조한 바 있다. 문 후보는 10월 25일에 영남 지역 선대위 발대식에서 이렇게 말했다.

"단일화만 되면 승리할 것이라는 낙관은 금물입니다. 단일화를 넘어 세력 통합을 이루지 않으면 안 됩니다. 집권 뒤에 새누리당이 다수인 국면을 극복하고 경제민주화, 복지국가 개혁을 제대로 이루기 위해서도 세력 통합이 필요합니다."

이는 문재인 자신과 캠프의 입장이자 안철수 측에 보내는 메시지였다. 단일화 방식과 시기를 두고 갑론을박이 한참 진행될 때 문 후보는 이미 단일화 이후를 바라보고 있었다. 단순히 선거를 위한 기계적인 연합, 선거 승리를 위한 후보 단일화의 수준을 넘어서 안철수 후보 측과 진정한 통합을 이루어 정권을 교체하고 나아가 더 좋은 나라를 만들기 위해 힘을 합치는 것이야말로 문 후보의 궁극적인 목표였다. 민주당과 문재인 후보는 이런 바탕 위에서 단일화 협상을 진행해왔다. 결렬과 재협상이 반복되었던 협상장에서 일어난 일들만으로 보면 양측이 유불리에 따라 이기적으로 줄다리기를 한 것처럼 보일 수도 있다. 하지만 세부 흐름을 보면 안철수 후보 측은 처음부터 공론조사와 같이 받아들이기 힘든 불합리한 제안을 두고 시간을 끌며 우리를 압박해왔고, 민주당과 문재인 후보는 이에 맞추어 계속 다른 수정안을 제시하며 어떻게든 접점을 찾으려 애써왔다는 사실을 알 수 있을 것이다. 유감스럽게도 사실이 그렇다.

협상에 임하는 안철수 후보 측의 태도 역시 아쉬운 점이 많았다. 그들은 처음부터 민주당 자체를 청산의 대상, 구태 정치의 근원으로 지목하고 있었다. 민주당, 물론 잘못한 점이 많다. 국민의 기대를 받들지 못했고 총선에서도 패배했다. 반성하고 개혁해야 할 점들도 물론 많다. 인정하고 있다. 하지만 안 후보 측은 민주당의 지도부를 배제하고 소위 '친노'로 불리는 후보의 측근들을 쳐내라고 계속해서 강요해왔다. 마주보고 장기를 두는데 차 떼고 포 떼고 앉으라는 식의 태도로, 협상의 기본에도 어긋나는, 매우 유감스럽고 불합리한 요구였다.

협상이 어렵게 진행되리라는 예상은 했지만 상대를 인정하지 않는 안철수 후보 측의 태도는 우리의 예상을 뛰어넘는 수준이었고 새정치 협상팀과 단일화 협상팀은 벽을 마주하는 듯한 막막함, 때로는 굴욕감까지 느끼며 협상을 진행해왔다. 협상 시작, 결렬, 재협상, 협상팀 교체, 후보 담판, 그리고 끝내는 특사 협상까지, 우리는 지난한 과정들을 거쳐왔다. 그리고 11월 23일 오후에 이인영과 박선숙의 특사 협상이 합의 없이 결렬되면서 결단을 내려야 할 시점에 도달해버렸다. 이제 더 이상 다른 논의를 할 시간이 없었고 제시할 다른 안도 없었다. 우리는 가능한 모든 카드를 남김없이 내놓았고 상대는 자신들의 최종안을 받으라며 압박해 들어오는 형국이었다.

캠프의 선대위원장들은 박선숙 본부장이 제안한 다섯 장의 최종안 문건을 놓고 검토에 들어갔다. 박선숙은 '일 점 일 획도 고치지 말고 받을' 것을 통보했고 더 이상 협상의 여지가 없었다. 분위기는 안 캠프의 제안을 받는 쪽으로 기울어갔다. 하지만 먼저 이 안이 안철수 후보의 진심인지를 확인할 필요가 있었다. 단일화 실무를 지원하던 한 팀장은 당시 상황을 이렇게 전한다.

"우리는 박선숙의 최종안이 안 후보가 동의한 내용인지를 확인해야만 했습니다. 굳이 그런 번거로운 생각을 하게 된 건 단일화 협상 과정 중에 진심 캠프의 의사결정 과정이 대단히 특이하다는 것을 알게 되었기 때문입니다. 협상 기간 동안 안철수 후보는 말을 많이 하지 않았고 그 주변 사람들이 많은 말을 해왔습니다. 안 후보 주변 인사들이 강하게, 때로는 단정적으로 제안을 하기도 하고 '앞으로 어떻게 할 것이다'는 등의 입장을 표명하기도 했는데 나중에 안 후보가 다른 경로로 '그건 아니다'라고 번복하는 상황이 반복적으로 일어났습니다. 대선후보 출마 시점부터 선거운동 중에도 그런 혼선이 계속 일어났습니다. 특히 이해찬 대표 퇴진 요구를 둘러싼 혼선에서 보듯 안 캠프 인사의 입장이 안철수 후보의 생각과 다를 수 있다는 걸 경험한 이상 박선숙의 최종안이 안 후보의 뜻이라는 것을 확인하고 넘어갈 필요가 있었습니다."

정말 그랬다. 안철수 후보 측의 경우 주변의 누군가가 말한다고 의사결정이 되는 것이 아니었다. 안 후보가 나중에 나서서 '그게 아니다'라며 뒤집는 경우가 있었다. 단일화 실무 협상에서 안 후보 측은 어떻게 들어도 '민주당 지도부 퇴진'으로 받아들일 수밖에 없는 요구를 해왔지만 정작 나중에 열렸던 단일화 토론회에서 안철수 후보는 '내가 그런 적이 없다'라며 부인했다. 이런 일이 빈번했기에 중차대한 제안이라도 곧이곧대로 받을 수는 없었다. 그래서 '박선숙의 안이 안철수 후보가 동의한 안이라고 확인되면 받자', 이렇게 의견이 모아져갔다.

"이때 우리의 최종 방안은, '박근혜 후보 지지자를 제외한 사람만으로 야권 단일 후보 선정이 이루어져야 한다는 것은 문재인 후보와 민주당의 대원칙이다. 이 대원칙이 준수된다면 적합도든 지지도든 경쟁력이든 어떤 방법도 수락한다'였다."

'받자'는 의견이 우세를 점한 즉시 '문재인 대 안철수'로 당 자체 여론조사를 긴급히 실시했다. 결과는? 우리의 우세였다. 오차 범위를 넘는 우세. 선대위원장들은 당 자체 여론조사 결과를 들고 다시 토론을 벌였고 두 후보가 마지막으로 한 번 더 만나서 대화하고 안 될 경우 박선숙 본부장의 최종안을 받는 방향으로 의견이 모아지고 있었다. 단일화를 깰 수는 없기 때문이었다. 그러던 중 갑작스러운 소식이 전해졌다.

"안철수 후보가 기자회견을 한답니다!"

나는 노영민, 이목희 의원 등과 후보실에 있었고 단일화 협상팀은 박영선 의원 사무실에 있었다. 모든 사무실에서 텔레비전을 틀어놓고 안 후보의 기자회견을 기다렸다. 어떤 내용이 나올지, 차마 짐작도 못하고 술렁이고만 있었다. 곧 '뉴스속보'라는 자막과 함께 푸른색을 배경에 두고 나타난 안철수 후보는 입을 열었다.

"존경하는 국민 여러분, 저는 오늘 정권교체를 위해서 백의종군할 것을 선언합니다."

"엇!!"

누군가 외마디 신음을 내질렀고 텔레비전 화면에 시선을 고정하고 있던 노영민, 이목희 의원도 놀란 채 앉은 자리에 그대로 얼어붙었다.

'이건 뭐지? 설마 사퇴인가? 이런 식으로?'

단일화에 대한 다양한 과정을 상정하고 있었지만 이런 식의 사퇴 선언은 꿈에도 예상치 못한 일이었다. 안 후보는 기자 회견문을 읽어 내려갔다. 목소리는 점점 떨려가고 있었다. 말미 에는 눈물도 보이는 듯했다.

"이제 문 후보님과 저는 두 사람 중 누군가는 양보를 해야 되는 상황입니다. 저는 얼마 전 제 모든 것을 걸고 단일화를 이 루겠다고 했습니다. 제가 후보직을 내려놓겠습니다. 제가 대통 령이 되어 새로운 정치를 펼치는 것도 중요하지만 정치인이 국 민 앞에 드린 약속을 지키는 것이 그 무엇보다 소중한 가치라고 생각합니다. 국민 여러분, 이제 단일 후보는 문재인 후보입니 다. 그러니 단일화 과정의 모든 불협화음에 대해 저를 꾸짖어주 시고 문재인 후보께는 성원을 보내주십시오."

이쯤 되면 명백한 사퇴 표명이었다. 아~ 탄식이 절로 나왔 다. 나뿐 아니라 함께 시청하던 이들 모두 눈앞에 벌어진 일을 믿을 수 없었는지 가만히 서 있기만 했다. 우리 중 누구도 이런 결말을 원하지 않았고 예상하지도 못했기에 갑작스럽게 닥친 상황에 어떻게 반응해야 할지 갈피를 잡지 못하는 모습이었다. 안철수 후보가 기자회견을 한다는 소식을 들었을 때, 사퇴를 위 한 회견이라고는 전혀 생각하지 못했다. 당시에도 우리는 안 후 보 측과 계속 연락하고 있었지만 아무런 언질도 받지 못했고 어 떤 조짐도 느끼지 못했다.

안 후보의 사퇴는 갑작스럽게 벌어진 일이었다. 당시 노영 민 후보 비서실장과 우리 선대위원장들은 단일화 룰 협상이 당사자인 후보 간의 담판으로 결정되리라고 생각해 대비책을 논의하고 있었다. 후보 간 최종 담판은 이미 안철수 후보 측과 합의된 양 캠프의 공식 입장이기도 했다. 게다가 이인영, 박선숙의 특사 회담 중에 조광희 비서실장이 우리 측 노영민 의원에게 문자를 보내 '최종 결정은 후보들이 할 것이다라고 브리핑했다'고 하지 않았던가.

후보들이 담판을 하게 된다면 문 후보에게 다시 한 번 큰 짐을 지우는 셈이었지만 다른 도리가 없었다. 그래도 안 되면 박선숙의 최종안이 안 후보의 입장인지를 확인해서 그 안을 받아 단일화 과정을 진행하는 것으로 입장을 정리한 상태였다. 이는 최종적으로 문재인 후보의 결단을 거쳐 수용되어야 했다. 그러던 차에 안철수 후보가 전격적으로, 마치 벼락같이 사퇴를 선언해버렸다. 후보 비서실에서 근무하던 당직자는 이렇게 전한다.

"안 후보가 기자회견을 한다고 해서 사무실마다 텔레비전을 틀기 시작했습니다. 저녁 식사 시간 후라 커피 한 잔씩 들고 텔레비전 앞에 앉은 이들도 있었어요. 안 후보가 '백의종군'한다고 첫마디를 떼었을 때만 해도 무슨 일인지 감이 잘 안 왔습니다. '백의종군? 그게 뭐지?' 이런 분위기였어요. 그만큼 안 후보의 사퇴는 예상치 못한 일이었으니까요. 그런데 '내려놓겠다'는 말이 나오자 알겠더라고요. '아, 사퇴한다는 거구나.'

사퇴 선언인 줄 알았을 때 기분이 어땠냐고요? 거의 침통한 분위기였습니다. 몇몇 실무자들은 눈물을 흘리기도 했습니다. 개중에는 안 후보의 결단에 감동을 받은 이들도 있었겠죠. 단일화 기간 동안에 우리 모두 엄청난 긴장감과 중압감을 느끼고 있었던 데다 갑자기 벌어진 그 상황이 워낙 극적이었으니까요. 하지만 걱정하는 분위기가 더욱 컸습니다. 우리 후보가 단일 후보가 되었다는 기쁨보다는 '이렇게 고통스럽게 진행된 후보 단일화가 이런 식으로 이뤄지는 건 아니다'라는 생각, 향후 본선 과정에 대한 우려가 더 크게 다가왔기에 당시에 무척 당황스럽고 침통했습니다."

11월 23일, 대선 투표일을 26일 앞둔 날이었다. 그날 밤, 민주당사의 분위기는 무겁게 가라앉았다. 어찌됐든 우리 후보로 단일화된 것이라며 긍정적으로 평가하는 이들도 분명 있었다. 문재인 후보가 야권 단일 대선후보가 되는 모습, 우리 모두 상상하고 바라온 모습이지만 이런 방식으로 이루어질 줄은 꿈에도 몰랐고 원치도 않았다. 그렇기에 안도보다는 우려가, 희망보다는 막막함이 가슴을 짓눌렀다.

왜? 안철수 후보는 사퇴했을까?

그렇다면 안철수 후보는 왜 그 시점에, 그런 방식으로 사퇴하기로 결심했을까? 불과 닷새 전에 문 후보를 만났을 때만 하더라도 본인이 단일 후보가 되어야 한다는 주장을 전혀 굽히지 않았는데. 대선후보로서 지역 방문 일정도 꽉 차 있었다. 그래서 더욱 의문이 들었다. 벼락같은 사퇴의 충격이 조금 가시자 왜 안 후보가 그런 결정을 내렸는지가 더욱 궁금해졌다. 노영민 의원은 안철수 후보의 전격적인 사퇴 이유를 이렇게 설명한다.

"특사 회담이 결렬되는 것이 거의 확실해지던 시점에 진심 캠프를 취재하고 있던 복수의 기자들로부터 전화를 받았습니다. '특사 회동이 결렬되어도 문 후보가 안 후보의 요구(박선숙의 최종안)를 무조건 다 받기로 결정했고 그런 내용의 기자회견을 준비하고 있다는데 사실이냐'라고 묻는 전화였습니다. 속으로 '어떻게 알았지?' 싶었습니다. 우리는 사실 그때 박선숙의 최종안을 받기로 거의 의견을 모은 상태였습니다. 하지만 협상이 아직 완전하게 끝난 것도 아니기에 그 시점에서 기자들에게 다 확인해줄 필요는 없다고 생각했습니다. 그래서 '그렇다, 아니다'로 답변하지 않았습니다.

추정컨대 진심 캠프 측도 기자들이 알고 있는 만큼의 내용을 인지하고 있지 않았나 생각합니다. 우리가 당 자체 여론조사를 돌렸고 오차범위 이상으로 이기는 결과를 받았다는 것도 알 사람은 다 알고 있었습니다. 그런 정황을 종합해볼 때 안 후보가 그렇게 전격적으로 사퇴한 이유를 추측할 수 있습니다. 아마 진심 캠프 내의 핵심 인사들과도 전적으로 합의하지 않고 안 후보 본인이 내린 결정이지 않을까 싶습니다."

전략기획팀에서 줄곧 단일화 협상을 지원했던 한 팀장은 이렇게 추측했다.

"박선숙 본부장이 특사 담판에서 제안한 최종안을 문 후보가 받아들여서 여론조사를 실시했는데 민주당 자체 조사 결과처럼 안 후보가 진다면? 아마 안 후보에게 엄청난 타격이 되었을 겁니다. 그들도 그렇게 끌려가게 되면 '정치인 안철수'의 미래가 불투명해질 것이라는 우려를 했을 겁니다. 자신들이 제안한, 다소 불합리해 보이는 안을 문 후보가 받아들이는 모양새가 되면 일단 명분을 잃게 되고 그 안을 통한 여론조사에서도 진다면 정치적인 입지나 장래가 어려워진다고 봤을 것입니다. 그래서 '문재인 후보 측에서 박선숙 안을 받아들이기 전에 먼저 던져서 서울시장 선거에 이어 '또다시 양보'를 했다는 명분을 세우고 실제로 패배에 직면하는 상황도 만들지 말자'라는 판단을 내린 것으로 추측합니다."

윤호중 의원은 안철수 후보의 사퇴 기자회견을 지켜보고 이렇게 말했다.

"결론적으로는 '양보'였지만 기자회견문의 내용이나 화면에 드러난 안 후보의 분위기가 너무나 침통했습니다. 자신이 후보가 되지 못한 아쉬움과 서운함이 그대로 얼굴과 목소리에 드러나 있었습니다. 사퇴 기자회견을 보면서 안 후보가 '아직 프로는 아니구나' 하는 생각이 들었습니다. 메시지는 말로만 전달되는 것이 아니지 않습니까? 표정, 목소리, 분위기, 말에서 풍기는 뉘앙스. 모든 것이 유권자에게 전해지는 메시지입니다. 그런 면에서 안 후보의 사퇴 기자회견은 통 큰 양보, 대승적인 결단과는 거리가 있었습니다. 아쉬움과 침통함이 정면으로 드러나 있었고 그 회견을 보면서 이 상황 후에 지지층을 결합시키는 것이 상당히 어려울지도 모르겠다는, 그런 불길한 생각이 들었습니다. 안 후보를 지지했던 이들에게 안 후보의 그런 기자회견은 매우 부정적인 사인으로 받아들여질 것이기 때문이었습니다."

정치 평론가들과 기자들도 안 후보의 사퇴를 복잡한 심경으로 바라보고 있었다. 당시 캠프를 출입하던 한 기자는 당시의 느낌과 전망을 이렇게 회고한다.

"'저런 식의 사퇴가 안 후보 지지층에게 어떻게 받아들여질까' 하는 의문이 들었습니다. 내용적으로는 '백의종군' '내려놓는다'라고 하고 있었지만 그 내용을 전하는 분위기는 마치 억울하게 나라를 빼앗긴 것 같은, 그런 분위기였거든요. 말처럼 백의종군을 할 수 있을지조차 의문스럽더군요. 안 후보 사퇴 회견 직후 민주당사의 분위기도 착 가라앉았습니다. 너무 조용했어요. 환영하거나 기뻐하는 움직임은 거의 느낄 수 없었습니다."

익명을 요청한 정치평론가는 이렇게 말한다.

"안철수 후보 사퇴 이후 민주당이 가장 골몰한 지점은 바로 '두 지지층을 어떻게 결집시키느냐'였습니다. 그런데 그걸 위해서 문재인 후보가 할 수 있는 여지는 별로 없었습니다. 후보라는 위치를 던지고 나가버린 안 후보가 어떻게 처신하느냐에 따라 그의 지지층 중 상당수가 문 후보를 지지하거나 아니면 박근혜 후보에게로 갈 수도 있는 상황이 되어버렸습니다. 투표일이 며칠 안 남은 시점에서 승패의 키를, 전적이라고 할 순 없더라도 상당 부분을 안철수 후보가 쥔 셈이 되어버렸죠."

안 후보의 사퇴를 아예 '단일화 실패'로 보는 시각도 있었다. 박상헌 공간과미디어연구소장은 프레시안과의 인터뷰에서 안 후보의 사퇴에 대해 '단일화의 실패이며 새정치의 실패'라며 개탄했다.

"1 플러스 1로 시너지를 내도 이길까 말까인데 안 후보는 '드롭'했고 안 후보의 지지자는 흩어질 것입니다. 안 후보 지지층을 최대한 끌어안는 게 화급한 숙제인데 간단치는 않을 것입니다."

　단일화는 과연 실패했나? 결과적으로만 보면 우리가 내세운 후보가 단일 후보가 되었지만 여기에 이르는 과정은 혼선과 파국의 연속이었고 전반적으로는 분명 실패나 마찬가지로 끝나버렸다. 애초에 우리가 희망했던 단일화, 국민이 참여해서 서로 납득하고 감동할 수 있는 국민경선을 통한 단일화는 끝내 이루지 못했다. 시작부터 지루한 공방과 결렬 등의 돌발변수로 얼룩졌던 단일화 협상은 결국 안철수 후보의 사퇴라는 가장 큰 돌발변수를 만나 반쪽 단일화로 귀결되고 말았다.

　안 후보가 떠난 자리에는 문재인 후보와 우리 캠프가 남았다. 촉박한 시간과 환경의 제약을 딛고 퇴장을 선언한 안 후보의 손을 잡아 그를 지지한 이들의 마음을 얻어야만 했다. 그래서 최종적으로, 박근혜 후보를 이기고 정권교체를 이뤄야만 했다. 이런 일들 중 어느 하나도 수월하지 않은데 시간은 무심하게 12월 19일을 향해 계속 달려가고 있었다.

백의종군

안철수 후보의 사퇴 기자회견을 접한 문재인 후보는 트위터에 짧은 글을 올렸다.

안철수 후보님과 안 후보님을 지지하시는 분들께 진심으로 미안합니다.

우리는 안철수 후보와의 연대를 위한 방안들을 논의했다. 사퇴한 안 후보가 정리할 시간을 갖도록 배려한 후 최대한 빠른 시일 내에 두 후보가 다시 만나야 했다. 안철수 후보는 사퇴 기자회견 다음 날부터 지방 어디론가 내려갔다. 우리 입장에서는 하루가 급했지만 안 후보는 일단 양보하고 사퇴한 사람이었다. 우리 입장이 급하다고 무작정 빨리 만나자고 할 수도 없었다. 사퇴 이후 며칠을 기다리며 안철수 후보 측과 계속 연락했다.

사실 이 기간 동안 우리 캠프에서는 공동선대위원장단이

일괄 사퇴하고 진심 캠프와 구성할 공동선대위를 염두에 두고 구체적인 계획을 세우고 있었다. 공동 선거대책기구와 선거운동을 염두에 두고 공평동 진심 캠프를 활용할 수 있는 방안까지 준비하고 있었다. 이런 준비를 하면서 자연스럽게 상처를 보듬고 조기에 함께할 수 있도록 진심 캠프의 여러 인사들과 비공개 접촉을 시도했다. 12월 2일경, 한 접촉 채널에서 안철수 후보와의 공동 선거운동을 위한 사전 협의안의 하나로서 다음과 같은 제안을 해왔다. 이것이 바로 그 문제의 '미래 대통령'의 언급이 들어 있는 제안이었다. 문건의 내용은 다음과 같았다.

안 전 후보는 이미 국민의 마음속에 우리나라 미래의 대통령으로 자리 잡고 있습니다. 새로운 정치, 사람이 먼저인 세상을 안철수 전 후보와 함께 열겠습니다. 세상을 바꾸는 변화, 반드시 함께 해 내겠습니다.
정권교체를 바라는 분들과 함께 정치개혁과 정당 쇄신을 이루어 나가겠습니다. 문재인·안철수가 새로운 정치 공동 선언의 실천을 위해 필요하면 완전히 새로운 정당의 설립을 추진하고자 합니다. 안철수 전 후보가 새로운 정치 정당 쇄신의 전권을 갖고 정치 개혁을 앞장서 추진토록 하겠습니다.

이런 제안을 접한 우리 캠프는 발칵 뒤집혔다. 안 후보 측의 문건에는 국정 운영의 파트너십을 크게 뛰어넘는 수준의 미래 대통령이 언급돼 있을 뿐만 아니라, 합의되지 못한 정치 정당 개혁 과제까지도 언급돼 있었기 때문이다. 아무리 공동 선거 운동이 필요하다 하더라도 그런 표현과 제안에는 동의할 수 없었다. 이후 12월 14일 다른 접촉 채널을 통해 다음과 같이 입장이 조율되었다.

문재인 후보는 1. 단일화 과정에서 일어난 적지 않은 불협화음과 안 후보와 그 지지자들에게 상심을 드린 데 대해 사과한다. 2. 안 후보가 그동안 주장해온 '새로운 정치'는 정권교체의 국민적 의지를 모으는 기초이다. 두 사람은 11월 18일 새정치공동선언에서 실천 의지를 천명한 바 있다. 나는 그 실천 의지를 천명한다. 3. 민주당은 반성과 혁신을 요구하는 국민들의 목소리에 답하겠다. **4. 안 후보와 함께한 새로운 정치에 대한 국민적 열망을 존중하여 나는 상호 신뢰와 존중을 바탕으로 선거 이후에도 안 후보와 국정에 대한 긴밀한 협의는 물론 대한민국의 미래를 함께 그려나가겠다.** 5. 앞으로 남은 선거운동 기간 네거티브를 벗어나서 국민들께 미래 비전을 제시하고 당당히 승부해 나가겠다.

결국 최초에 안철수 후보 측에서 제안했던 '미래 대통령' 언급은 '대한민국의 미래를 함께 그려 나간다'는 수준으로 정리되었고 선대위 회의에서 문재인 후보가 그런 내용을 발언함으로써 일단락되었다. 안 후보가 갑자기 사퇴하고 지방으로 내려간 이후여서 당시 이런 비공개 접촉에 참여했던 진심 캠프 인사들이 해당 사안에 대해 안 후보와 어느 수준까지 협의했는지는 알 수 없다. 하지만 우리는 안철수 후보와 교감 속에서 진행됐다고 생각할 수밖에 없었다. 그런 정도의 제안을 어느 개인이 만들어서 우리에게 전달할 수 있었겠는가? 게다가 개인 간의 문제가 아닌, 대선후보와 대선후보였던 사람 간의 중차대한 문제였는데. 따라서 단지 교섭했던 캠프에 있던 주요 인사의 자의적인 판단이라고 볼 수 없었다. 더욱이 당시에 '미래 대통령'을 언급해달라는 제안에 대해 '나만의 생각'이라고 전제한 사람은 없었다. 그런 뉘앙스조차 느낄 수 없었다.

그렇게 하루하루 시간이 가면서 '안 후보의 사퇴 후 문재인과 안철수가 언제 다시 만나느냐'가 관건으로 떠올랐다. 우리 역시 안 후보가 빨리 정리하고 문 후보와 만나기를 희망하고 있었다. 그렇게 서로 연락을 유지하던 차에 안철수 후보 측 인사로부터 '문재인 후보가 적극적으로 하면 좋겠다'라는 언질을 받았다. 노영민 의원의 증언이다.

"안 후보 측 인사가 아예 집으로 오시면 어떻겠냐고 했습니다. 안 후보의 지원을 이끌어내기 위해 문 후보가 보다 적극적으로 나서시면 좋겠다는 제안이었습니다. 우리는 못 갈 이유가 없었죠. 그래서 문재인 후보의 지방 일정도 미루고 12월 5일에 용산에 있는 안철수 후보의 자택으로 찾아갔습니다. 그런데 집 앞에 거의 도착해서 안 후보 측에서 '곤란하게 됐다. 지금 댁에 안 계신다. 오늘 만나시긴 어렵겠다'라며 연락이 왔습니다. 그래서 우리는 '가까이 계신 거면 기다리겠다'라고 했습니다. 그리고 주차장에서 30분 정도 기다렸습니다. 결국 안 후보를 만나지는 못하고 돌아왔습니다."

당시 문 후보를 수행하던 인사의 말이다.

"안 후보가 사퇴로 인한 신변 정리를 언제쯤 마치고 문 후보 지원에 나설지, 지원에 나선다면 어떤 형태, 어떤 정도가 될 것인지에 모두가 주목하고 있었습니다. 사실 한시가 급했지만 상대의 입장이 있는 것이기에 최대한 배려하며 조심스럽게 진행시킬 수밖에 없었습니다. 그런 중에 안 후보 측으로부터 적극적인 '액션'을 취하는 것이 좋겠다는 언질을 받고 용산까지 갔는데 중간에 그렇게 일이 틀어져버렸습니다.

문 후보가 방문한다는 것을 안 후보가 과연 몰랐을까요? 그렇지는 않았을 거라 생각합니다. 중도에 어떤 변화가 있었던 것 같습니다. 문 후보 지원에 대한 진심 캠프 내부의 논의도 지지부진한 상태였습니다. 진심 캠프의 민주당 출신 인사들이 문 후보 지원 문제를 두고 안 후보와 상의를 했지만 안 후보가 아무런 결정을 내리지 않고 있고 불쾌해하고 있다는 소문도 돌았습니다. 여러모로 좋은 징조는 아니었습니다."

민망하게 문전박대를 당해 후보 간의 만남은 불발되고 안 후보는 잠행 중이었지만 그를 다시 무대로 불러오려는 노력은 계속되었다. 사실 이 시기에 문재인 후보는 우리가 중심을 잡고 선거운동을 하자고까지 말했다. 당시 문 후보를 가까이서 수행했던 인사의 증언이다.

"하루가 며칠 같은 중요한 선거 기간에 안 후보에게 지원해 달라고 부탁하느라 며칠을 허비해야 했습니다. 후보님은 그런 상황이 무척 답답하셨겠죠. 한번은 '안철수 후보 기다리지 말고 우리가 중심을 잡고 해나가자'라고 말씀하셨습니다. 노여워하는 분위기는 아니었고 그냥 언제나처럼 차분한 어조였습니다. '안 후보에게 더 이상 요청하지 말고 우리의 정책, 우리의 캠페인을 합시다. 우리가 우리의 정책들을 열심히 알리고 호소하면 국민들도 알아주지 않을까요? 시간이 별로 없어요.' 이런 말씀을 하셨습니다."

후보의 말은 옳았지만 전략기획팀은 안 후보 사퇴로 갈라질 지지층을 계산해보면 그렇게 간단치가 않다는 판단을 내렸다. 박근혜 후보 쪽으로 이탈할 지지층을 최소화하고 반쪽 단일화라도 시너지 효과를 내려면 반드시 안철수 후보가 문재인 후보에 대한 지지를 재차 표명하고 선거운동의 일선에 나서야만 했다. 그 와중에 손학규 고문이 11월 26일, 안 후보와 문 후보를 차례로 만났다. 안철수 후보를 만난 손학규 고문은 후보 사퇴를 위로하고 정권교체를 위해 힘을 합치자고 말했다 한다. 손 고문은 같은 날 오후 문재인 후보를 만났다. 문 후보는 이 자리에서 손학규 고문에게 민주당 쇄신을 맡아달라고 부탁했다. 손 고문의 측근이 '큰형님의 입장에서 할 말을 했다'라고 전한 것으로 미루어 상당히 긴장감 있는 분위기에서 회동했으리라 여겨진다. 우리 입장에서는 안철수 후보는 물론 손학규 고문의 지원이 필요했다. 수도권에 지지기반을 갖고 있는 손 고문이 함께 나선다면 분명 도움이 될 터였다.

다음 날 광화문에서 첫 번째 집중 유세가 열렸다. 세종문화회관 계단을 바라보며 설치된 유세차를 중심으로 수천의 시민들이 일대를 가득 메웠다. 노란 점퍼와 담쟁이 모양 인형 옷을 입은 유세단이 율동과 노래로 분위기를 띄웠다. 매섭게 추운 겨울 저녁이었지만 아이를 데리고 나온 젊은 부부들, 연세 지긋한 노인들, 학생들로 보이는 젊은이 등 다양한 이들이 세종문화회관 계단에 꽉 들어찼다. 50~60대 이상 노년층이 많은 박근혜 후보의 유세장과는 사뭇 다른 모습이었다.

나는 다양한 세대가 하나의 주제로 어울린 그 모습에 뿌듯함을 느꼈다. 젊은이부터 노인까지, 이런 모습이 표로 이어진다면 너끈히 이길 수 있지 않겠는가. 이날 내가 안도하게 된 일은 또 있었다. 손학규, 정세균, 김두관, 세 명의 경선 후보들이 문 후보를 돕기 위해 드디어 함께 나와준 것이다. 손학규 고문은 카랑카랑한 목소리로 자신의 경선 슬로건인 '저녁이 있는 삶'을 외쳤다.

"지난 경선 과정에서 '저녁이 있는 삶'의 구호가 괜찮으니 문 후보가 제가 후보가 되면 빌려줄 수 없냐고 했는데 그때는 제가 인색했어요. 이제 문 후보가 민주세력의 단일 후보가 됐으니 마땅히 몽땅 드리겠습니다!"

손학규 고문은 이렇게 말하며 자신의 저서 《저녁이 있는 삶》을 증정했다. 정세균, 김두관 경선 후보도 무대에 올라 정치교체, 세대교체, 시대교체에 힘을 모을 것을 다짐하는 연설을 했다. 정동영, 조국, 안경환, 우석훈, 선대인 등의 연사들이 지원 연설을 했다. 경선을 같이 치른 후보들과 야권의 명망가들이 한 자리에 모여 문재인 후보를 알리고 지지하는 자리였다. 시민들의 반응도 열광적이었다. 특히 세종문화회관 계단에 있던 청중들 사이를 뚫고 문재인 후보가 등장할 때는 어떤 스타도 따를 수 없을 것 같은 감동적인 함성이 광화문 밤을 울렸다. 문 후보는 환호하는 시민들과 손을 잡으며 무대에 올랐다. 그리고 안철수 후보를 언급하며 연설을 시작했다.

"안철수 후보의 진심과 눈물을 결코 잊지 않겠습니다. (중략) 정권교체를 바라는 모든 국민은 하나입니다! 안 후보와 심상정 후보를 지지하는 분들과 새정치를 염원하는 모든 분들과 경제민주화, 복지국가, 한반도 평화를 바라는 모든 세력이 합치는 대통합의 국민연대를 만드는 데 제가 앞장서겠습니다!"

그렇다. 문재인 후보가 앞장설 테니 이제 안철수 후보가 나와주는 일만 남았다. 어떻게든 지지층의 누수를 막고 박근혜를 이겨야 했다. 유세의 열기 속에 어떻게 안철수를 설득할지 고민하는 가운데 밤이 깊었다.

전해철 의원과 강인철 변호사의 핫라인을 통해 새정치위원회를 비롯한 정책연대에 대한 조율을 포함해 양 후보 측의 의중을 반영한 협상을 진행했고 결국 곡절 끝에 두 후보는 12월 6일에 달개비 회동을 통해 선거운동을 함께 하기로 했다. 안철수 후보도 '가능한 한 모든 힘을 다해 돕겠다'라며 지원 의사를 밝혔다. 우리가 이루려던 '아름다운' 단일화는 끝내 완성되지 못했지만 안 후보가 사퇴 선언문에서 공언한 대로만 한다면 지난 상처들을 치유하고 두 후보의 지지자들이 결집하는 시너지를 일으킬 수 있을 것이라 생각했다. '절반의 단일화' 이후 안 후보를 지지했던 층을 얼마나, 어떻게 우리 쪽으로 끌어올 것인가, 이것이 가장 큰 고민이었기 때문이다.

안철수 후보의 사퇴로 순식간에 지지할 대상을 잃어버린 유권자들이 있었다. 그들의 마음을 잡기 위해서는 걸맞은 공약들을 알기 쉽게 제시하면서 안 후보와 문 후보, 안 후보 캠프와 우리 캠프가 완전히 결합해 하나 되는 모습을 보여야 한다는 결론이 내려졌다. 두 캠프의 협력은 인적 자원과 내용까지 하나가되는, 이른바 '화학적 결합' 수준이 되어야만 했다. 그러기 위해서는 일단 두 후보가 공동으로 선거운동을 펼쳐야 했다.

일단 안철수 후보 측과 본선 유세 지원에 대한 세부 협상에 들어가기로 했다. 협상의 창구로 우리 캠프에서는 내가, 진심 캠프에서는 박선숙 본부장이 지명되었다. 임무를 받자마자 박 본부장을 만나러 공평동으로 향했다. 박선숙 본부장은 같은 상임위에서 활동했던 인연이 있고 4·11 총선 때도 당직을 맡아 함께 일했다. 당시 나는 한명숙 대표 비서실장을 맡고 있었는데 임종석 사무총장의 불출마와 사퇴로 갑작스레 공석이 된 사무총장 자리에 박선숙 의원이 임명되었다. 박선숙은 어려운 시기에 당 사무총장이 되어 총선을 치렀고 당시 가장 중요한 이슈였던 야권연대 협상을 실질적으로 수행했다. 그런데도 정작 본인은 총선에 출마하지 않겠다고 선언해 많은 사람들이 무척 놀랐다. 나중에 들은 이야기로는 누군가 박 전 의원에게 '왜 출마 안 하느냐, 능력이 너무 아깝다'라고 하니 '제가 한 단일화 협상으로 많은 사람들이 낙마했는데 어떻게 제가 두 번 하겠습니까'라고 대답했단다.

남다르게 꼿꼿하고 책임감 있는 사람이라는 생각이 들었다. 실제로 당시 박선숙 의원의 불출마 선언은 정치권에서 보기 드문 신선한 행보로 세간의 호평을 받고 있었다. 그랬던 박선숙이 안철수 후보와 함께 다시 등장했을 때 무척 놀랐다. 의외의 행보였기 때문이다. 하지만 동료 의원으로서 같이 일을 해본 경험이 있었기에 나는 이 만남에 기대를 품었다. 비록 서로 힘든 단일화 협상 과정을 거치기는 했지만 본래 박선숙은 합리적인 사람이니 말이 통할 것이라고 생각했다.

공평동 진심 캠프에서 박선숙 본부장을 만났다. 차를 받아 마시며 앉아는 있었지만 속으로는 러닝머신 위를 뛰어다니는 기분이었다. 내 마음은 한시가 급했지만 그래도 다짜고짜 선거 얘기를 꺼낼 수는 없었다. 어찌되었든 진심 캠프 입장에서는 자신들이 대통령으로 만들고 싶었던 후보를 잃은 셈이니 예의를 차려서 그들의 입장을 배려해야 한다고 생각했다. 서로 마주 앉아 안부를 묻고 아는 사람들 이야기를 하며 한참 다른 소리를 하다가 본론으로 들어갔다.

"두 캠프도 전면 결합하고 안철수 후보와 우리 후보가 함께 선거운동을 하게 도와주십시오. 단일화 효과를 최대한 끌어올려서 정권교체 이뤄야 되지 않겠습니까? 저희 쪽에서 필요한 지원을 다 하겠습니다."

박선숙 본부장은 명확한 답을 주지 않다가 한참 만에 이렇게 말했다.

"두 후보가 같이 있는 것이 좋기만 할까요? 도리어 부작용이 될 수 있어요. 안철수 후보와 문재인 후보는 지지층이 다릅니다. 안 후보 지지층 중 상당수는 민주당에 네거티브한 감정을 갖고 있어요. 때문에 두 후보가 같이 있는 것보다 각자 따로 다니면서 선거운동을 하는 것이 더 나을 것 같습니다."

'지지층이 다르다.' 맞기도 하고 틀리기도 한 말이었다. 안철수 후보 지지층 중 상당수가 민주당(과 새누리당을 포함한 기성 정당)에 반감을 갖고 있다는 사실은 익히 짐작할 수 있었지만 당장 수치로 확인할 수는 없었다. 때문에 박선숙 본부장의 말대로 후보가 각자 따로 선거운동을 하는 것이 어떤 비율로 유리하고 어떤 비율로 불리하게 작용할지는 그도 나도 정확히 알 수 없었다.

우리는 안철수가 문재인과 함께 전국 유세를 다니고 지지 연설을 하는 그림을 꿈꾸었다. 이는 안철수 후보가 공언한 바였고, 안 후보를 지지했던 층에게 단일화를 확실히 각인시키고 야권 단일 후보 문재인을 지지해달라고 강하게 호소하는 모습이기도 했다. 지지층이 다르다는 이유로 덧셈 뺄셈을 하더라도, 공동 유세가 더욱 강력하게 야권 지지자들을 결집시킬 수 있는 방법이라고 생각했다.

　나는 그런 논리를 앞세워 계속 부탁을 했다. 그러나 박선숙 본부장의 주장은 변치 않았다. '우리 나름의 방식으로 돕겠다, 추가로 협의할 일이 있으면 하자', 이것이 박선숙과 진심 캠프의 입장이었다. 그러면서 유세 동행 같은 방식으로 지원하진 않는다고 못 박았고 진심 캠프도 공평동 사무실을 유지할 거라고 말했다. 우리 캠프와 조직을 합치지도 않겠다는 뜻이었다. 실망스러웠지만 이 상황에서 아쉬운 쪽은 어디까지나 우리였다. 감정을 억누르며 간곡하게 설득했다. 그러다가 박선숙 본부장과 마주 앉은 공평동 진심 캠프 건물이 답답하게 느껴졌다. 심장이 옥죄어오는 느낌이라, 나가서 바깥 공기를 좀 마시면서 얘기하면 달라질까 싶었다.

　"우리, 나가서 얘기하시죠."

　진심 캠프 건물을 나서서 조금 걸었더니 인사동이었다. 날은 추웠지만 관광지라 그런지 거리에 사람들이 꽤 많았다. 인사동 길을 걸으면서 우리는 선거와는 전혀 관계없는 얘기를 하고 차도 마셨다. 겉으로는 서로 태연하게 예의를 갖추고 있었지만 진심 캠프 사무실에서 박선숙 본부장의 얘기를 들은 후로 내 속은 점점 숯덩이가 되어가고 있었다. 모양 빠지게 반쪽으로 마무리된 단일화의 불씨를 살리고 안 후보 지지층을 설득하려면 안 후보가 적극 나서줘야 하는데 이런 반응이라면 곤란했다.

"두 분이 같이 모습을 드러내고 서로 협력하는 모습을 확실히 보여줘야 지지층이 결집합니다. 필요한 준비는 우리가 다 해드리겠습니다. 간곡히 부탁드립니다. 꼭 도와주십시오."

인사동의 한 카페에서 나는 말 그대로 '애걸복걸'했다. 하지만 박 본부장의 입장은 변함이 없었다. 결국 답답한 마음을 참다못해 자리에서 일어나 빵집에 들러 빵을 가득 사서 '봉사자들 간식으로 드리라'며 박선숙 본부장에게 건넸다. 그렇게 공평동에서 인사동을 오가는 소득 없는 회동을 하고 돌아오는 길, 인사동 골목에서 몇 명의 시민들이 우리를 알아보고 다가왔다. 박선숙 본부장이 텔레비전에 자주 나왔고 며칠 전에는 기자회견까지 한 터라 주로 당사 사무실에서 일하던 나보다 그를 알아보는 이들이 훨씬 많았다.

시민들 몇 명이 박선숙 본부장을 붙잡고 당부했다.

"이번 선거, 잘 좀 해주세요, 정권교체해야 하잖아요."

"안철수 후보님이 문재인 후보님 좀 화끈하게 도와주세요. 둘이 같이 있어야 박근혜를 이길 수 있어요."

내 마음과 꼭 같은 말이었다. 박선숙 역시 웃으면서 그렇게 하겠노라고 했다.

'아, 제발 그렇게만 좀 해주시오.'

나도 속으로 거들었다. 그러나 끝내 원하는 답을 얻지 못했고 첫날은 소득 없이 그냥 돌아왔다.

본선 선거운동은 안 후보의 지원 여부와 지원 수준이 최대의 관건이었지만 실질적인 선거운동 준비에서도 많은 문제가 드러났다. 단일화가 기약 없이 지연된 탓에 유세를 위한 물품과 장비를 준비하는 과정에서 엄청난 혼선을 빚었고 물품 조달 일정이 계속 지연되었다.

단일화 협상이 난항을 거듭할 때 우원식 총무본부장은 안 후보 측에 유세차를 공동으로 계약하자고 제의했었다. 어차피 두 후보 중 한쪽으로 결정이 날 것이니 미리 유세차를 같이 계약해두고 단일 후보가 결정되면 한쪽 캠프에서 다른 쪽 캠프의 계약분을 인수하는 식으로 해두자고 제안한 것이다. 하지만 안 후보 측에서는 거절했다. 유세차가 필요 없다니 선뜻 이해가 되지 않았다. 만약 안 후보로 단일화될 경우 그때 가서 유세차를 계약하고 홍보물을 전국에 배포하기에는 시간이 없을뿐더러 물리적으로도 절대 불가능한 일이었다. 적어도 11월 중순 이전에는 준비를 마쳐야 제대로 선거운동을 할 수 있었다.

우리는 반드시 우리 후보로 단일화될 것이라고 100퍼센트 장담하지는 않았다. 안철수 후보가 야권 후보가 될 가능성도 항상 열어놓았고 그렇게 될 경우 민주당의 역할과 지원 방안을 고민하고 있었다. 그랬기에 유세차나 홍보물 등도 안 후보 측과 함께 준비해두어야 한다고 제안했었다. 하지만 안 후보 측의 반응은 너무나 간단했다. 필요 없다. 만일 안 후보가 야권의 단일 후보가 되었다면, 그들은 대체 어떤 수단으로 홍보하고 선거 유세를 하려 했을까? 혹시 우리가 알지 못하는 다른 경로로 유세차와 물품을 준비하고 있는지도 모른다 싶어 알아보니 그렇지도 않았다. 안 후보 측에서는 단일화 협상 기간 동안 유세를 위한 장비와 물품을 전혀 준비하지 않았다. 왜 그랬을까? 나중에 안철수 전 후보가 문재인 후보와 함께한 자리에서 민주당 유세차에 오르지 않는 것을 보고는 이런 생각까지 들었다.

"설마, 유세차도 구태 정치의 산물이라고 생각한 것일까?"

아직도 알 수 없는 일이다.

우리의 준비 부족, 업무상의 과실 탓도 일부 있었지만 단일화 문제로 인해 유세차와 점퍼, 목도리, 홍보물 등 유세 물품 준비 일정이 지연되고 차질을 빚은 것도 분명하다. 물품 조달이 늦어진 탓에 후보 이름이 새겨진 노란 점퍼는 캠프에서도 귀한 물건이 되었다. 결국 12월 초순이 지나서야 유세 물품들이 제대로 공급되기 시작했다. 유세 첫날 전국에서 유세차 73대가 준비 부족으로 멈추고 현수막은 컬러와 내용을 두고 항의가 빗발쳤다. 심지어 점퍼를 계약한 회사가 부도를 내는 바람에 베트남 공장으로 연락하는 어수선한 분위기에서 선거운동을 맞이했다.

이런 온갖 불협화음이 단일화 때문이라고 책임을 미루려는 게 아니라 다시는 이런 일이 벌어지지 않기를 바라는 마음에 얼굴 붉히며 속살을 드러내는 것이다. 단일화 협상 지연과 실패로 예기치 못한 여러 곳에서 전열이 흐트러졌다. 매우 뼈아픈 실책이었다.

따로 또 같이?

'함께하자' '지지층이 다르다' '도와달라' '우리 나름대로 돕겠다', 이렇게 탁구공 주고받듯이 결론이 안 나는 무익한 대화가 몇 번 더 이어졌고 두 후보의 공동 유세도 두 캠프의 결합도 결국은 성사되지 못했다. 우리 캠프에서는 진심 캠프의 인력들이 우리와 함께하는 상황에 대비해서 사무실 공간을 재배치하고 등록 선거운동원 인원도 따로 예비해두고 있었지만 두 캠프의 결합이 무산되면서 김이 새버렸다. 대신 안 후보 측의 요청대로 공평동의 진심 캠프를 민주당 서울시당으로 등록해 합법적으로 선거운동을 할 수 있게 했다. 그러면서 후보 유세 일정이 나올 때마다 박선숙 본부장에게 정중하게 동반 유세를 요청했지만 그때마다 '같이 다니는 것은 부작용이 더 크다, 우리가 알아서 돕겠다'라는 반응이 돌아왔다. 그래도 혹시나 하는 마음에 계속 제안은 했다. '두 사람이 한 자리에서 손 붙잡고 하나가 되었다는 믿음을 줘야 지지층을 결집시키고 이길 수 있다'라고.

결국 우여곡절 끝에 두 후보는 12월 8일에 부산에서 다시 만나게 되었다. 문재인 후보는 저녁 6시에 남포역 앞에서 유세가 예정되어 있었고 안철수 후보는 2시경에 서면 지하상가 분수대 앞에서 지지자 모임을 열기로 되어 있었다. 서면의 지하상가 분수대 앞에서 문재인, 안철수 두 후보가 다시 만났다. 지하통로가 터져나갈 정도로 사람들이 두 후보를 보기 위해 몰려들었다. 자칫 사고가 날까 걱정될 만큼 어마어마한 인파였다. 이 자리에서 두 후보는 '정권교체와 새정치를 위해 힘을 합치겠다'라고 짧게 인사말을 하고 손을 잡았다.

지하공간에 사람이 너무 많은 데다 두 후보가 따로 연단에 올라선 것도 아니라서 대부분의 시민들은 후보들의 음성을 들을 수도 없었고 간신히 머리끝만 볼 수 있는 상황이었다. 아쉽고 안타까웠다. 두 사람이 유세차로 이동해서 더 많은 시민들 앞에 나섰다면 얼마나 좋을까 하는 생각에 아쉬움이 더욱 커졌다. 까치발을 들고 두 후보를 지켜보다가 남포역으로 갔다. 유세가 시작되려면 아직 서너 시간이나 남았는데도 많은 시민들이 유세차 앞에 자리를 잡고 문재인 후보를 기다리고 있었다. 다소 심란한 마음이 되어 유세장을 둘러보고 있는데 현지 활동가들과 의원들이 다가와서 아쉬움을 토로했다.

"아니, 홍 의원! 안철수 후보가 여기로 와야지 왜 좁은 지하에서 그러고 있었단 말이오?"

"두 후보들이 같이 유세하는 거 아닙니까? 전적으로 돕겠다면서요?"

그러면서 공동 유세 협상을 맡은 나에게 거세게 불만을 토로했다. 사실 서면 지하상가에서의 만남도 공동 유세라기보다는 안철수 후보의 지지자 모임 자리를 문재인 후보가 방문한 것이었다. 형식도 내용도 아쉽기 짝이 없는 조우였다. 그 정도 모양이라도 만들어내기 위해 얼마나 많은 조율과 협상을 거쳤던가. 하지만 박선숙 본부장과 벌인 지리한 협상이나 안철수 후보 측의 입장을 모르는 언론과 지지자들 입장에선 그런 만남은 매우 어색하고 뜬금없어 보일 수밖에 없었다.

두 사람이 모두 부산에 있는데, 좁고 잘 보이지도 않는 곳에서 짤막하게 원칙적인 이야기만 하고 헤어졌으니 지지자들 입장에선 불만을 표할 만도 했다. 이왕 둘이 부산에 있다면, 그리고 사퇴한 안 후보가 전적으로 문 후보를 지원하겠다고 선언했다면, 방식을 따지지 말고 함께하는 것이 보기에 좋은 모양새가 아니었을까. 하지만 우리만의 생각이고, 우리만의 절박한 심사였다. 서면에서의 짧은 만남을 뒤로하고 안철수 후보는 곧장 자갈치 시장과 부산역 광장으로 이동했다. 거기서 지지자들을 만나 인사를 하고 투표 참여를 독려하는 짧은 연설을 했다.

문재인 후보는 남포역 유세장으로 이동했다. 남포역의 상가 앞 도로를 가득 메운 청중은 1만 명은 충분히 넘어 보였다. 단일화 이후 첫 부산 유세였다. 부산 시민들의 호응은 뜨거웠다. 노래와 율동, 찬조연설자들의 격정적인 지지 호소로 달아오른 유세장의 열기는 세찬 겨울바람을 무색하게 했다. 이제는 문재인 응원가, 문재인 등장 시그널 음악이 된 가수 신해철의 〈그대에게〉가 우렁차게 울려 퍼지는 가운데 노란 목도리를 맨 문재인 후보가 단상에 올라 두 손을 번쩍 들었다. 많은 시민들의 호응에 고무되어 당당한 모습이었다. 처음 경선 유세에 나섰을 때는 연설에 서툴다는 지적을 받기도 했지만 몇 개월 동안 당내 경선과 대통령 후보로서 예정된 전국 일정을 소화하면서 연설 실력도 상당히 발전해 있었다.

"박근혜 후보가 대통령이 되는 것은 이명박 정부를 그대로 잇는 정권 연장입니다! 박 후보는 정권 교대! 문재인은 정권교체입니다! 저는 부산 시민과 함께 사람이 먼저인 세상, 새 시대의 첫 대통령이 반드시 되겠습니다!"

그 자리에서 문재인 후보는 부산 지역의 발전 공약도 함께 제시해 환호를 이끌어냈다. 부산 유세는 모든 면에서 만족스러웠다. 비록 안철수 후보가 함께하지는 않았지만 우리의 노력과 정책 공약들이 호응을 얻고 있다는 확신이 들었다. 어렵지만 이길 수 있다는 희망이 다시 피어올랐다. 안 후보가 조금만 더 적극적으로 도와준다면 금상첨화인데.

다음날 9일에는 경기권 유세가 예정되어 있었다. 군포시 산본역에서 문재인과 안철수 후보는 다시 만나 시민들 앞에 섰다. 여기에도 1만 명 가까운 시민들이 모여서 환호와 지지를 보냈다. 상가 건물의 창문들은 모두 활짝 열렸고 후보들을 보기 위한 사람들이 창문 틈으로 얼굴을 내밀었다. 후보들을 보기 위해 발을 구르고, 여자들을 어깨 위로 들어 올리는 사람들도 보였다. 위낙 많은 사람이 빽빽하게 모여 있다 보니 흐름에 휩쓸려 가만히 서 있던 사람의 발이 절로 들릴 정도였다.

후보들은 작은 연단 위에 올라가 손을 흔들었다. 우리 캠프의 유세 차량은 음악을 끈 채로 먼발치에서 대기하고 있었다. 안철수 후보 측은 민주당 유세 차량에 서는 것을 한사코 거절했다. 유세차도 마이크도 사용하지 않았고 연단도 따로 사용하지 않았다. 유세차와 마이크를 사용하면 후보의 모습을 더 잘 알리고 연설의 한마디 한마디를 더 잘 전달할 수 있을 터였지만 끝까지 사양했다. 왜 그랬을까? 민주 캠프에서 유세를 지원했던 한 관계자는 이렇게 말한다.

"기존 정치에 대한 혐오와 새정치에 대한 기대가 안철수 후보의 인기 요인이었습니다. 기존의 정치인과 다른 신선하고 새로운 이미지가 안 후보의 최대 자산이었죠. 안 후보 측은 인기의 요인을 분석하고 선거운동 방식도 기존 정치인과는 다른, 참신함으로 가야 한다고 생각했던 것 같습니다. 유세차나 마이크 사용도 기존 정당의 구습이라고 여겼던 것 같습니다. 불편을 감수하고 시각적으로나 형식적으로 정당 소속의 후보들과는 다르게 보이는 것이 낫다고 판단했던 것 아닐까요. 어딘가에서는 안후보가 크게 외치면 앞에 있던 지지자들이 손나팔로 뒤쪽에 있는 사람들에게 전달하는 식의 유세를 했는데 그것이 지지자의 참여를 끌어내는 참신한 방법이라며 회자되기도 했고요."

《한겨레신문》(2012년 12월 12일자)도 안 후보의 유세 방식을 이렇게 평가했다.

(유세는) 안철수 후보 지지층이었다가 문재인 후보 지지로 돌아서지 않은 그들을 고려해 이뤄지고 있다. 기존 정당정치를 불신하는 그들을 움직이기 위해 안 전 후보는 유세차와 마이크로 상징되는 기존 선거운동 방식마저 피하고 있다. 대표적인 게 '인간 마이크'다.

단일화 과정에 참여했던 한 실무자는 비판적인 해석을 내놓았다.

"안 후보의 지지층이 기존 정치에 싫증난 중도, 젊은 층이라는 데는 동감합니다. 그런데 안 후보가 유세차와 마이크를 거부한 것은 여러 가지로 상당히 좋지 않은 선택이었어요. 일단 선거운동의 효율성이 떨어졌고 안 후보 본인에게도 좋지 않은 평판을 남겼습니다.

안 후보는 사퇴할 때 문 후보에 대한 지지, 조건 없는 지원, 정권교체에 대한 국민의 바람을 언급했습니다. 그 선언을 가치 있는 것으로 만들려면 유세차든 마이크든, 지지 연설이든 지엽적인 형식에 구애받지 말고 했어야 합니다. 그러나 안 후보는 민주당 유세에 동행하지 않고 민주당 유세차나 연단도 거부하

고 독자적으로 지지자들을 만나면서 자신만의 색깔을 유지하고
자 한 것 같습니다. 안 후보는 민주당으로는 오지 않겠다고 몇
차례 공언했었죠. 때문에 대선 결과가 어찌되든 정치인으로서
안 후보가 갈 길은 독자적인 세력화밖에 없었습니다. 차후의 독
자적 행보를 위해, 대선 유세의 물결 속에서도 자신의 지지층을
따로 접촉하면서 민주당과는 선을 긋는 것이 좋겠다는 판단을
한 것 같습니다."

이유야 어떻든 당시 우리로서는 이왕 후보들이 한 자리에
있다면 연단이나 유세차에도 올라서 동반 유세의 효과를 극대
화해주기를 바랄 뿐이었다.

"시원하게 유세차에 올라가서 모두 잘 볼 수 있도록 서면
좋겠는데……."

박선숙 본부장에게도 몇 번이나 그렇게 청했지만 "유세차
에는 올라가지 않을 것이고 유세차는 자신들의 유세 활동에도
필요하지 않다"라고 답해왔다. 하지만 혹시라도 요청이 들어올
경우를 대비해 대형 유세차와 앰프, 마이크, 스피커 등의 장비
는 항상 따로 대기시켜두었다.

아쉬운 점은 있었지만 산본역의 분위기는 뜨거웠다. 두 후
보가 손을 잡고 등장했고 서로 반갑게 포옹을 했다. 투표 도장
을 상징하는 조형물을 치켜들고 투표 참여를 호소했다. 산본 유
세 이후 우리는 다시금 안철수 후보 측에 동반 유세를 제안했
다. 부산과 산본에서 시민들의 호응을 목격한 안 후보의 심경

이 그동안 변화했을지도 모른다고 기대했다. 하지만 크게 달라지지 않았다. 우리는 안 후보 측에 텔레비전 찬조연설도 제안했다. 어찌 보면 이 겨울에, 야외 공간 유세보다 더 효과적일 수도 있었다. 대다수 언론이 우리에게 호의적이지 않던 상황에서 텔레비전 찬조연설은 문재인 후보의 인물됨과 공약을 왜곡 없이 알릴 수 있는 매우 중요한 카드였다.

뉴스 리포트에서 박근혜와 문재인 후보 유세는 확연하게 차별되었다. 박근혜 후보 유세장은 높은 곳에서 크게 잡아 실제보다 더 많은 사람들이 온 것처럼 보였다. 하지만 우리 유세장의 청중들 모습은 제대로 잡지 않고 넘어가는 경우가 많았다. 하지만 텔레비전 찬조연설은 그런 왜곡이나 편집이 적용될 수 없었다. 대신 후보당 아홉 명으로 인원이 제한되어 있었다. 우리는 배우 김여진, 조국 교수, 윤여준 전 장관 같은 인사들에게 찬조연설을 부탁했고 마지막 한 자리, 안철수 후보의 자리를 계속 비워놓고 있었다.

언론들은 단일화와 중도층 결집의 효과를 극대화하기 위해 투표 전날인 18일쯤 안철수 부호가 문재인 후보 지지를 부탁하는 찬조연설을 할 것으로 예상하고 있었다. 우리는 마지막까지 안 후보의 찬조연설을 성사시키기 위해 다양한 통로로 요청했다. 우리 후보의 텔레비전 토론 준비를 담당했던 김현미 의원 등도 찬조연설을 수차례 요청했지만 결국에는 이루어지지 않았다. 여러모로 답답하고 아쉬웠던 안철수 후보의 당시 움직임에 대해 당시 선대위의 한 핵심 인사는 이렇게 비판하고 있다.

"안철수 후보는 자신이 사퇴 기자회견에서 밝힌 것처럼 문 후보를 지원하지 않았습니다. 결정은 느렸고 행동은 소극적이었습니다. 사퇴한 이후에 지방으로 내려가서 거의 열흘 동안 문 후보 지원에 대해 아무런 입장을 표명하지 않았고 우리 측을 만나주지도 않았습니다. 물론 3~4일 정도는 예의상 배려할 수 있다 쳐도 열흘은 너무했습니다. 선거에서, 특히 이번과 같은 선거에서 그 시점의 열흘은 천금과도 같은 시간입니다. 많은 유권자들이 생각보다 일찌감치 지지할 후보를 결정합니다. 사람들은 의외로 자신의 결정을 잘 바꾸지 않아요. 안 후보의 지지층은 하루아침에 지지하기로 마음에 두었던 후보를 잃어버렸습니다. 그리고 열흘이 훅~ 흘러가 버린 것입니다.

우리가 안 후보의 지원을 기다리며 문 후보 단독으로 분투할 동안 박근혜 후보는 안 후보의 주요 지지층인 젊은 층을 잡을 만한 공약과 이벤트들을 대대적으로 전개하고 있었습니다. 우리 역시 안 후보 사퇴 이후 그분들에게 도움이 될 공약들을 제시하고 있었지만 안 후보가 거의 열흘 동안 문 후보와 함께 전면에 드러나지 않는 상황에서 안 후보 지지층의 상당수는 마치 '길을 잃은 상태'처럼 방치되었습니다. 자신이 지지하려고 했던 후보에게 어떤 명확한 사인을 받지 못한 채로요.

안철수 후보는 무대에서 퇴장하는 과정도 서툴렀고 다시 무대에 복귀하는 시기도 너무 오래 끌었습니다. 많은 사람들이 지지 후보를 정하거나 바꾼 후에 다시 등장해서 소극적인 태도로 일관했습니다. 9월에 안철수 후보가 출마를 선언한 직후부터 11월 초순까지 거의 모든 지지율 여론조사에서 안 후보는 문재인 후보를 앞섰습니다. 그런데 단일화 협상이 진행되면서 점차 지지율이 하락했습니다. 특히 안철수 바람이 가장 거셌던 호남에서 하락폭이 컸습니다. 단일화 협상이 지지부진해지고 안 후보 측이 비합리적인 요구를 하면서 시간을 끄는 듯한 모습에 호남 유권자가 불안감을 갖게 되었기 때문인 것으로 봅니다."

전략기획실 한 팀장은 이렇게 덧붙인다.

"유권자들이 지지 후보를 결정하는 데는 시간과 명분, 두 가지가 필요합니다. 지지했던 후보를 바꿔야 할 때도 그렇습니다. 일단 후보를 비교해서 판단할 시간이 필요하고 스스로 '나는 왜 이 사람을 지지하는가'에 대한 명분을 세우는 과정을 거치게 됩니다. 스스로를 설득하는 거죠. 이런 것을 고려했을 때 안 후보가 서울을 벗어나 있던 열흘은 매우 아깝게 허비된 시간이었습니다. 사퇴 선언을 한 뒤 2~3일 정도 후에 두 후보가 만나서 좋은 모습을 보여줬다면 어땠을까요? 아마 상당수의 안 후보 지지층이 문재인 후보에게로 오지 않았을까 싶습니다."

마지막 광화문 대첩,
다시 사람이 먼저인 세상으로

선거운동이 준비한 대로 진행되면서 우리는 전국 유세에 힘을 쏟았다. 문재인 후보는 하루에 많게는 20여 개의 일정을 소화해내는 강행군을 이어갔다. 김정숙 여사도 후보와 따로, 때로는 함께 전국 각지를 돌면서 지지를 호소했다. 유세장의 반응은 긍정적이었고 점점 호응이 높아지고 있었다. 문 후보가 가는 곳에는 시민들이 모여들었고 자연스럽게 친밀감을 표시하는 시민들이 많았다.

경선 유세 초창기에 문재인은 '프리허그'를 통해 자신을 알렸다. 서울 강남역과 광주의 프리허그 유세는 큰 화제가 되기도 했다. 길에서 만난 지지자들을 안아주고 인증 사진을 찍었는데, 정치인이 시민과 포옹하는 장면은 선거에서 흔히 볼 수 있지만 다른 누구도 문 후보처럼 시민을 접촉하진 않았다. 시민들의 반응도 특별했다. 아이를 데리고 나온 젊은 부부, 어린 학생, 대학생과 중년의 아주머니까지, 서로 눈을 맞추고, 알아보고, 다가

와 안아주고 안기는 모습 자체가 자연스럽게 그림이 되는 후보
도 문재인뿐이었다. 그렇게 프리허그는 자연스레 문재인의 선
거운동 브랜드로 자리 잡고 있었다.

김정숙 여사도 전국을 방문하며 일당백의 역할을 해내고
있었다. 문 후보의 아내로서 주로 내조자로서 가정 일에 전념하
며 살아왔지만 몇 달 새 능란한 유세 자원으로 변신해 있었다.
소탈하고 꾸밈없는 태도로 유세에 적극 참여함으로써 함께하는
자원봉사자들과 경찰에서 파견된 경호팀에게도 좋은 인상을 주
며 유세장의 분위기를 밝게 만들었다.

그즈음 우리 캠프는 모든 의원들에게 지역 유세를 독려하
고 있었다. 여의도에 있지 말고 지역으로 나가서 유세와 투표
독려 활동을 지원해달라고 요청했다. 이에 관해서는 다른 이야
기들도 있지만 그래도 대다수 의원들이 자기 선거보다 더 열성
적인 자세로 지역 유세에 나서주었다. 그리고 이런 유세의 역량
을 총집결해서 보여줄 큰 이벤트를 기획했다. 바로 '광화문 대
첩' '국민대번개'로도 불린 광화문 광장 집중 유세였다.

12월 8일에 이어 두 번째이자 마지막이 될 광화문 집중 유
세는 15일로 예정되어 있었다. 선거는 기본적으로 세의 대결이
기에 그날 유세는 어떤 유세보다 많은 사람이 참여하는 가장 의
미 있는 축제의 장이 되어야 했다. 우리는 광화문 유세에서 지
지연설을 할 인사들을 고심해서 섭외했다. 쌍용차 해고 노동자
를 지원하는 '와락'센터를 만든 정혜신 박사, 용산 참사로 시아

버지를 잃은 유족 정영신 씨, 부당하게 쫓겨났던 정연주 KBS 전 사장, 높은 등록금에 고민하는 동국대 학생 김하경 씨 등이 광화문 유세의 연단에 오를 인사들이었다.

이명박 정권의 피해자이자 문재인 후보 정책의 모티프가 된 이들을 통해 정권교체의 절실함을 부각시키고 문 후보의 정책이 세상을 어떻게 바꿀지를 생생히 전달하려 했다. 그리고 광화문 집중 유세를 위한 섭외 인사들 명단의 정점에는 안철수 후보가 있었다. 모두가 중요하고 필요한 사람들이었지만, 반드시 안 후보가 문 후보와 함께해야 했다. 나는 박선숙 본부장과 계속 연락하며 안철수 후보의 참석을 요청했으나 15일 오전까지 이렇다 할 답변을 받지 못했다. 당시 캠프에는 나를 비롯해 서너 명이 채널 구실을 하며 안 후보 측과 소통하고 있었다. 하지만 그들도 모두 막막한 상황이었다. 일단 행사 계획에 안철수 후보의 순서를 남겨둔 채 유세 준비에 들어갔다. 그날 오후, 안철수 후보가 트위터에 의미심장한 글을 올렸다는 소식이 전해졌다. 내용은 이랬다.

밤새 잠을 이루지 못했습니다. 과정이 이렇게 혼탁해지면 이겨도 절반의 마음이 돌아섭니다. 패자가 축하하고 승자가 포용할 수 있는 선거가 되어야 합니다. 부끄러운 승리는 영원한 패자가 되는 길입니다. 국민은 그런 대통령을 원하지 않습니다.

'이게 무슨 말이람?' 당황스러웠다. 아마도 국정원 사건에 대한 비판적인 논평인 듯한데 비판하는 방향이 의아했다. '과정의 혼탁'이라는 말은 다분히 양비론적인 비판이었다. 그런데 당시에 드러난 국정원 사건의 정황은 '과정의 혼탁' 정도로 안일하게 평가할 수준이 아니었다. 국가기관이 선거에 영향을 끼칠 목적으로 인터넷으로 여론 조작을 시도했다. 이것이 당시 상황에 대한 합리적인 인식이었다. 그런데 안철수 후보의 트윗은 이런 사실을 무시한 채 비판의 화살을 우리와 국정원, 새누리당을 향해 겨누고 있었다.

아니나 다를까 몇몇 '보수 언론'들은 안철수의 트윗 내용을 보도하며 '안 후보가 문 후보에 대한 지지를 철회할지도 모른다'라는 보도를 내보냈다. 친절하게도 2002년 대선 당시 정몽준 후보가 투표 하루 전날 노무현 후보에 대한 지지를 철회한 전례까지 언급했다. 이런 희소식을 기다리기라도 한 모양이었다. 불안감이 엄습했지만 가능성은 반반이었다. 그러다 3시가 넘어 안 후보 측에서 다른 통로로 연락이 왔다.

"안철수 후보가 광화문 유세에 참석하기로 했습니다."

광화문 광장은 일찌감치 인파로 가득 찼다. 무대가 잘 보이는 자리는 이미 오전에 온 지지자들이 차지하고 있었다. 전날 내린 눈이 녹지 않아 길은 질척댔지만 아랑곳하지 않고 사람들이 모여들었다. 세종문화회관 계단과 난간 위에도 위태롭게 사람들이 올라섰다. 수많은 인파가 광장을 중심으로 일대를 가득 메웠다. 노란 목도리를 한 사람들, 투표 참여 캠페인의 상징인 바람개비를 든 사람들, 아이를 무등 태운 아버지들, 젊은 여자들과 남자들, 이날을 위해 지방에서 버스를 타고 올라왔다는 이들, 직장에 반차를 내고 나왔다는 직장인들, 직접 손팻말을 만들어 가지고 나온 젊은이들, 온갖 시민들이 광장을 가득 메웠다. 행사의 연출자인 탁현민 감독이 손을 번쩍 들었다.

"우리가 이겼다!"

한 사람이 외친 구호는 수만의 메아리가 되어 찬 공기를 크게 울렸다. '우리가 이겼다', 이 말을 나흘 뒤 저녁에도 할 수 있기를. 잠시 기도하는 마음이 되어 눈을 감았다. 손학규 고문 역시 무대에 등장했다. 손 고문은 수많은 인파를 보고 감탄하며 '이제 투표장으로 가서 사람이 먼저인 세상을 만들자'라고 호소했다. 노회찬 진보정의당 공동대표, 문재인 캠프 후반기에 선대본부장을 맡아 뛰어준 정세균 의원 또한 정치 혁신, 문재인 후보 지지, 투표 참여를 부탁하는 연설을 했다. 정혜신 박사와 정연주 사장도 무대에 섰다. 쌍용자동차 노동자들, 공정 언론을 위해 싸우다가 부당하게 해직당한 언론인들, 높은 등록금에 고생하는 학부모와 아르바이트 일터로 내몰리는 학생들, 용산에서 죽임을 당한 서민들의 이야기가 이어졌다. 군데군데 눈물을 흘리는 사람들도 보였다. 그리고 노무현 전 대통령이 화면에 등장했다. 2002년 대통령 후보 시절, 부산의 행사장에서 한 연설 장면이 대형 화면에 떠올랐다.

노무현이 대통령 '깜'이 되냐? 깜이 된다!

그 사람을 제대로 알기 위해서는 그 친구를 보라고 했습니다. 제가 말은 더듬더듬 유창하지 않게, 원고를 보고 읽었습니다마는 저는 제가 아주 존경하는, 나이는 저보다 적은, 아주 믿음직한 친구, 문재인이를 제 친구로 둔 것을 정말 자랑스럽게 생각합니다! 나는 대통령 깜이 됩니다! 나는 문재인을 친구로 두고 있습니다!

지지율 2퍼센트에서 출발한 대통령 후보 시절, '과연 대통령 감이 되겠느냐'는 당 안팎의 의구심을 받으며 고군분투할 당시 노무현 후보는 친구 문재인의 인간됨을 높이 사며 '그의 친구인 나는 대통령 감이 된다'라고 내지르고 있었다. 그것은 정제된 연설이나 지지 호소라기보다는 처절한 자기 확신, 격정적인 포효에 가까웠다.

2002년의 영상 속에서 문재인은 입을 굳게 다물고 청중석에 앉아 그런 친구를 애틋하게 바라보고 있었다. 영상 속의 청중들은 노무현 후보에게 박수를 보냈고 광화문 광장에 모인 시민들은 노무현 전 대통령의 잔상을 보며 눈물을 흘렸다. 그가 살아 있었다면 친구의 대선 유세장에서 어떤 연설을 했을까? 아니, 그가 살아 있었다면 그의 친구가 이 길에 나서는 일도 없었을지 모른다. 그러나 노무현도 우리도, 그 누구도 몰랐던 것은 2002년의 연설 모습이 딱 10년 후에 대통령 후보로 나선 친구, 문재인을 소개하는 영상이 될 운명이었다. 노무현의 운명, 그리고 문재인의 운명. 분위기가 바뀌고 문재인이 시민들 사이에서 튀어나오듯 등장했다. 회색 코트 차림의 문 후보는 어느때보다 밝은 표정이었다.

"대세가 이미 기울었습니다! 승리는 우리의 것입니다! (……) 제2의 용산, 제2의 쌍용, 제2의 언론인 수난 시대가 이어지는 정부냐, 이를 치유하고 다시는 그런 일 생기지 않게 하는 정부냐를 택하는 게 이번 대선입니다! 청와대 대통령 시대를 끝내고 광화문 대통령 시대를 열겠습니다, 깜짝 이벤트를 하듯 쇼하는 대통령이 아니라 늘 국민 속에서 국민과 함께 소통하며 쌍용차, 용산 참사, 해직 언론인의 눈물을 닦아드리는 그런 대통령이 되겠습니다!"

그리고 안철수 후보가 무대에 올라왔다. 갑작스런 등장이었다. 시민들이 뒤엉켜 무대 앞으로 밀려들며 두 후보의 이름을 번갈아 연호했다.

"문재인! 안철수! 안철수!문재인!"

안철수 후보가 왔다. 민주당 유세차에 올라 마이크를 잡고 시민의 환호에 답하는 안 후보를 보며 복잡한 감정이 한꺼번에 밀려왔다. 끝나지 않을 것 같았던 단일화 협상, 갑작스러운 사퇴와 공동 선거운동 제안…… 특히 힘들었던 순간들이 번득번득 스치듯이 떠올랐다. 안 후보가 광화문 현장에 나오기까지의 뒷이야기를 알고 있는 몇몇 캠프 관계자들은 안도하며 눈물을 보이기도 했다.

"제가 왜 여기 왔는지 아십니까? 제가 어느 후보를 지지하는지 아세요?"

시민들은 한 목소리로 '문재인!'을 외쳤다.

안철수 후보는 "지금 대답대로 투표하실 거죠? 믿어도 되겠습니까?"라고 되물었고 시민들은 함성과 환호로 화답했다.

문재인, 안철수 두 후보는 무대에 올라 손을 맞잡았다. 두 사람이 잡은 손을 함께 치켜들자 시민들의 환호가 최고로 높아졌다. 안 후보는 우리의 상징색인 노란색 목도리를 건네받아 문재인 후보에게 걸어주었다. 문 후보도 밝은 표정으로 안 후보와 포옹하며 시민들에게 손을 흔들었다. 안 후보 사퇴 이후 두 후보가 함께했던 장면 중 가장 적극적인 장면이었다.

"우리가! 이겼다! 우리가! 이겼다!"

우리가. 이겼다.

마지막 광화문 유세는 대성공이었다. 박근혜 후보도 같은 자리에서 유세를 했지만 시민들의 자발적 참여와 뜨거운 호응을 비롯해 모든 면에서 우리와는 비교할 수 없었다. 한국 사회의 어려움을 상징하고 문재인의 정책이 필요한 각계각층의 지지자들이 무대에 올라 문재인 후보 지지를 호소했고 경선 중에 갈등했던 경선 후보와 야권 후보로 연대한 심상정 후보도 참여했다. 그리고 안철수 후보까지 등장해서 지지와 투표 참여를 독려해 최고의 효과를 만들어냈다.

'아쉬움도 많았지만 이제는 털어야지.' 무대 위의 문재인 후보를 바라보며 속으로 이렇게 다짐했다. 12월 15일, 앞으로 남은 나흘간 최선을 다하고 나머지는 하늘에 맡길 일이었다. 그러나 부디, 하늘의 뜻이 있다면 우리의 바람과 일치하기를.

광화문 유세의 대미는 작곡가 김형석 씨가 만든 캠페인 송 〈사람이 웃는다〉가 장식했다. 신해철의 〈그대에게〉가 문재인 후보 등장을 알리는 음악이라면 〈사람이 웃는다〉는 문 후보의 공약과 비전을 음악으로 만든, 문재인 주제가였다. 문재인 후보와 연사들은 손을 잡고 합창했다. 나도 사람들 틈에 서서 그동안 익숙해진 가사를 가만히 따라 불렀다.

사람이 먼저인 세상, 함께 만들어가요
간절히 서로의 손을 잡아
사람의 온기로 또 누군가 다시 힘을 얻는다
사람을 위한 새날이 온다
사람이 먼저인 그 나라로 함께 걸어가요
먼 훗날 우리 오늘을 뜨겁게 기억해요, 영원히

그렇게 12월 19일이 다가오고 있었다.

3부

누구를 위한 대선평가보고서인가

대선 이후 민주당의 지도부 공백 속에 문희상 위원장을 중심으로 비상대책위원회가 출범했다. 비대위에선 곧바로 대선평가위원회를 구성했는데, 사실 대선평가위원회 활동 전부터 의원 개인이나 단체에서 토론회 등을 통해 지난 대선을 평가하고 있었다. 누군가의 말처럼 패배하면 모든 것이 문제가 된다고 했던가. 몇몇 보고서들은 정확한 상황 인식과 간과했던 전략적 오류 등을 예리하게 지적했지만 대부분은 패배라는 결론을 놓고 각 사안들에서 문제를 찾는 방식으로 서술했다. 이런 평가들의 공통점은 '그것 봐라. 그러면 진다고 하지 않았느냐'라는 식의 책임을 전가하는 것이었다. 심지어는 얼마 전까지만 해도 캠프에서 주요 역할을 담당했던 인사들마저 이런 분석을 내놓기도 했다.

나를 포함해 캠프 일선에서 뛰었던 사람늘 대다수도 우리가 무엇을 놓쳤으며 어떻게 해야 다음 선거를 잘 준비할 수 있겠느냐 하는 고민이 컸기에 제대로 된 대선평가보고서를 누구보다 기대했다. 패배한 캠프에 대한 평가이니 당연히 과실이 더 도드라지겠지만 우리의 좌표를 제시할 평가보고서는 반드시 필요했다. 하지만 평가위원회가 일을 시작하면서 조금씩 이상한 기류가 나타났다. 캠프에 참여했던 사람들이 평가위원회의 호출을 받아 인터뷰를 하고 나선 불편한 심정을 전해오기 시작했다. 잘못된 정보를 근거로 질문을 하고 그나마도 이미 결론을 내놓고 질문을 한다는 인상을 받았다는 것이다. 걱정 속에 나도 3월 8일 오후 3시 인터뷰 약속을 잡고 대선 이후 처음 당사를 찾았다.

몇 달 전만 해도 사람들로 가득했던 당사 신관 2층, 우연이라기엔 씁쓸하게도 종합상황실로 쓰던 방에 마련된 대선평가위원장실에서 한상진 위원장, 김재홍 부위원장과 마주 앉아 인터뷰를 시작했다. 이때는 이미 몇 가지 사안에 대해 평가위원회의 자극적인 발언들이 기사화되었던 시점이라 나름 의견서를 만들고 사실관계를 알려드려야겠다는 생각으로 찾아간 자리였다. 다른 분들은 30분 남짓 대화를 나눴다고 들은 인터뷰가 6시가 다 돼서야 끝났다.

인터뷰를 마치고 세 달가량 숙식하다시피 한 예전 내 방을 지나 후보실, 비서실장실, 총무본부장실, 김대중·노무현 두 분의 흉상이 있는 2층 현관을 지나 당사 앞마당으로 나왔다. 3월 햇살이 내리쬐는 당사 앞마당에서 함께 배석했던 보좌관과 이런저런 얘기를 나누는데 가슴 한 곳이 송곳에 찔린 듯 아파 왔다.

인터뷰 내내 '이너서클이 있지 않았느냐? 증언들이 있으니 사실대로 말해달라, 패배의 책임을 누군가 져야 하지 않겠느냐, 후보가 일정과 메시지에 직접 관여한 게 문제 아니냐……' 그 자리에서 오간 말들이 계속해서 가슴을 찔러왔다. 먼저 인터뷰를 한 분들이 한 말이 바로 이거였구나 싶었다. 아무리 사실이 다르다고 말해도 이미 다 알고 있다는 식으로 인터뷰를 당하며 어떤 평가보고서가 나올지 짐작되었다. 그로부터 한 달가량이 지난 4월 9일, 논란만 가중시킨 이상한 대선평가보고서가 공개되었고 4월 29일에는 땀과 눈물이 생략된 건조한 대선백서도 발간되었다.

4월 9일 평가위원회 보고서가 발표되자 이목희 당시 캠프 기획본부장, 노영민 비서실장과 기자회견을 통해 반박을 했지만 이미 책임질 사람들의 명단, 심지어 짐작과 추측까지 담긴 보고서가 언론에 대대적으로 보도된 후였다. 그즈음 지난 미국 대통령선거에서 패배한 공화당이 발표한 대선평가서가 회자되었는데, 여기에는 오바마의 빅데이터 캠페인이나 인종, 계층, 정책 등에서 자신들이 무엇이 부족했고 이후 어떻게 준비해야 하는가 등의 내용이 담겨 있어서 우리 역시 그런 분석을 기대했는데 달라도 너무 달랐다.

예를 들어 평가보고서는 민주당의 계파 문제를 제기하고

있다. 하지만 계파 문제의 원인은 무엇이고 경선 불복을 비롯한 계파 갈등의 책임은 누가 저야 하는지를 밝히지 않았으며 해결을 위한 대안도 내놓지 않았다. 그저 계파가 문제라는 말만 되풀이하고 유독 486 정치인의 운동권적 행태를 비판하고 참여정부 때의 국가보안법과 사학법 논쟁을 소모적인 이념 공방으로 규정하는 편향성을 보이기도 했다. 결국 총론이나 각론에서 일부 옳은 지적들도 있으나 결과적으로 패배했으니 죄다 잘못되었다고 분석한 셈이다. 이런 평가는 경선 이후 대선 국면에서 뒷짐 지고 있던 분들의 한풀이나 단일화 과정에서 반대편에 있던 분들이 평소 갖고 있던 특정 그룹에 대한 일방적인 반감 이상도 이하도 아니다.

사실 캠프 일선에 섰던 사람들이 대선 평가에 적극 참여해야 했다는 반성을 지금도 하고 있다. 무엇보다 대선 전반의 일들을 오롯이 기억하고 있는 사람들이 분석과 반성, 대안을 모색하는 과정에 참여했어야 했다. 하지만 그때까지도 평가에 나서는 순간 잘못을 덮으려 한다거나 아직도 반성은커녕 패권적 행보를 보일 셈이냐 하는 분위기가 팽배했다. 그래서 평가위원회의 설문조사, 인터뷰, 언론을 통한 진행 상황 브리핑 등에서 이상한 흐름이 눈에 띄었지만 항변하지 못했다. 어쩌면 '최후 변론'의 기회마저 놓친 셈이 아니었나 싶다.

평가보고서를 보면 1부 설문조사에 입각한 원인 분석들, 유권자 지형의 종단적 구조 변경, 계파 갈등과 민주당 이미지 하락, 유권자 투표로 본 패배 원인 등은 수긍할 수 있는 부분이 있다. 하지만 2부의 증언 자료와 설문조사에 입각한 캠페인 분석과 3부의 주요 쟁점 분석 가운데 민주정책연구원을 다루면서 제기한 지난 총선 평가서 부실 처리 논란, 모바일 투표 제도에 대한 지적은 사실관계조차 어긋났다. 한마디로 지나친 편견이 개입된 비판이다. 4부는 평가보고서 문제의 정점을 찍는데, '야권연대와 후보 단일화 과정을 다루면서 마치 안철수 진심 캠프에서 문재인 캠프를 평가한 게 아닌가 싶을 정도다. 오히려 평가위원으로 참여했다가 최종 평가보고서에 이의를 제기한 홍종학 의원의 '소수의견서'가 문제를 잘 지적하고 있는 것 같다.

책임자 선정과 책임을 진다는 것

평가보고서에선 4·11 총선부터 18대 대선까지 민주당을 이끌었던 주요 인사들의 정치적 책임 여부를 당내 설문조사를 통해 점수를 매겨 공개했다. 정확도나 필요성은 차치하더라도 이는 악의적인 정치공세로 문재인 책임론으로 번지며 일각의 의원직 사퇴 주장이 다시 불거지는 계기로 활용되었다. 또 의도치 않았다 하더라도 문재인 의원의 차기 대권 출마를 봉쇄하려는 세력들의 의지를 담고 있다고 볼 수밖에 없다.

물론 나 자신도 다음 대선에 민주당 후보는 누가 될지 알수 없고 문재인 후보가 어떤 역할을 할지 짐작하기도 어렵다. 중요한 것은 이후 박근혜 정부 5년 동안 야권의 정치 지도자는 국민들에 의해 단련되고 평가되리라는 점이다. 결국 이후 정치 과정에서 자연스럽게 풀어가야 할 과제를 평가위원회가 나서서 정치적 사형선고를 내린 것이다. 대선에 책임져야 할 사람이 없다는 것이 아니다. 하지만 이런 식의 평가는 윤호중 의원의 말처럼 '미숙한 일이며 60년 전통의 민주당이 선거 때마다 결과를 평가했지만 동료 정치인을 희생양 삼아 책임을 뒤집어씌우는 평가를 내린 적은 없었던 도를 넘는 경우'이다.

돌이켜보면 2002년 후단협의 교훈을 알고 있는 민주당은 그때처럼 드러내지 않았지만 이번 대선에서 더욱 심화된 형태로 분열하였다. 경선장에 날아다닌 계란과 물병이 말해주듯 후보 경선 때 심한 내홍을 겪었고 경선 이후에도 안철수 후보와의 본선이 남아 있다며 선거운동에 뒷짐을 진 사람들도 있었다. 심지어 당에서 선출한 후보가 있는데도 당 밖의 후보를 지지할 권한을 달라고 하는 지경까지 이르렀다. 이런 해당 행위를 견제하고 화합을 끌어낼 지도부는 이미 사퇴 압력에 제 역할을 하지 못했다. 이길 수 있는 선거인데 졌다고 말하는 분들에게 묻고 싶다. 당신은 당당한가.

반복하지만 당연히 책임이 없다고 강변할 생각은 추호도 없다. 하지만 책임 소재를 규명할 때 객관적인 근거를 들어 당사자들을 납득시킬 수 있어야 한다. 일부의 잘못된 정보를 근거로 삼아 편향적인 선입관을 드러낸 책임 소재 규명은 정치공세다. 이번 대선을 치르면서 민주당이 새누리당보다 나을 게 없다고 생각하는 분들에게 민주당을 평가하라고 한 것이고, 지지율의 한계를 극복하기 위해 국민 참여형 정당을 지향했던 지난 노력과 성과를 일부 그룹의 패권적 작태로만 치부하는 분들에게 단일화의 문제를 찾게 한 셈이다.

과학적이지 못한 평가 방식

대선평가위원회는 평가 과정에서 민주당 주요 인사와 국민 일반을 대상으로 한 설문조사, 13개 시도 지역 순회 간담회, 중앙선거대책위원회 주요 인사 면담 등을 진행했다고 밝혔다. 이 중 평가의 주요 근거가 된 설문조사는 2월과 3월에 실시한 '민주당 주요 인사 정치의식 조사 2013' '국민 의식 조사 2013'이다. 국민 의식 조사의 경우 설문 설계에 이의가 없지 않지만 외부 기관에 의뢰했기 때문에 일단 넘어가더라도 문제는 당내 주요 인사에 대한 온라인 설문조사다. 2월 15일부터 3월 10일까지 24일간 진행한 당내 주요 인사 온라인 설문조사는 1787명 중 693명(38.7퍼센트)밖에 응답하지 않았다. 평가위원회는 온라인 설문조사 응답률 39퍼센트는 상당히 높은 수치이고 보통 온라인 설문의 경우 회신률이 15~20퍼센트이므로 문제없다고 언론을 통해 밝혔다.

하지만 과연 그럴까? 일반적인 통계학적 기준으로 보아선

안 되는 것이, 대선 전 과정의 사실관계를 정확히 파악하고 있는 핵심 관계자들이 거의 응답하지 않았다는 점을 간과하고 있다. 나도 그랬지만 당시 캠프의 주요 관계자들은 정치일선에 돌아오지 못하고 있었기에 설문에 답을 할 수가 없었다. 1787명의 설문 대상자 중 캠프의 팀장급 이상 관계자의 의견이 아닌 39퍼센트의 응답은 개별 의견일 수는 있으나 사실관계 확인이나 책임 소재를 묻는 데 활용하기엔 턱없이 미흡하다. 결국 대선 패배 책임을 묻고 캠프 참여도를 측정하는 근거가 되는 통계에 모든 상황을 올곧게 보아온 사람들의 의견은 빠지고 언론이나 주변 이야기를 통해 정보 판단을 한 사람들에게서 얻은 데이터가 포함되어 주장의 근거가 된 셈이다.

이런 설문조사를 근거로 평가보고서에선 '공식 조직 이외에 내부 서클의 독단이 당의 단합을 해쳐 선거에 졌다'는 데 62퍼센트가 동의했고, '문재인 후보와 직접 연결된 내부 서클이 선거를 이끌어 공식 조직이 제 기능을 못했다'는 데 60.5퍼센트가 동의했기에 이 점이 문제였다고 지적하는 오류를 범한다. 그러면서 '상반된 증언도 있어 비선 라인 존재 여부와 활동에 대해 확정할 수 있는 근거가 없음'을 밝히고 동시에 이런 증언이 나온 배경과 상황을 주의 깊게 살펴볼 것을 제안하기까지 한다. 계파 정치를 지적하고 싶어 잘못된 설문 자료를 근거라며 제시했지만 증거는 없으니 나중에 서로 얘기해보라고 마무리한 것이다.

이건 평가보고서가 아니라 추리소설에 가깝다. 전수조사를 해도 시원찮을 기초 자료를 부실한 답변들로 채워놓고 원하는 결론을 위해 활용한 것이라고밖에 볼 수 없다. 설문 외에 캠프 관계자 면담에서도 본부장급 인사들, 특히 당내외 조직을 총괄한 우윤근, 강기정 동행1·2본부장 등이 누락되었는데 평가위원회에서는 시간이 부족한 탓이라고 하나 이는 보고서의 객관성 면에서 중대한 문제가 아닐 수 없다. 조직을 총괄한 두 본부장들은 역대 가장 깨끗한 선거를 이끈 주인공들이며 조직이 왜 움직이지 않았는가를 너무나 잘 알고 있는 분들이기에 더욱 아쉽다.

설문 설계에도 많은 문제가 있다. 여론조사와 통계 분석을 통해 객관성과 과학적 분석을 확보할 수 있을 듯하나 사실 여론조사는 늘 원하는 답을 줄 수 있는 마력을 갖고 있다. 예를 들어 패배 요인으로 '민주당이 수권정당으로서 국민의 신뢰를 얻지 못했다'라는 제시어에 동의 여부를 물어보고 이에 대해 응답자의 65퍼센트가 동의했고 12.7퍼센트가 동의하지 않았다고 밝힌다. 이 설문을 근거로 민주당이 수권정당으로서 국민의 신뢰를 얻지 못했기 때문에 대선에서 패배했다고 분석한다. 정해놓은 답변 중 하나를 선택하면 그것이 전체의 원인이라는 것이다.

또 다른 설문에선 '계파정치' '대결정치' '이념 노선' '486 정치인'이라는 네 가지를 민주당 체질 변화의 구조적 산물로 적시하고 '위의 요인들이 민주당의 이미지에 좋은 영향을 미친다고 생각하십니까? 아니면 나쁜 영향을 미친다고 생각하십니까?'라고 묻는다. 당연히 부정적 영향을 미친다는 의견이 압도적일 수밖에 없다. 이 설문을 통해 평가보고서는 이런 부정적인 요인 탓에 '민주당이 민생을 챙기기보다 이념 갈등과 계파 정치를 심화시킨 결과' 선거에 패배했다는 결론을 내린다. 결론을 정하고 만든 문항 설계다. 대선 패배의 원인을 찾기엔 많이 부족한 설문들이다.

평가위원회와 인터뷰를 하면서 계속해서 '다른 사람 증언이 있다. 사실대로 말해달라……'라는 어이없는 주문을 받았다. 결국 편협한 설문조사에 근거한 질문이었다. 이번 비망록을 준비하면서 흔히 친노 그룹이라 불리던 후배에게 물었다. '혹시 대선 때 나 모르는 회의가 있었나?' 질문한 나도, 어이없어하던 후배도 모두 허탈하게 웃고 말았다.

객관적이고 과학적인 평가라는 것이 곧 제3자의 시각, 평론가 시각의 평가는 아닐 것이다. 선거에 대한 평가는 주체적인 관점을 가지고 실행해야 한다. 그 시점에서 우리의 전략적 판단은 무엇이었고 실패했다면 왜 실패했는지, 그렇다면 어떻게 해야 했는지, 대안이 없었다면 왜 그랬는지를 당시의 상황 속에서 분석해야 한다. 또 하나는 선거 결과 실제로 나온 데이터를 가지고 분석해야 한다. 예를 들어 이번에도 지역 구도의 영향이 컸다. 우리가 부산, 경남에서 약진하기는 했지만 경남에서 기대한 만큼의 득표율이 나오지 않았는데 김두관 지사 중도 사퇴가

237

경남에서 부진했던 원인 중의 하나라는 분석이 나온다. 수도권, 특히 경기도에서는 구도시와 신도시에서 득표율이 극명하게 나뉘는데 포천, 연천, 화천 등 농촌 지역에서는 2002년 선거에 비해 20퍼센트 이상 격차가 난 반면 분당, 고양 일산, 용인 기흥 등은 상대적으로 선전했다. 40~50대 하우스푸어의 분노가 박근혜 후보의 득표율을 이끌었다는 설이 있었지만 데이터 상으로 분석하면 그런 관련성은 떨어진다.

평택의 결과는 특별히 의미가 있는데 문재인 후보는 경기도에서 약 8만 표(1.2퍼센트)를 졌다. 그런데 평택에서 그 절반인 약 4만 표를 졌다. 평택은 쌍용자동차 해고자의 아픔이 있는 곳이다. 혹시 평택의 결과가 그런 사건과 관련성이 있는지 검토해봐야 할 것이다. 반대로 희망버스가 다녔던 부산 영도는 부산의 타 선거구에 비해 지지도가 높게 나온 편이다. 이런 사례들을 보면 단순하게 정리할 수 없는 여러 요인들에 의해 선거 결과가 나왔음을 알 수 있다. 이런 요인들을 정밀하게 분석해야 비로소 다음 대선을 위한 과학적인 대안을 내놓을 수 있지 않을까 생각한다. 우리가 패배한 핵심 원인은 결국 준비 부족과 실력 부족이 아닐까 생각한다.

전략 부재에 대한 변명

분명 전략 기획은 모든 선거에 선행되는 일이다. 분석을 통해 승리를 끌어내는 첫걸음이 전략을 세우는 일이기 때문이다. 하지만 패배했다는 이유로 모든 과정을 펌하하고 관계자들을 무능한 사람들로 몰아세우는 것은 부당하다. 후보들이 확정된 이후 우리는 투표 직전의 여론조사 전까지 한 번도 앞서지 못했다. 이런 상황을 바꿔내기 위해 부단한 계기성 전략들이 추진되었지만 예상과 다른 문제들로 난항을 겪었다. 돌이켜보면 그들에겐 친박, 친이도 대선 앞에서 하나가 되었고 자생적 지지단체에 심지어 국정원까지 있었지만 우리는 하나로 뭉치지 못했다. 전략에 대한 여러 지적들에 대해 하나하나 변명 아닌 변명을 해야겠다.

이번 대선 평가에서 큰 쟁점 중의 하나는 '이길 수 있는 선거에서 패했다'라는 주장이다. 이는 여론조사에서 정권교체를 원하는 국민 여론이 55~60퍼센트에 이르렀는데 어떻게 질 수 있느냐는 것인데, 일면 타당한 부분이 있지만 당시 선거 전략을 짜는 입장에선 그것이 오히려 독이 될 수도 있다고 판단했다. 우리는 역대 선거와 마찬가지로 2퍼센트 이내에서 승부가 갈릴 것으로 보았고 55~60퍼센트에 이르는 정권교체 여론은 착시현상이 반영된 것이라고 판단했다. 왜냐하면 그 수치 안에는 이명박으로부터 박근혜로 넘어가는 정권 연장도 정권교체로 보는 여론이 상당히 포함되어 있었기 때문이다. 10~15퍼센트가 그런 여론이라고 판단했다. 박근혜 후보와 야권 단일 후보의 대결을 물어보는 여론조사에서 박근혜 후보가 46~48퍼센트의 지지율을 견고하게 유지하고 있었던 점에서 알 수 있다. 이렇듯 무조건 이길 수 있는 선거에서 졌다는 관점은 객관적이고 과학적으로 대선 결과를 평가하는 데 오류로 작용할 수 있다.

우리의 선거 지형을 두고 '기울어진 운동장'이라는 표현을 쓰는데 민주당은 늘 기울어진 운동장의 기울어진 쪽에서 시합을 해왔다. 민주당 입장에서 보면 기본적으로 불리한 정치 지형에서 선거를 치를 수밖에 없는데 이를 망각한다면 앞으로도 동일한 실패를 반복할 수밖에 없을 것이다. 김대중 대통령은 DJP 연합을 통해서 수평적 정권교체를 이뤘고 노무현 대통령은 정몽준과의 야권 단일화와 행정수도 이전이라는 정책 전선을 설정해 집권했다. 이 두 번의 사례는 기본적으로 민주당이 항상 전략적으로 불균형한 지형에서 선거를 치를 수밖에 없는 현실을 보여준다.

2002년 당시 단일화 전까지는 이회창 후보 38~40퍼센트, 노무현 후보 32~34퍼센트의 지지율을 유지하고 있었다. 단일화화 함께 노무현은 약 5퍼센트를 앞서게 되는데 선거운동을 거치면서 조정을 받아 결국 2.3퍼센트 차이로 승리했다.

그러나 이번 선거는 달랐다. 출발부터 박근혜 후보는 46~48퍼센트의 견고한 지지층을 자랑하는, 훨씬 더 강력한 후보였다. 또 다른 차이는 문재인과 안철수 후보는 노무현과 정몽준 후보와는 달리 지지층이 서로 겹친다는 점이었다. 실제로 후보 단일화 여론조사를 보면 문재인, 안철수 후보는 서로의 지지도 합계인 50퍼센트를 가지고 제로섬(Zero Sum)게임을 하고 있는 형국이어서 단일화 효과가 2002년보다 떨어질 수밖에 없는 구도였다. 실제 단일화 후 여론조사 결과는 이런 예측에서 벗어나지 않았다.

아울러 2002년 선거에서 지역별 투표율을 보면 광주(78.1퍼센트), 전남(76.4퍼센트), 전북(74.6퍼센트), 경남(72.4퍼센트) 순이었으나, 이번에는 광주(80.4퍼센트), 대구(79.7퍼센트), 울산(78.4퍼센트), 경북(78.2퍼센트) 순이어서 영호남 간의 상위 투표율이 역전되었다. 득표율을 보면 부산, 경남에서 15퍼센트 정도 상승했으나 호남에서 10퍼센트 하락, 대구, 울산에서 1.5퍼센트와 2.4퍼센트 하락, 경북에서 10.4퍼센트 하락했다. 충청에서 2002년에 10퍼센트가량을 이겼으나 이번에는 선거 초반부터 10퍼센트 정도 밀리는 상태에서 시작했고 결과적으로 그렇게 끝났다. 결국 우리는 수도권에서 승부를 걸어야 했으나 서울과 경기에서의 선거는 늘 박빙이었고 영호남에서의 큰 격차를 극복하기에는 한계가 있는 어려운 싸움이었다. 이러한 전략적 불리함을 어떻게 극복하려 했는가를 봐야 과학적인 대선 평가라고 할 수 있지 여전히 맹위를 떨치고 있는 지역 구도를 외면하고 '당연히 이기는 선거였다'라고만 주장한다면 과학적인 평가와는 거리가 멀어지고 만다.

이번 선거에서 전략이 없었다는 지적도 많다. 선거에서 패배한 이상 그러한 비판에서 벗어날 수 없을 것이다. 그런데 이번 선거는 과거의 여러 선거와는 확실히 다른 특징이 있었다. '전선이 없는 선거'였다는 것이다. 물론 정권교체라는 큰 차원의 구도가 있었지만 부동층의 표심을 움직일 수 있는 전선을 형성하기가 매우 어려운 선거였다. 전선이 형성되기 어려운 상황에서는 인물 대결로 갈 수 밖에 없었는데, 전선을 형성할 수 없었던 배경에는 몇 가지 원인이 있었다. 우선 경제민주화나 복지 문제는 이미 새누리당이 거의 수용함으로써 정책적으로 우리와 차별성이 별로 없어 전선이 형성될 수 없는 상황이었다.

우리 측 정책은 체계와 내용 면에서 새누리당 공약보다 훨씬 앞선다고 자부하지만 정책 전선으로까지 발전할 만한 내용은 아니었다. '새정치'를 내세워 박근혜의 불통, 구시대 이미지와 차별화하려 했지만 '새정치' 역시 안철수 후보가 선점한 상태였기 때문에 선거 구도를 뒤흔들 정도로 강력한 힘을 발휘하지 못했다. 지금에 와서는 선거 때 박근혜 후보가 내세웠던 경제민주화나 복지 공약 들이 대부분 폐기되고 후퇴하고 있지만 새누리당은 전략적으로 그런 공약들을 잘 이용했고 우리는 그런 면에서 치밀하게 준비하지 못했다.

전선이 불분명한 상황에서도 우리는 전선을 만들려고 했다. FGI(표적집단면접법[focus group interview])를 포함한 선거 초기의 조사결과에 의하면 여론은 이번 선거를 '인물 대결'로 보고 있었다. 국민들이 바라는 인물은 '나의 삶을 해결해줄 수 있는 능력 있는 대통령'이었다. 결국 인물을 중심으로 전선을 형성할 수밖에 없었는데 조사결과 '과거 대 미래 세력'이라는 구도가 나왔다. 문재인의 진정성과 소통 능력을 불통과 구시대 이미지의 박근혜와 차별화하는 것이었다. 그런데 문제가 생겼다. 공식 선거운동 첫 유세지인 부산에서 문재인 후보가 박정희 전 대통령을 언급했는데 보수 언론이 이를 빌미로 삼아 '노무현 대 박정희'의 구도를 설정해 지면을 도배해버린 것이다. '박정희 유신정권의 후예들=과거 세력'으로 몰아가려 했으나 '노무현 대 박정희' 구도로 변질돼버린 것이다. 그후에 후보의 메시지를 수정하면서 원래 구상대로 끌어가려 했지만 이미 보수 언론에 의해 구도가 정해진 상황에서 여론이 따라올 리가 만무했다.

'50대 유권자를 위한 전략이 없었다'는 점 또한 많은 지적을 받았다. 참으로 아쉬운 대목인데 50대의 중요성을 몰랐던 것이 아니고 준비를 안 했던 것도 아니었다. 이번 선거가 세대 투표가 될 거라는 사실을 모두 인식했다. 굳이 전략적으로 표현한다면 20~30대 투표율을 최대한 끌어올리고, 40대에서 10퍼센트 정도 승리하고, 50대의 격차를 5.5대 4.5 정도로 유지하면 결국 2퍼센트 이내의 격차로 승리할 수 있을 것이라고 보았다.

당시 여론조사 전문가 대부분은 투표율 70퍼센트 이상이면 문재인 후보가 이긴다고 점쳤다. 이런 기조에서 상대적으로 투표율이 낮은 20~30대의 지지율과 투표율 제고를 우선적인 캠페인 방향으로 설정한 것이다. 이 점에서만 보면 우리의 선거 캠페인은 어느 정도 성공했다고 평가할 수 있다. 실제 선거 결과와 출구조사 결과를 보면 20~30대 투표율은 2002년 선거에 비해 5~10퍼센트 상승했고 득표율도 8퍼센트가량 상승한 것으로 드러났다. 40대에서도 10퍼센트 정도의 우세를 점했다.

문제는 50대였는데 선거 초기 전략은 20~40대를 우리의 지지층으로 튼실하게 다져놓고 50대로 나아간다는 것이었다. 이 전략을 실행하는 데 결정적인 문제가 생겼다. 바로 후보 단일화 문제였다. 단일화가 지연되면서 세대 전략이 어려워졌다. 단일화 시기를 11월 초로 잡고 준비했으나 여의치 않았고 결국 11월 23일까지 시간이 흘러 결과적으로 아름답지 못한 단일화가 되어버렸다.

후보 단일화 과정이 지연되면서 당연히 야권 단일 후보가 되기 위해서 20~30대를 위한 캠페인에 주력할 수밖에 없었고

50대를 겨냥한 선거운동을 본격적으로 할 수 없는 상황에 빠져버렸다. 정책 분야 평가에서도 반성하지만 선거를 일주일 정도 남겨놓고 50대 공약을 내놓게 되었다. 그나마도 막판 텔레비전 토론에 묻히면서 발표했는지조차 알 수 없는 상황이 돼버렸다.

캠프가 분산되어 결집력이 약화되었다는 지적도 있다. 캠프 분산, 다수의 공동선대위원장, 총괄본부장의 부재 등은 신속한 의사결정과 강력한 집행력 면에서 분명 한계를 안고 있다. 새누리당 종합상황실은 기획과 메시지 기능까지 수행한 것으로 알려져 있지만 우리 종합상황실은 세 캠프가 고유 기능을 수행하며 유기적이고 원활하게 가동되도록 점검하는 것이 주요 역할이었다. 그만큼 내부에서 문제가 제기되었고 실제 운영 초기 총괄 책임자의 선임 필요성까지 제기되는 등 캠프 운용의 효율성에 대한 고민이 많았다. 결국 왜 이렇게 운용할 수밖에 없었는지 이유를 알 필요가 있다.

첫째, 중단 위기까지 갔던 경선 후유증을 넘어서기 위해 캠프의 참여 공간을 넓혀야 했다. 그것이 효율성보다 더 큰 과제였다.

둘째, 민주당만의 힘으로는 승리할 수 없었기에 범야권, 시민사회 진영의 참여를 보장하기 위해 공간이 필요했다. 범야권 후보는 지지해도 민주당 후보 지지에는 불편해하는 시민사회 진영과 전문가 그룹의 참여 공간이 필요했던 것이다.

셋째, 최종 후보 단일화 이후 함께할 수 있는 열린 캠프까지 고려해야만 했다. 안철수 후보가 사퇴한 후에 캠프의 선대위원장들이 일괄 사퇴하고 진심 캠프의 참여를 보장했듯이 우리는 확장성 있는 캠프가 필요했다.

그만큼 박근혜 후보 캠프와 우리는 시작부터 달랐다. 경선 후유증도 없고 총선 때부터 사실상 대선후보처럼 선거운동을 펼친 새누리당 같은 캠프를 구성하고 싶어도 할 수 없었고 김무성 본부장같이 1인이 총괄할 수 있는 상황 자체가 용납되지 않았다. 이렇다 보니 초기에 누군가 운동 방향에서부터 행사나 일정, 캠페인에 이르기까지 어떤 제안을 해도 신속히 결정하지 못해 불만이 커졌다. 이런 불만 때문에 심지어 선대위원장, 본부장 중에서도 공식 회의석상에서 문제를 제기했고 보이지 않는 세력이 틀어잡고 있어 이러는 게 아니냐는 말이 나오기도 했다. 또 국회의원의 경우 전원을 가급적 캠프 기구 내에 소속되게 했으나 실제로는 그저 직책을 주고 마는 경우도 발생했다. 이를 두고 일부에선 캠프 운용으로 인해 심각한 상실감과 소외감을 느꼈다고 밝히기도 했다.

변명 같지만 경선 후에 캠프를 일사분란하게 운용하기엔 물리적 시간도 부족했고 진짜 용광로 캠프를 만들기 위해 더디지만 함께 가는 방법을 찾을 수밖에 없었다. 캠프에 참여한 인사들이 권위를 내세우거나 일방적으로 사업을 추진하지 않았다고 자부하지만, 주요 동력들을 적재적소에 배치하고 각자의 역량을 극대화할 수 있도록 독려하고 끌어가기 어려웠다. 반성하고 있지만, 다르게 생각해서, 만약 이번 대선에서 승리했다면 더디지만 함께 가기로 했던 이번 캠프 전략은 옳았다는 평을 받았을 것이다. 이번 선거 후에, 새누리당 한 초선의원이 선거 기간에 유권자들에게 3000통이 넘는 전화를 했다는 후일담을 들었다. 내 지역구부터, 내가 잘 아는 직능단체부터 선거운동을 능동적으로 펼치지 않았음을 모든 사람이 반성해야 한다. 결국 치열했던 경선 이후 모두가 함께 참여하는 선대위를 꾸릴 필요성이 있었고 이런 선대위 운용에서 드러난 일부 문제들은 개선해야 할 사항이라고 할 수는 있어도 패인으로 판정하기는 어렵다.

투표율도 곱씹을 일이다. 투표율 제고에만 주력했다는 지적은 전형적인 결과론적인 분석으로 동의하기 어렵다. 투표율 전략은 9월 정기국회에서 투표 시간 연장에 대한 법률개정안을 두고 양측이 대립하면서 제기되었다. 당시 새누리당의 정치 공세를 정당보조금 반납이라는 역제안으로 받아쳤고 이는 전체 선거에서 우리에게 유리한 캠페인 전술로 등장했다. 또한 모든 선거에서 증명된 젊은 유권자 층의 투표 참여가 우리에게 유리하다고 판단하고 투표일이 다가올수록 지지층에 대한 투표 독려에 집중하는 것은 기본적인 선거운동 방식이다. 안철수 후보가 사퇴한 후에는 합동 선거운동이 아닌 투표 참여 운동에 집중한다고 밝히며 투표 독려 메시지를 보내는 데 집중했고, 안 후보의 지지 그룹 역시 같은 방식을 선택해 자연스럽게 투표 참여

운동이 선거 막바지에 집중된 것이다.

선거가 끝나자 약속이나 한 것처럼 투표율에 대한 과신이 문제였다고 지적하지만 사실 캠프나 여론조사 기관, 선거 전문가들의 공통된 분석은 70~72퍼센트를 상회하는 투표율이 승부를 가를 거라고 예측했다. 따라서 모든 것을 포기하고 처음부터 투표율 제고에만 집중했다면 문제가 되겠지만 마지막에 집중된 투표 참여 운동은 정상적인 캠페인이었다. 예상외의 높은 투표율에 더해 세대별 유권자 수 변화와 극단적인 세대 간 결집 등에 미처 대응하지 못한 책임은 있겠지만 이는 당시로선 누구도 예측하기 어려웠던, 이번 대선만의 새로운 현상이라고 보는 쪽이 타당할 것이다.

다른 한편에서 보면 이번 대선에서 20대 65.2퍼센트, 30대 72.5퍼센트, 40대 78.7퍼센트, 50대 89.9퍼센트, 60대 이상 78.8퍼센트의 투표율을 기록해 19대 총선 투표율이나 16, 17대 대선 투표율과 비교하더라도 20~30대 투표율은 다른 세대 투표 증가율보다 압도적으로 높았다. 이는 젊은 유권자를 대상으로 전개한 각종 투표 참여 캠페인이 유효했음을 방증하는 결과라고 볼 수 있다.

새정치 프레임과 후보 단일화

결론부터 말하면 안철수 후보의 출마는 시대의 요구였으나 사퇴는 개인의 이해가 고려된 결과가 아니었나 생각한다. 이와 관련된 여러 지적 중에 민주당은 단일화 전략에만 집중했고 안 후보만 바라보았다는 비판이 있다. 이런 비판을 하는 분들께 묻고 싶다. 만약 민주당이 후보 단일화에 관심을 두지 않고 처음부터 독자 후보 강행도 불사하겠다는 전략을 구사했다면 어땠을까…….

민주당은 당내 경선부터 모든 후보들이 최종 단일화가 필요하다는 입장을 견지했다. 따라서 어떤 후보가 되더라도 야권 단일 후보 전략을 구사했을 것이다. 행정수도 이전 등 선거판 전체를 뒤흔들 수 있는 메가톤급 이슈가 만들어지기엔 물리적으로 불가능한 상황이었고, 총선 이후 진보정당과의 야권연대도 힘을 잃은 상황에서 최종 후보 단일화 전략은 매우 중요한 과제였다. 사실 DJP연합이나 노무현-정몽준 단일화 때와 달리 우리에겐 앞서 지방선거와 총선을 통해 진보정당과의 정책 협약 및 단일화를 진행하면서 얻은 노하우가 있었다. 이명박 정권 시절 민주당과 진보정당이 야권 단일 후보로 맞설 때 국민들은 지지를 보내주었던 것이다. 하지만 대선에서 새누리당은 지지율이 형편없는 현직 대통령의 탈당 같은 방식으로 선을 긋기는커녕 당적을 유지하고 선거를 치렀다. 이는 5년 내내 '따로 또 같이' 보낸 박근혜의 차별화 전략도 한몫했겠지만, 야권의 단일화에 맞서 이명박 지지층까지 합쳐야 하는 절박함에 기인한 행보일 것이다. 우리 단일화의 덧셈보다 그들의 덧셈이 더 큰 파이라 보았을 것이다.

결국 이번에는 진보정당이 나뉘었고 국민의 지지를 받던 안철수가 처음부터 새정치를 내세우며 정당정치의 폐단에 공세를 퍼붓는 입장을 유지하면서 앞서 이루었던 정당 중심의 야권 단일 후보 전략에 차질이 생겼다. 그 결과 야권연대보다 후보 단일화만 강조된 불완전한 단일화가 진행되어 더 큰 희망을 그리는 연대가 성사되지 못했다. 게다가 합리적 경쟁을 통한 단일화마저 성사되지 않아 정당정치를 미덥지 않게 보던 안철수 후보의 주된 지지층이 등을 돌리는 결과를 빚고 말았다. 새정치 프레임은 무소속 후보의 장점을 극대화할지는 모른다. 하지만 정치 과제가 핵심인 총선이 아닌, 국가의 미래를 말해야 하는 대통령선거에서 핵심 전략이 될 수 있을지는 아직도 의문이다.

평가보고서에서는 민주당이 단일화만 되면 무조건 이긴다

고 보아 단일화를 맹신했다는 지적이 있는데 분명히 말하지만 캠프 핵심에서는 '단일화만 하면 무조건 이긴다'라고 생각하지 않았고, '단일화하지 않으면 무조건 패배한다'라고 보았다. 최소한 제1야당에서 후보를 못 내는 최악의 상황에 직면하더라도 단일화하지 않으면 민주 진영 모두가 죄인이 된다고 생각했다. 그래서 처음부터 최소한의 합리적인 방법으로 단일화 경선이 합의되면 유불리를 떠나 수용하자는 입장을 견지했다. 만약 우리가 처음부터 단일화 전략을 수용하지 않은 채 독자 출마를 준비했거나, 안철수 후보의 사퇴 선언 이후 캠프의 본부장 일괄 사퇴 등 몇 주에 걸친 공백 아닌 공백을 감수하면서도 야권연대의 힘을 되살리기 위해 노력하지 않고 독자 선거운동을 전개했더라면 또 다른 비판과 역풍을 받았을 것이다.

또 다른 비판은 '왜 문재인 후보가 안철수 후보를 압박해서 안철수가 일방적으로 사퇴하게 만들었냐'라는 주장이다. 우선 우리는 단일화해야 한다는 입장이었고 안 후보 측은 단일화하지 않을 수도 있다는 입장에서 출발했다. 그것이 압박이라는 이해할 수 없는 주장이 나오게 된 근본적인 시각차였다. 단일화를 한다면 당연히 시기가 빨라야 했다. 우리는 박근혜 후보와의 일 대 일 구도를 빨리 만들수록 유리하다고 판단했기 때문이다. 여론조사에서 박 후보는 46~48퍼센트의 지지율을 견고하게 유지한 반면 우리는 단일 후보로 가정했을 때 42~44퍼센트의 지지도를 보이고 있었다. 때문에 빨리 단일화될수록 야권 지지 세력을 결집시키기 용이하다고 생각했다. 그런데 문재인이 단일화를 언급하면 '왜 안철수를 압박하느냐' '안철수에 얹혀서 이기려 하느냐'라는 비판이 나온 것이다.

결국 캠프는 단일화를 적극적으로 언급할 수 없었다. 사실 처음부터 우리는 안철수 후보 측이 단일화 시기를 늦추어 막판에 당선 가능성을 놓고 양보를 요구할 것으로 예상했다. 결국 상황은 예상대로 흘러갔다. 이런 점에서 보면 우리의 전략이 미흡했다는 점을 인정할 수밖에 없다. 상대의 패를 다 알고 있는 상황에서도 '아름다운 단일화'를 만들어내지 못했기 때문이다.

결과적으로 단일화는 시기로나 모양새로 보나 순조롭지 못했고 전반적인 선거 전략에 큰 지장을 주었다. 단일화 국면에서 두 후보가 호남과 20~30대를 놓고 경쟁하며 기존의 핵심 지지층을 결집시키기 위한 선거운동에 골몰할 수밖에 없었던 것이다. 20~30대를 놓고는 '새정치'에 대한 선명성 경쟁을 법정 선거기간 개시 전까지 해야만 했고, 안철수 후보가 호남을 갔다오면 캠프 내에서 '호남에서 살다시피 해야 한다'라는 주장이 쏟아져 나왔다.

민주당의 기반인 호남에서 안철수 후보의 지지율이 높아지자 캠프 내에서 후보에게 호남에 공을 들이라는 요구가 빗발쳤다. '호남 지역에 자주 방문해라, 호남을 방문하면 꼭 자고 와야 한다'라는 주문이 쏟아졌다. 당의 전통적 지지기반을 잃지 않기 위해 많은 이들이 걱정을 하게 된 것이다. 후보는 '형식적인 모습을 보인다고 호남 지지율이 올라가겠느냐, 가서 돌아다니는 것보다 근본적인 해결책이 있어야 한다'라는 입장을 보였지만 결국은 호남 지역을 자주 방문했고 공도 많이 들였다.

이렇게 호남의 반이 안철수 후보 쪽으로 기울어진 데는 몇 가지 원인이 있는데 하나는 '참여정부의 호남 홀대론'이다. 사실관계를 떠나 고정된 인식의 힘은 무서웠다. 여기에 총선 후유증까지 합세하면서 호남에 반노, 반문재인 정서가 뚜렷이 확산되어 있었다. 이런 원인들로 호남이 양분되면서 우리는 선거운동 초반에 호남을 잡기 위해 많은 시간과 에너지를 소비할 수밖에 없었다. 든든한 지지기반이 되어주어야 할 호남이 선거 과정에서 모든 역량을 쏟아부어야만 하는 격전 지역으로 바뀌어버린 것이다.

호남을 중심으로 안철수와의 경쟁이 치열해지면서 타 지역에 대한 캠페인은 소홀해질 수밖에 없었다. 대표적인 것이 충청권에 대한 캠페인이다. 선거 초기부터 충청권은 10퍼센트 안팎으로 지고 있는 상황이었다. 지지율 격차를 최소한으로 줄여야 했는데 선거 초기부터 텃밭에서 힘을 빼고 있었으니 충청권에 공을 들일 여력이 부족했다. 이러한 상황은 후보 단일화 국면까지 지속되었고 선거 전략을 수립하는 데도 악영향을 미쳤다. 박근혜 후보를 상대로 차별성 있는 정책을 내놓고 전선을 그어야 하는데 단일화 국면으로 빨려들어가 그러지 못한 것이다. 모든 언론의 관심이 단일화에 가 있었고 공식 선거전에 들어가서도 안철수 후보의 협력 문제가 언론의 주요 관심사가 되어버렸다. 결과적으로 단일화 과정을 치밀하게 준비하지 못한 탓이 크다. 여러 상황을 대부분 예상했음에도 불구하고 적절한 타개책을 만들어놓지 못한 것이 가장 큰 실책이다.

정책 평가

이번 대선에서 정책 부문은 특히 시끄러웠다. 종합상황실장이자 민주당 정책위원회 수석부의장을 맡고 있었으므로 나는 정책과 공약 개발 과정에도 일부 참여했다. 이번 대선에는 수도이전 같은 거대 이슈가 없는 상황에서 어느 때보다도 정책이 선거 구도에 밀려 큰 혼란을 겪었다. 문재인 후보는 출마 결심을 할 무렵만 해도 일자리, 교육, 경제성장 등의 문제에 고민이 많았다. 그런데 경선 국면에 들어가니 양극화, 경제민주화가 거론되면서 노무현 정부 책임론이 제기되고, 친노·비노가 나오기 시작하면서 구도가 상당히 헝클어지게 되었다.

물론 경제 양극화 등에 참여정부도 책임이 있지만, 제주 강정 해군기지, FTA 같은 문제에서 일종의 반성문을 내놓아야 하는 압박을 받았고 그것도 우리 내부를 파괴하는 방식으로 흘러버렸다. 이러한 과정에서 자신이 한 일을 반성하는 모습을 보이게 됐고 옳고 그름을 떠나 선거 구도에 따라 정책이 혼란스럽게 전개되는 결과를 초래한 것이다.

경선이 끝나자 이번엔 바로 단일화 이슈에 가로막혔다. 단일화 구도에서는 역시 안철수 후보에게 이기기 위해 또다시 젊은 층과 호남, 서울 쪽에서 열세를 만회하기 위한 맞춤 정책을 세우게 되었다. 물론 단일화 이전에도 중고령층을 겨냥한 정책들을 계속 발표하기는 했지만 다른 쟁점에 묻혀 있었고, 단일화 이후에는 민생 대책에 모든 역량을 투여해 하루에 한 건씩 정책을 발표하곤 했지만 이미 이미지가 굳어져버린 상태였다. 결국 오래 끌었던 경선이 당내 선거이고 지지자 중심이기 때문에 지지하지 않는 계층들을 끌어들일 수 있는 전략은 쓸 수가 없었고 혹여 그런 전략을 내놓으면 "아직도 반성 안 한다"라는 식의 비판에 직면했다. 단일화 국면에서는 안철수 측과 경쟁하듯이 전문가들을 영입했고 책임론 해명에 치중함으로써 선거에 필요한 정책 본연의 기능에 집중하지 못했다.

큰 흐름에서 보면 정책은 2010년 지방선거 때 정책 의제를 사실상 완결한 것인데 여기에 박근혜 후보가 끌려들어온 것만 해도 성공이라고 볼 수도 있다. 물론 집권에 실패했으니 성공한 것은 아니겠지만…… 박근혜 측은 경제사회 분야에서 이미 우리 쪽으로 끌려들어와 있었는데 서울시장 보궐선거 학습효과도 있어서인지 복지나 경제민주화 등에서 외형상으론 우리와 다른 점이 없어 보였다. 이어 NLL을 걸고 들어와 이념적으로 안정 회구 세력을 겨냥한 프레임을 걸었고 그러다 보니 정책에서 차별화가 어렵게 된 것이다.

정책을 만드는 전문가들 입장에서 이것은 이명박 정부의 실정으로부터 입증된 시대정신이라고 보았지만 박근혜 후보가 이미 상당수 인정하고 들어왔기 때문에 누가 신뢰받을 수 있는 가가 더 중요한 이슈로 바뀌었다. 실제로 경제민주화를 누가 더 잘할 것 같으냐는 질문에 박근혜 후보가 더 잘할 것 같다는 답변이 나오는 지경에 이르렀으니 말이다.

결국 의제의 변별력보다는 이를 집행할 수 있는 집단의 변별력이 더 중요해졌고 박근혜 후보의 키워드인 신뢰 원칙이 살아난 것이다. 여기에 새누리당은 경선도 일찍 끝났고 분열도 없이 일사분란하게 선거를 준비하면서, 정책 논쟁은 아예 피해버렸다. 마지막 텔레비전 토론을 제외하고는 철저히 피해버렸다. 박근혜 후보가 대선이 있던 해 8월에 '하우스푸어' 대책을 내놨을 때 우리가 비판했는데 새누리당 쪽에서는 묵묵부답으로 아무런 반응을 보이지 않았다. 심지어 우리가 발표한 좀 민감한 정책에 대해서도 철저히 무시해버렸다. 결국 정책 대결을 피하고 이미지 전쟁으로 방향을 잡은 것이다.

정책을 만들었던 사람과 조직의 문제도 있다. 민주당의 틀이나 기반만 가지고는 한계가 있어 광범위한 연대와 협력이 불가피했고 제 세력과 문 후보의 폭넓은 싱크탱크 자산이 결합된 미래 캠프가 탄생했다. 민주 캠프 내에서 공감본부가 기존의 정책위원회 구도가 되면서 어쩔 수 없이 공동 운용을 했고 혼선과 갈등이 나타났다. 미래 캠프와 당 정책위, 공감 캠프의 정책 본부들 간의 협력이 매끄럽지 못했던 것은 분명하다. 당시 전문가들의 상당수는 민주당과 직접 결합하기를 주저했다. 그런 점에서 미래 캠프는 전문가 자원들의 동원이라는 점에서는 유용한 수단이었지만 당의 기층과 제대로 결합하지 못함으로써, 말하자면 전문가적 혹은 진보적 정책 경향성이 과잉 대표된 측면이 있었다. 당의 기간 조직들, 풀뿌리 조직들과 결합될 때 완성된 정책이 나오는 법인데 이런 과정이 유기적으로 흘러가지 않아 정책에 피드백 과정이 없어졌다. SNS 쪽의 피드백은 있었을지 몰라도 50~60대의 가계부채라든가 영세 자영업 같은 문제를 둘러싼 요구들은 피드백되지 않았다.

정책 마케팅의 문제도 있었다. 새누리당은 '65세 이상 어르신께 20만 원씩 드리겠습니다'라고 했는데 우리는 '기초노령수당 드리겠습니다'라고 했다. 당연히 20만 원씩 드린다는 말보다 와닿지 않았다. 우리는 단계적으로 수당을 올려 2017년에 대략 현재의 두 배를 드린다는 말이고 정확한 내용인데 새누리당은 아예 다 빼버린 것이다. 지금은 그것마저도 사라졌지만……

정책이란 사실 내용보다 포장이 중요한 것이 선거의 현실이다. 그런데 우리는 후보의 발표문처럼 명문장으로 작성해 발표하고 때로는 뒤에 설명지까지 덧붙였다. 꼼꼼한 후보는 그것을 당신이 이해할 때까지 학습한 후에 홈페이지에 올렸으니 접근에서 큰 차이가 난 것이다. 박근혜 후보 홈페이지에는 정책이 몇 줄밖에 없었다. 그 몇 줄로 선거를 치른 것이다. 반면 우리는 정책을 제대로 포장하지 못했고 일부 소비층에게는 팔 생각도 못하지 않았나 생각한다.

후보 단일화 협상 전에 정책 협의를 위한 테이블을 운영하는 과정도 힘겨웠다. '새로운 정치' 협의는 앞서 2부 단일화 과정에서 자세히 다뤘기에 생략하고, 다른 하나인 '경제복지' 협의는 표현을 뭉뚱그려서 단일안을 만들기로 양측이 협의했었다. 쟁점은 '남북 외교'에 있었는데 합의문 초안까지 갔지만 결렬되면서 마무리하지 못하고 끝났다. 파국적인 후보 단일화로 인해 마무리 짓지 못한 것이다.

'경제복지'의 경우 안 후보 측에서는 복지국가라는 표현을 사용하지 않았덤 점이 큰 차이였다. 경제민주화 의제에서는 안철수 후보 측이 더 강하게 주장한 것도 있고 우리가 더 강하게 주장한 것도 있었는데, 전문가들이 겹치기도 해서 누가 무엇을 더 강조하느냐라는 미세한 차이를 보였을 뿐이다. 하지만 복지국가 이슈에서 안 후보 측은 단어로 인한 낭비적 접근을 우려한 듯했다. 그러다 보니 '복지국가'라는 말이 나오지 않았고 '보편적 복지'라는 말 자체가 없어져버렸다. '복지를 확대'한다는 정도의 표현만 있었고 이는 우리 협상팀 안에서 상당한 논쟁거리가 되었다. 결국 단일 정책안에는 이것이 꼭 들어가야 한다고 주장해 '복지국가'라는 말을 넣기로 정리되었다.

남북관계 문제는 합의에 이르지 못했다. 단일화를 위한 텔레비전 토론에서 잘 나타났지만 양측은 금강산 관광 재개와 NLL 문제에서 시각 차이를 보였고 이는 협의 과정에서도 조정되지 않아 최종 합의문 초안에 병기하는 안까지 논의되고 말았다. 말장난 같은 표현의 차이라기보다는 남북관계, 안보에서는 두 후보가 분명한 시각 차이를 보였다고 본다. 당시 미발표된 '새 시대 한반도 평화와 안보를 위한 공동 선언' 합의문 초안 중 의견이 달랐던 부분은 다음과 같다.

6. 북방한계선(NLL)은 실효적인 남북 해상 경계선으로 반드시 지켜 나가겠습니다. (안 후보 안 : NLL를 상호 존중한다는 전제 아래 평화 정착을 위한 방안을 검토해 나가겠습니다) (문 후보 안 : 그 원칙하에서 서해상의 평화적 관리를 위한 방안들을 검토해 나가겠습니다) 무력 충돌 방지를 위한 군사적 신뢰 구축 조치를 시행해 나가면서 평화와 안전을 증진시킬 수 있는 다양한 협력 방안들을 단계적으로 추진하겠습니다.

10. (안 후보 안 : 제주 해군기지는 민군 복합 관광 미항으로 차질 없이 추진해 나가겠습니다. 사업에 따른 주민들의 불편과 애로, 고충은 충분히 수렴해 해결하겠습니다.)
 (문 후보 안 : 국가 안보상 필요에 의해 민군 복합형 기항으로 국회에서 승인된 제주 해군기지를 당초 목적을 변경하고 주민 의사를 무시한 채 일방적으로 강행 추진하는 것은 중단하고 민주적으

로 재검토하겠습니다.)

19. (안 후보 안 : 금강산 관광, 개성공단 등 남북 협력 사업들은 대화를 통해 그간의 여러 가지 불미스러운 사태들에 대한 북측의 입장을 확인하고 안전 대책을 강구한 후 정상화시켜 나가겠습니다. 모든 남북 교류ㆍ협력 사업은 국민의 안전을 최우선으로 하고 사업의 안정성과 투명성을 보장할 수 있는 법적ㆍ제도적 장치를 강화하겠습니다.)

 (문 후보 안 : 개성공단 사업과 금강산 관광 사업같이 제한되거나 중단된 남북 경협 사업을 정상화시키기 위한 남북 대화를 시작하겠습니다. 남북 모두에게 이익이 되는 새로운 경제협력 사업에 대해 협의를 시작하겠습니다. 모든 남북 교류ㆍ협력 사업은 국민의 안전을 최우선으로 추진하며 사업의 안정성을 보장할 수 있는 법적 제도적 장치를 마련하겠습니다.)

친노로 산다는 것

정당에는 당연히 정파가 있다. 나와 뜻이 같은 정치인들이 모임을 만들기도 하고 주요 정책과 각급 선거에서 뜻을 맞추기도 한다. 그런 정파는 자연스럽게 존재할 수밖에 없다. 지양해야 하는 것은 정파가 아니라 종파일 것이다. 친노는 한때 폐족이었고 이번 대선에선 무능과 악행을 저지른 주범으로 낙인찍혔다. 과연 노무현 정신을 계승하고 참여정부에서 일했던 친노들이 종파적 행태를 저질렀는가? 답답할 뿐이다. 대선 후에도 NLL 등의 정국 현안에서 새누리당과 일부 언론은 친노를 거론하며 민주당 내 분열을 조장하고 있다. 도대체 언제까지 여당과 보수언론이 짜놓은 친노 프레임에 당하고 있어야 할까?

민주당 분열을 말하자면, 경선 이후 후보가 선출된 후에도 소속 정당의 후보보다 다른 후보를 지지하는 정치인들이 있었다. 또한 최종 단일화를 통해 후보가 결정되면 운동에 나서겠다고 공공연히 발언하는가 하면 안철수 후보 사퇴 이후에도 선거운동에 미온적이었던 이들이 있었음을 지적해야 한다. 이는 명백한 해당 행위이자 민주적 절차에 대한 불복 행위가 아닌가. 친노 그룹의 패권주의 때문이라는 식으로 본질을 흐리면 안 될 것이다. 이는 평가위원회가, 마치 단일화 과정에서 총선 패배의 정치적 책임을 운운하며 이해찬 대표를 사퇴로 몰아간 행위와 다르지 않다.

좀 더 돌아보면 2012년 1월 한명숙 대표가 당선되었던 전당대회 때는 국민의 명령, 미권스, 한국노총 등이 힘을 모은 경선이 벌어졌고 한 대표는 친노가 아닌 모든 정치세력의 압도적인 지지로 당선되었다. 문제는 이후 4월 총선에서 제1당까지 가능하다는 전망이 나오면서 거의 모든 정치인들이 사활을 걸고 민주당에 공천을 신청했는데 이것이 대선후보 경선과 최종 단일화 과정까지 영향을 미치게 된다.

지난 총선에서 호남의 경우 광주는 여덟 개 선거구에 서른두 명, 전북은 열한 개 선거구에 마흔아홉 명, 전남은 열두 개 선거구에 마흔세 명이 공천을 신청했다. 문제는 특정 선거구에 많게는 6~7명이 집중되어 분위기가 과열되었고 진보정당과의 연대로 후보를 공천하지 않은 선거구까지 나오면서 불만이 폭발했다. 보통 치열한 곳은 공심위에서 후보를 압축하고 국민 참여 경선을 치렀는데, 이때 후보들이 경선 선거인단으로 조직한 일반 유권자들까지 고려한다면 사실상 어떤 지역은 당선된 국회의원 한 명보다 낙천된 4~5명의 정치인과 그를 지지했던 유권자들이 모두 민주당에 불만을 품었던 셈이다. 호남 민심이 왜 이반되었는지 이해가 되는 대목이다.

이어진 총선 후 6월 전당대회는 이박 담합 공세와 대선 경선을 앞둔 극한 대결로 이어져 이전까지 선거 승리의 효자로 인식되어온 모바일 국민선거인단에 대한 부정적인 인식을 주기에까지 이르렀다. 이는 대선후보 경선 과정에서 패배한 쪽이 불복 직전에 이를 정도로 심각한 갈등의 요인이 되기도 했다.

이렇듯 친노가 총선 패배의 책임을 지고 물러났어야 한다는 주장은 지도부가 친노를 위해 공천권을 남용했다면 이해하겠으나 오히려 대권 후보들과 각 정치 집단의 부당한 공천권 요구에 휘둘리는 양상을 보였으니 이런 유약함이 문제라면 문제였다. 이해찬 대표의 경우도 그가 대선후보 경선을 특정 후보에게 유리하도록 조작하거나 강권했다면 모를까 모든 정파와 대선후보들의 대리인들이 참여해 정해진 룰로 경선을 치렀는데 불공정 운운하는 것은 문제가 있다. 결국 2012년 내내 1월 전당대회, 4월 총선, 6월 전당대회, 9월 대선후보 경선으로 이어지면서 민주당의 갈등과 분열이 잉태되었던 것이다. 말 그대로 민주당의 구조적 문제가 폭발하며 대선에 부정적으로 작용한 것이다.

친노에 대한 이런 식의 비합리적 비판과 따돌림은 총선에서 그치지 않았다. 대선이 끝난 후 꾸려진 비상대책위원회의 대선자금검증단은 문재인 후보의 지인이 대선자금 집행에 부적절하게 관여했다는 확인되지 않은 사실을 보도한 언론에 반론이나 법적 대응을 하기는커녕 '관여한 것은 아니지만, 선대위가 대선 유세차와 광고 대행, 인터넷 광고, 인쇄물, 점퍼, 벽보와 현수막, 여론조사를 위한 업체 선정 등을 뚜렷한 심사 기준이나 평가표 없이 부실하게 진행했다'라고 발표하기도 했다. 그것도 4·24 재보궐선거를 코앞에 둔 4월 23일에 말이다. 그것이 사실이라 하더라도 재보궐선거 하루 전날 민주당 후보들에게 치명적일 사안을 발표해야 했을까? 물론 당시 캠프의 소통·총무본부장 등이 나서서 사실이 아님을 밝히고 의혹을 반박하며 마무리되었지만 말이다.

당 일부의 이런 평가들은, 후보와 주변 누군가의 잘못과 무능을 확대 해석해 친노 때리기에 이용한 것이나 다름없다. 선거 때는 나가라고 떠밀리고 선거 끝나니 너희 잘못이라며 두들겨 맞는 친노. 친노가 왜 이리 지속적으로 경원시되는지 정말 모를 일이다. 친노를 미워하는 이들은 그들 나름의 이유가 있겠지만 어떨 때는 모두 친노고 어떨 때는 다들 친노가 아니라 하니 친노의 기준이 무엇인지가 궁금할 따름이다. 친노는 다들 한번 모여나봤으면 좋겠다. 누가 친노인지 나도 궁금하다.

맺는 글

비망록은 고통스런 기억을 찬찬히 복원하는 것으로 시작했다. 기억을 복원하기 위해 관계자들과 인터뷰를 진행하면서 놀란 것은 아직도 많은 사람들이 그때를, 그날들을 기억하는 것조차 힘들어한다는 사실이었다. 대선 1주년이 다가오는 지금까지도 상처가 치유되지 않은 탓이다. 어서 상처에 새살이 돋기를 기대한다.

비망록의 핵심은 '사실'이다. 최대한, 있는 그대로, 사실을 알려야겠다는 생각으로 이 책을 썼다. 어떤 사람들은 우리를 무능한 집단, 패권주의자들로 규정하고 비난했다. 비난은 아무래도 좋다. 하지만 역사와 국민이 판단할 수 있도록 사실을 사실 그대로 알려야 한다고 줄곧 생각했다. 특히 후보 단일화 과정에서의 '사실'관계는 무엇보다 중요하다. 대선 기간과 이후에 너무나 많은 우여곡절이 있었고 사람들은 각자 자신들이 원하는 기준으로 상황을 해석해 갈등을 키웠다. 대선 패배만큼이나 그런 모습들 때문에 마음이 아팠다.

글을 다 써놓고도 언제 내놓을지에 대해서는 고민을 많이 했다. 지난 대선의 이야기 가운데 많은 부분이 아직도 '진행 중'이며 이 책이 많은 사람에게 민감하게 받아들여질 수 있기 때문이다. 그러나 결코 어느 누구와도 다투기를 원하지는 않는다. 그저 당시 사건의 한가운데 있었던 사람으로서 정확한 사실을 알려 우리가 겪었던 과오와 실패를 반복하지 않는 데 보탬이 되길 바라는 마음뿐이다.

곧 대선 1주년이다. 새 정권이 출범한 지도 1년이 다 되어가는 시점인데 정국은 평안치 않다. 지금의 혼란한 상황이 지난 대선의 결과일 수도 있다는 생각에 마음이 무겁고 국민들께 송구하기 그지없다.

다음 대선에 나설 민주당, 혹은 야권의 후보가 누구일지는 아직 알 수 없다. 이 정권 5년 동안 국민들 속에서 호흡하며 실력을 기른다면 미래를 이끌 훌륭한 대통령 후보가 만들어지리라 믿는다. 그가 누구냐를 언급하기보다 우리는 다음을 위해 준비해야 한다. 여전히 국민이 희망이다.

부록[1]

18대 대선 평가의
핵심과 과제

김태년(민주통합당 국회의원)

---

[1] 　지난 대선에 대한 많은 평가서들 중에 가장 분석이 잘 되었다는 평가를 받는 김태년 의원의 분석자료집을 필자의 양해를 얻어 여기에 싣는다.

머리말

○ 18대 대통령선거가 끝나고 평가가 본격적으로 진행되고 있다. 가장 첨예했던 범진보 범보수 간의 일대일 대결, 세대 전쟁으로 표현되었던 20·40과 50·60의 대립 양상, 지역주의 투표 성향의 유지, 도농 간의 극심한 격차 등 18대 대선을 표현하는 여러 특징들 속에서 민주 진보 진영의 대선 패배 원인에 대한 다양한 해석들이 나오고 있다.

○ 원인 진단이 잘못되면 해법도 잘못될 수밖에 없다. 파편적이고 피상적 평가도 문제지만 여전히 정치적 논리에 의해 평가의 핵심을 짚지 못하고 왜곡하는 것은 더 심각하다. 이는 결과적으로 집권 플랜에 도움이 되지 못할 뿐만 아니라 장애를 초래할 수 있다.

○ 무엇보다도 중요한 것은 우리 자신에 대한 평가가 될 것이다. 이는 결국 민주당과 야권 전체 진영의 수권 능력과 관련되어 있다.

○ 본 평가서는
   —우선, 객관적 지표로 18대 대선을 돌아보고 그 의미를 찾았

다. 유권자 구성 변화와 투표율, 세대, 지역, 성, 직업, 거주지, 부재자투표자 별로 득표율 분석을 통해 18대 대선의 주요 특징과 과제를 살펴보았다.

　―다음으로, 주요 정세에 따른 지지율 추이를 단일화 이전과 공식 선거운동 기간으로 나눠서 살펴보았다. 특히 각 과정에서의 지지율 변화의 특징과 함께 의미 있는 교훈과 과제를 찾는 데 주목하였다.

　―마지막으로, 위의 진단과 분석을 토대로 종합하는 차원에서 대선 패배 핵심 원인과 몇 가지 주요한 과제를 제시하였다.

○ 본 평가서는 매우 방대한 작업이 될 선대위 체계나 조직, 전략, 홍보, 정책 등 선거 캠페인 전반에 대한 구체적 평가를 담지 않았다. 구체적 평가에 앞서 핵심 교훈과 과제를 제시하는 것에 중점을 두었다.

객관적 지표로 본
18대 대선과 그 의미

유권자 구성 변화와
투표율 분석

1) 고령화 사회에 따른 유권자 구성의 변화

〈표 1-1〉 세대별 유권자 구성비

	20대(19세 포함)	30대	40대	50대	60대 이상
18대 대선	18.1	20.1	21.8	19.2	20.8
	38.2			40.0	
17대 대선	21.1	22.9	22.5	15.4	18.1
	44.0			33.5	
16대 대선	23.2	25.1	22.4	12.9	16.4
	48.3			29.3	

〈표 1-2〉 세대별 유권자 수

	20대(19세 포함)	30대	40대	50대	60대 이상
18대 대선	7,330,714	8,155,003	8,813,045	7,780332	8,428,748
	15,485,717			16,209,080	
17대 대선	7,930,379	8,627,865	8,479,249	5,811,899	6,804,126
	16,558,244			12,616,025	
16대 대선	8,106,862	8,790,697	7,844,964	4,527,243	5,721,763
	16,897,559			10,249,006	

○ 고령화 사회에 따라 세대별로 유권자 구성의 변화가 뚜렷하다.

－세대별 유권자 구성 비율에서 20·30세대는 계속 감소(16대 48.3% → 17대 44.0% → 18대 38.2%)하여 16대 대선 대비 전체 유권자 수에서 차지하는 비중이 10.1% 줄어들었고 최근 들어 더욱 가속화되고 있다.

－반면 50·60세대는 계속 증가(16대 29.3% → 17대 33.5% → 40.0%)하여 유권자 비중이 16대 대비 10. 7%나 증가하여 20·30세대의 유권자 수를 추월하기에 이르렀고, 최근의 고령화 추세로 보면 이 현상은 더욱 강화될 전망이다.

－세대별 유권자 구성비의 변화에 따라 세대별 유권자 수는 지난 10년 전에 비해 20·30세대는 1,411,842명이 감소하고 40대는 968,081명이 증가한 반면, 50·60세대는 무려 5,960,074명이 증가하였다.

〈표 1-3〉 역대 대선 총 유권자 수와 총 투표자 수[2]

	총 유권자 수 ( )는 부재 자수	총 투표자 수	투표율(%)
16대	34,991,529 (867,476)	24,784,963	70.8
17대	37,653,518 (810,7550)	23,732,854	63.0
18대	40,507,842 (1,309,076)	30,721,456	75.8

2) 괄호 안의 18대 대선의 부재자 수는 재외국민선거인단을 합한 수이다. 18대 대선은 이전 선거와 달리 재외국민(대략 230만 명 정도로 추정) 중에 투표를 신청한 재외국민선거인단 22만 2389명이 유권자 수에 포함되었다. 이전 대선과 비교할 수 있는 부재자 수는 108만 6687명(거소 투표자 10만 6197명과 선상 투표자 7060명 포함)이다. 재외국민선거인단 중 투표자 수는 15만 8235명으로 투표율이 71.2%에 달해 총선 투표율 45.7%(선거인단 12만 3571명 중 5만 6456명 투표)보다 25.5% 높았다.

○ 18대 대선의 총 유권자 수는 4050만 명을 넘어섰다. 이는 10년 전의 16대 대선과 비교하여 무려 551만 6000명 이상이 증가한 것[3]이다.

　─총 투표자 수도 유권자 수 증가와 투표율 증가에 따라 급격히 늘어 10년 전 보다 593만 6500명이 많은 3720만 명이 넘는 유권자가 투표소를 찾았다. 유권자 수 증가를 초월하는 투표자 수 증가는 이례적인 것으로 그만큼 투표 열기가 높았다는 것을 보여주는 것이다.

○ 18대 대선의 최종 투표율은 75.8%로 지난 두 번의 대선보다 상당히 높은 투표율을 기록했다. 선거 전 18대 대선이 투표율이 비교적 높았던 16대 대선 투표율 70.8%보다 무려 5%나 높을 것이라 예상한 정치권이나 언론, 여론조사 기관은 없었다.

---

3)　　이는 지난 10년간 인구증가율이 5.73%(48,230,247명에서 50,997,779로 2,767,532명 증가)에 비해 유권자 수는 무려 15.19% 증가한 수치로 출산률 저하에도 불구하고 평균수명이 높아지며 노년 인구가 증가한 데 따른 것이다. 이에 따라 인구 대비 유권자 구성 비율은 10년 전 70.9%에서 79.3%로 크게 증가하였다.

2) 10년 후의 유권자 구성비와 투표자 수 변화 전망

〈표 2-1〉[4] 20대 대선 세대별 유권자 구성비 변화 전망

	20대(19세 포함)	30대	40대	50대	60대 이상
20대 대선	16.1	15.8	18.3	19.6	30.2
	31.9			49.8	

○ 10년 후인 2022년 20대 대선에는 60대 이상 유권자의 폭발적 증가로 20·30대에 40대를 합한 유권자 수와 50·60대 유권자 수가 거의 같아질 것으로 전망된다.

〈표 2-2〉[5] 세대별 유권자 수 구성비와 투표율을 종합한 총 투표자 구성비 전망

	20대	30대	40대	50대	60대 이상	투표율
2012년 투표자 구성	15	19	22	23	21	75.8
				44		
2022년 투표자 구성 (2002년 세대별 투표율 반영)	15	12	19	22	32	73.9
				54		
2002년 투표자 구성 (2002년 세대별 투표율 반영)	13	15	18	23	31	75.6
				54		

○ 연령대별 유권자 수 구성비 변화와 함께 고연령층의 높은 세대별 투표율은 선거에서 50·60대가 차지하는 비중을 더욱 높일 것이다. 10년 후 50·60의 투표자 수는 54%에 이를 것으로 전망된다.

　-40대에서 승리하면 선거에서 승리한다는 공식은 옛말이 되었다. 10년 전 노무현 후보는 40대에서 단 0.2%만 이기고도(이회창

---

4)　민주당 초재선 의원 10인과 함께하는 평가와 전망 토론회 자료집, 30쪽 참조
5)　민주당 초재선 의원 10인과 함께하는 평가와 전망 토론회 자료집, 31쪽 참조

47.9%, 노무현 48.1%) 승리하였으나, 18대 대선에서 문재인 후보는 40대에서 11.5%를 이기고도(문재인 55.6%, 박근혜 44.1%) 패배했다.

○ 투표율까지 감안하면 이번 18대 대선에서의 중원이 48세를 전후로 한 구간이라면 19대 대선은 50세 전후 구간, 10년 후에는 52세 전후 구간이 될 것이다. 즉 다음 19대 대선은 거의 정확히 45세에서 55세 구간이 중원을 차지하는 유권자가 주 공략층이 될 것이다.

3) 세대별 투표율

〈표 3〉[6] 세대별 투표율

구분	20대	30대	40대	50대	60대 이상	전체
16대	56.5	67.4	76.3	83.7	78.7	70.8
17대	46.6	55.1	66.3	76.6	76.3	63.0
18대	65.2	72.5	78.7	89.9	78.8	75.8

중앙선거관리위원회/18대는 방송3사 출구조사

○ 16대 대선 대비 18대 대선의 투표율 상승률을 세대별로 보면 투표율을 높이는 데 결정적으로 기여한 세대는 20대와 30대, 50대(16대 대선 대비 20대 8.7%, 30대 5.1%, 40대 2.4%, 50대 5.2%, 60대 이상 0.1% 투표율 상승)라 볼 수 있다. 17대 대선과 비교해도 50대의

---

6) 18대 대선 투표율에서 세대별 투표율은 출구조사에서 산출한 것인데, 세대별 평균 투표율이 77.2%(실제 투표율 75.8에 비해 1.4% 높게 나옴)였다는 점을 감안하면 실제 세대별 투표율은 이보다 1~2%를 낮게 봐야 할 것이다.

투표율 상승률은 평균 투표율 상승률 수준인 13.3%였고, 20대는 18.6%, 30대 16.6%의 상승률을 보였다.

─세대별 투표율만 보면, 50대의 투표율이 매우 높았다는 것은 사실이지만, 이전 대선과 비교하여 이례적 현상은 아니다. 더욱이 20·30 세대의 투표율 상승이 50·60대 투표율 상승보다도 높았다는 점을 간과해서는 안 된다.

4) 지역별 투표율

〈표 4-1〉 지역별 투표율

구분	1위	2위	3위	4위	전국
14대('92)	광주(89.1)	전남(85.6)	전북(85.2)	경남(84.6)	81.9
15대('97)	광주(89.9)	전남(87.3)	전북(85.5)	울산(81.1)	80.7
16대('02)	광주(78.1)	전남(76.4)	전북(74.6)	경남(72.4)	70.8
17대('07)	경북(68.5)	전북(67.2)	대구(66.8)	전남(64.7)	63.0
18대('12)	광주(80.4)	대구(79.7)	울산(78.4)	경북(78.2)	75.8

중앙선거관리위원회

○ 지역별 투표율을 보면, 2007년 17대 대선을 예외로 하고, 1992 년 14대부터 15대, 16대 대선 모두 광주, 전남, 전북 순으로 상위 투표율을 기록하였으나, 이번 18대 대선에서는 광주, 대구, 울산, 경북 순으로 상위 투표율을 기록하였다. 영호남 모두 평균 투표율을 웃돌 았는데, 역대 선거에 비해 영남 투표율이 호남보다 상대적으로 높은 투표율을 기록한 것이 특징이다.

<표 4-2> 최고 투표율과 최하 투표율 격차

	최고 투표율(지역)	최하 투표율(지역)	격차(최고-최소)
14대('92)	89.1%(광주)	78.5%(대구)	11.6%
15대('97)	89.9%(광주)	77.0%(충남)	12.9%
16대('02)	78.1%(광주)	66.0%(충남)	12.1%
17대('07)	68.5%(경북)	60.3%(인천/충남)	8.2%
18대('12)	80.4%(광주)	72.9%(충남)	7.5%

○ 18대 대선은 전국적으로 고른 투표율을 보였는데, 역대 선거에서 지역별 최고 투표율과 최하 투표율 차이가 가장 낮은 7.5%에 그쳤다.

득표율 분석

1) 세대별 득표율

〈표 5-1〉[7] 세대별 득표율

연령	16대 대선(2002년) 출구조사			18대 대선(2012) 출구조사			비고
	이회창 A	노무현 B	B-A	박근혜 C	문재인 D	D-C	증감
20대	34.9	59.0	+24.1	33.7	65.8	+32.1	+8.0
30대	34.2	59.3	+25.1	33.1	66.5	+33.4	+8.3
40대	47.9	48.1	+0.2	44.1	55.6	+11.5	+11.2
50대	57.9	40.1	-17.8	62.5	37.4	-25.4	-7.6
60대	63.5	34.9	-28.6	72.3	27.5	-44.8	-16.2
합(선관위)	46.6	48.9	+2.3	51.6	48.0	-3.6	-6.9

방송3사 출구조사

○ 16대 대선을 전형적인 세대 투표 성향을 보인 선거로 평가하지만, 이번 18대 대선은 그 성향이 매우 강화되어 '세대 전쟁'이라는 표현이 맞을 법도 한 선거였다.

7) 16대 대선 세대별 득표율은 MBC 출구조사 결과 참조

─문재인 후보는 20·30은 물론 40대에서 득표율을 매우 높여 박근혜 후보와의 격차(20대 32.1%, 30대 33.4%, 40대 11.5%)가 매우 컸다.

─역으로 박근혜 후보는 50·60에서 득표율을 높여 문재인 후보와의 격차(50대 25.4%, 60대 44.8%)가 크게 벌어졌다. 특히 60대 이상의 44.8% 격차는 박빙의 양자 대결에서는 상상할 수 없는 경이적인 수치이다.

○ 이를 연령별 추이로 본다면, 16대 대선에 대비하여 20대는 8%, 30대는 8.3%, 40대는 11.2% 비율로 문재인 후보에게 더 큰 격차의 승리를 안겨준 반면, 박근혜 후보의 경우 50대 7.6%, 60대 이상 16.2%의 비율로 더 큰 격차의 승리를 가져다줬다.

○ 18대 대선 결과만 놓고 연령대별 투표 성향의 차이를 본다면 40대와 50대를 사이에 두고 가장 큰 투표 성향 차이를 보인 것이 특징이다.

─투표 성향이 20대와 30대는 1.3%라는 미미한 차이를 보였고, 30대와 40대는 21.9%의 차이, 40대와 50대 사이는 36.9%의 차이, 50대와 60대 이상 사이는 19.6% 차이를 보였다.

─이는 16대 대선에서 30대와 40대 사이에서 가장 큰 투표 성향 차이(24.9%)를 드러낸 것과 비교가 된다.

○ 그런데, 이를 5세 간격으로 나눈 연령별 득표율을 비교해보면 10세 간격 연령별 득표율에서 발견할 수 없었던 중대한 특징을 찾을

수 있다.

　─이런 투표 성향의 중대한 차이는 매우 특징적인 것이어서 향후 선거전략 수립에 중대한 시사점을 주는 것이다.

〈표 5-2〉[8] 5세 간격 연령별 득표율 비교

연령대	2012년		2002		격차(2012-2002)	
	문재인	박근혜	노무현	이회창	야당 후보	여당 후보
20대 초	64.6	35.4	60.2	33.6	4.5	1.7
20대 후	68.0	32.0	62.6	30.9	5.4	1.2
30대 초	67.3	32.7	61.3	31.7	6.0	1.0
30대 후	65.5	34.5	56.9	37.4	8.6	-3.0
40대 초	66.6	33.4	48.9	46.5	17.7	-13.1
40대 후	45.9	54.1	45.1	52.2	0.8	1.9
50대 초	45.8	54.2	40.8	55.7	5.0	-2.5
50대 후	29.0	71.0	39.2	57.7	-10.3	12.3
60대	29.2	70.8	38.2	60.4	-9.0	10.4
70세 이상	25.8	74.2	42.9	54.9	-17.1	19.3

○ 18대 대선은 연령별로 3분위로 완전히 구분되어 각 분위 내에서는 오차범위를 벗어나지 않는 거의 일치하는 투표 성향을 보였다.

　─1분위는 20대 초반부터 40대 초반까지로 평균 66대 34로 문재인 후보 압도적 우세, 2분위는 40대 후반부터 50대 초반까지로 46대 54로 박근혜 후보 다소 우세, 3분위는 50대 후반부터의 노년

---

8)　2002년 KBS 출구조사, 2012년 방송3사 출구조사(미디어리서치) 자료 인용.

층으로 28대 72로 박근혜 후보 압도적 우세의 득표율을 보였다.

　─즉 40대 전후반 사이(41.5%의 차이)와 50대 전후반 사이 (33.6% 차이)의 극명한 투표 성향의 차이가 18대 대선의 연령별 투표 성향 차이를 나타내는 가장 큰 특징이다.

　─이는 문재인 후보가 40대 초반까지 놀라울 정도로 지지기반을 넓혔지만, 박근혜 후보는 50대 후반부터의 확고한 지지를 바탕으로 당선에 이르게 된 것이다. 이는 박근혜 후보의 승리가 이른바 고연령층의 '실버 혁명'에 기인한 것임을 보여주는 객관적 지표라 할 수밖에 없다.

○ 40대 초반과 40대 후반 사이의 극명한 투표 성향 차이는 어디에서 비롯된 것인가? 40대 후반부터 확실히 다른 무엇이 있는가? '정권교체, 변화의 요구'만으로만 소구되지 않는 중장년층의 의식 구조를 면밀히 살펴보는 유권자 의식에 대한 심층 분석이 필요한 사안이다.

　─다만, 40대 초반과 후반 간에 사회경제적 배경의 차이가 하나의 단초가 될 수 있다. 40대 후반은 민주화를 이끈 세대이면서도 경제호황기에 사회에 진출하여 어렵지 않게 주류사회에 편입된 세대이다. 그러나 40대 초반까지는 민주화의 성과를 향유한 포스트─민주화 세대로서 자유주의적 성향이 강하면서도 사회 진출기에 IMF를 겪는 등 고단한 청춘을 보냈고, 지금도 삶이 별로 나아지지 않아 주류사회에 대한 비판과 불만이 축적된 세대라는 특성이 있다. 대학 진학률이 30% 정도였던 486세대와 대다수가 대학생이었던 그 이후 세대 사이의 정치문화적 차이도 분석의 대상이 될 것이다. 이런

차이들이 투표 성향의 차이를 만드는 주요한 요인이 되었을 가능성이 높다.

○ 한편, 50대 후반이 50대 초반과 확연히 차이를 보이며 60대 이상의 유권자와 투표 성향이 거의 비슷한 이유는 무엇일까? 분명한 것은 이들이 이른바 유신세대로서 박정희 정권하에서 성인으로서 경제성장의 과실을 직접 경험한 공통된 특징이 있다.

〈표 5-3〉 권역별 세대별 득표율

권역 명 & 연령		권역별& 후보별 특표율	
권역 명	연령	박근혜	문재인
서울	20대	31.9	67.7
	30대	29.3	70.5
	40대	39.8	59.8
	50대	60.3	39.5
	60대 이상	70.8	29.0
인천/경기	20대	31.0	68.5
	30대	30.9	68.7
	40대	41.7	58.0
	50대	63.6	36.3
	60대 이상	76.3	23.4
대전/충청	20대	33.9	65.6
	30대	31.6	68.1
	40대	45.3	54.4
	50대	68.5	31.2
	60대 이상	79.5	20.3

광주/전라	20대	4.3	95.4
	30대	5.8	94.0
	40대	7.2	92.6
	50대	9.5	90.5
	60대 이상	13.9	85.8
대구/경북	20대	67.2	32.3
	30대	65.7	33.8
	40대	77.7	22.2
	50대	89.2	10.7
	60대 이상	95.1	4.8
부산/울산/경남	20대	39.5	60.0
	30대	42.3	57.5
	40대	54.8	44.9
	50대	70.8	29.0
	60대 이상	84.0	15.9
기타(강원/제주)	20대	35.5	63.9
	30대	37.9	62.0
	40대	47.2	52.5
	50대	70.9	29.1
	60대 이상	80.4	19.2

방송3사 출구조사

○ 세대 투표 현상은 전국적으로 고른 현상이었다.

　─대구, 경북 지역을 제외하고 20대와 30대, 40대는 모든 지역 (부산은 20대와 30대)에서 문재인 후보를 강하게 지지했고, 50·60세 대는 호남을 제외하고 모든 지역에서 박근혜 후보를 강하게 지지 했다.

　─지역별로 본 세대별 득표율도 호남과 영남을 제외하고 지역 간에 큰 차이가 없었다.

○ 20·40과 50·60세대 사이의 극명한 세대 투표 현상은 지난 2010

년 6.2 지방선거에서부터의 뚜렷한 현상이다.

－야권은 서울시장과 경기지사 선거에서 석패했는데, 세대별 투표 성향 차이가 40대와 50대를 사이에 두고 가장 크게 나타났으며, 세대 투표 현상은 18대 대선과 별반 차이가 없었다.

〈표 5−4〉[9] 2010년 지방선거 서울시장 · 경기지사 세대별 득표율

서울시장	오세훈	한명숙	격차	앞 세대와의 차이
20대	34.0	56.7	+22.7	-
30대	27.8	64.2	+36.4	+13.7
40대	39.8	54.2	+14.4	-22.0
50대	57.6	38.8	-16.8	-33.2
60대 이상	71.8	26.0	-45.8	-29.0
경기지사	김문수	유시민	격차	앞 세대와의 차이
20대	34.7	65.3	+30.0	-
30대	31.7	68.3	+36.6	+6.6
40대	46.1	53.9	+7.8	-28.8
50대	66.3	33.5	-32.8	-40.6
60대 이상	80.7	19.3	-61.4	-28.6.

지방선거 방송3사 출구조사

－극심한 세대 투표 현상 속에서 서울시장 선거는 오세훈 후보의 젊은 이미지에 고전한 한명숙 후보가 50대 공략에는 부분적으로 성과를 냈으나 상대적으로 20대 젊은 층의 압도적 지지를 이끌어내는 데 실패하면서 패배하였고, 유시민 후보는 50대 이상에서의 압도적 열세가 패배의 요인이었다.

－이는 20·40의 압도적 지지와 50·60 공략의 성공이라는 두 마

9) 실제 개표 결과 서울시장 선거에서 오세훈 47.4% : 한명숙 46.8%로 0.6% 차이였으며, 경기지사 선거에서는 김문수 52.2% : 유시민 47.8로 4.4% 차이였다.

리 토끼를 모두 잡아야 승리할 수 있음을 보여주는 것이다.

2) 지역별 득표율

〈표 6-1〉 지역별 득표율

	16대 대선			18대 대선			증감
	노무현(A)	이회창(B)	A-B	문재인(C)	박근혜(D)	C-D	16대비 18대
서울	51.3	44.6	+6.7	51.4	48.2	+3.2	3.5 ↓
부산	29.9	66.7	-36.8	39.9	59.8	-19.9	16.9 ↑
대구	18.7	77.8	-59.1	19.5	80.1	-60.6	1.5 ↓
인천	49.8	44.6	+5.2	48.0	51.6	-3.6	8.8 ↓
광주	95.2	3.6	+91.6	92.0	7.8	+84.2	7.4 ↓
대전	55.1	39.8	+15.3	49.7	50.0	-0.3	15.6 ↓
울산	35.3	52.9	-17.6	39.8	59.8	-20	2.4 ↓
경기	50.7	44.2	+6.5	49.2	50.4	-1.2	7.7 ↓
강원	41.5	52.8	-11.3	37.6	62.0	-24.4	13.1 ↓
충북	50.4	42.9	+7.5	43.3	56.2	-12.9	20.2 ↓
충남	52.2	41.2	+11.0	42.8	56.7	-13.9	24.9 ↓
전북	91.6	6.2	+85.4	86.2	13.2	+73.0	12.4 ↓
전남	93.4	4.6	+88.8	89.2	10.0	+79.2	9.6 ↓
경북	21.7	73.5	-51.8	18.6	80.8	-62.2	10.4 ↓
경남	27.1	67.5	-40.4	36.3	63.1	-26.8	13.6 ↑
제주	56.1	39.9	+16.2	48.9	50.4	-1.5	17.7 ↓

○ 단순 지지로 보면 문재인 후보는 서울과 호남에서만 승리를 하고 나머지 지역에서는 패배하였다. 16대 대선과 비교해서는 문재인 후보는 부산, 경남을 제외한 전 지역에서 상대 후보 대비 득표율이 저조했다. 특히 대전, 충남, 충북 등 충청권에서의 고전이 두드러졌

다. 또한 수도권에서 박빙의 결과가 나온 것 또한 뼈아프다. 그나마 부산과 경남에서의 상대적 선전으로 전국 득표율 차이를 좁혔을 뿐이다.

○ 이번 대선의 지역별 투표 성향의 특징은 첫째, 지역주의 투표 성향의 유지와 부산 경남 지역의 약진이다.

　─영호남의 표쏠림 현상은 여전히 유지되었다. 호남에서 박근혜 후보는 두 자릿수 득표에 성공하였지만, 내심 15% 이상 득표를 기대했던 것에 비해서는 한참 모자라는 것이었고, 문재인 후보도 대구 경북 지역에서 20% 내외의 득표를 할 것이라는 대체적인 예상과 크게 벗어나지 않았다.

　─영호남 지역주의 투표 성향이 유지되는 속에서도 문재인 후보가 부산 경남 지역에서 약진한 것은 눈여겨볼 필요가 있다. 16대 대선에 대비하여 부산 16.9%, 경남 13.6% 약진하여 민주당 후보가 40% 지지율에 육박한 것은 5대 지방선거에서 김두관 경남지사의 당선에 이어 향후 지역주의 투표 성향의 극복을 위한 거점으로 부산 경남 지역이 여전히 유효함을 보여주는 것이다.

○ 이번 대선의 지역별 투표 성향의 두 번째 특징은 충청 지역에서의 민주당의 고전이다.

　─지난 16대 대선과 대비하여 민주당 후보가 가장 고전한 지역 1, 2, 3 순위 모두 충청 지역이다.

　─충청의 부진 이유를 크게 첫째, 박근혜 효과(육영수 여사의 고향이라는 연고와 행정수도 이전 당시의 박근혜 후보의 역할 등), 둘째,

메가 공약의 부재, 셋째, 새누리당과 선진당의 통합을 통한 보수 대연합으로 볼 수 있다. 여기서 메가 공약의 문제는 상호 차별성이 없었다고 본다면, '박근혜 효과'와 선진당 흡수 효과가 지지율에 주로 작용했다고 볼 수 있다.

　─새누리당의 선진당 흡수 효과와 관련해서는 선진당의 지지 기반이 가장 강했던 충남에서 박근혜 후보의 연고가 상대적으로 강하고 역대 대선에서 가장 보수적인 투표 성향을 보였던 충북보다 박근혜 후보의 득표율이 더 높은 점만 보더라도 상당한 영향이 있었음을 알 수 있다.

〈표 6-2〉 충청권 역대 대선 득표율

대선	후보	대전	충남	충북
15대	이회창	29.2	23.5	30.8
	김대중	45.0	48.3	37.4
	이인제	24.1	26.1	29.4
16대	이회창	39.8	41.2	42.9
	노무현	55.1	52.2	50.4
17대	이명박	36.3	34.3	41.6
	정동영	23.6	21.1	23.8
	이회창	28.9	33.2	23.4
18대	박근혜	50.0	56.7	56.2
	문재인	49.7	42.8	43.3

○ 이번 대선의 지역별 투표 성향의 세 번째 특징은 수도권에서 초박빙에 있다. 이는 결국 확실하게 박근혜 후보를 승리하게 하는 요인이 되었다.

　─문재인 후보는 서울에서도 기대에 못 미쳤고 특히 인천과 경

기 지역에서의 고전이 두드러져 수도권 전체 득표수에서 7,463,936 표 대 7,406,087표로 단 57,847표 앞서는 데 그쳤다.

－수도권 유권자 수의 증가 추세(전체 유권자의 절반에 육박)나 수도권의 중요성을 감안할 때 민주당 후보는 지방에서 선전을 한다 하더라도 수도권에서 5% 이상 우위를 확보해야 경쟁이 되는 구조 였는데 한참 부족했다.

－수도권 지역에서 확실히 우위를 점하지 못한 이유는 세대, 계 층 등 다양한 요인을 판단하는 것이 필요하다. 다만, 수도권 중에 농 촌 지역의 열세가 매우 두드러졌고, 충청 지역 출신 유권자의 영향 을 비교적 많이 받는 인천과 경기 지역에서 고전한 것도 요인이 될 것이다.

3) 성별 득표율

〈표 7〉 성별 득표율

구분	남			여			비교
	문재인 (A)	박근혜 (B)	M (A-B)	문재인 (C)	박근혜 (D)	F (C-D)	F-M
20대	62.2	37.3	+24.9	69.0	30.6	+38.4	+13.5
30대	68.1	31.5	+36.6	65.1	34.7	+30.4	-6.2
40대	59.2	40.5	+18.7	52.0	47.8	+4.2	-14.5
50대	40.4	59.4	-19.0	34.2	65.7	-31.5	-11.5
60대 이상	27.8	72.0	-44.2	27.3	72.5	-45.2	-1.0
전체	49.8	49.1	+0.7	47.9	51.1	-3.2	-3.9

방송3사 출구조사

○ 남성은 초박빙인데 비해(0.7% 문재인 우세) 여성은 박근혜 후보를 더 많이 지지(3.2% 박근혜 우세)하여 남성 대비 여성이 박근혜 후보를 3.9% 더 지지했다.

　—이 차이는 2002년 16대 대선의 성별 득표율 차이[10]와 비교하여 이례적인 현상은 아니다.

　—다만, 40대 여성(남성에 대비 박근혜 후보 14.5% 더 지지)과 50대 여성(남성 대비 박근혜 후보 11.5% 더 지지)에서 남성보다 10% 이상 차이가 났다는 점에 대해서는 눈여겨볼 필요가 있다.

○ 문재인 후보는 20대 여성에서 20대 남성보다 13.5%를 더 얻어 38.4% 차이로 박근혜 후보에게 승리했다. 20대 여성에서의 압도적 승리로 인해 성별 득표율 차이를 그나마 완화할 수 있었다.

　—문재인 후보는 세대와 성을 모두 고려한 득표율에서 20대 여 〉 30대 남 〉 30대 여 〉 20대 남 〉 40대 남/여 〉 50대 남/여 순으로 높았고, 박근혜 후보는 60대 여/남 〉 50대 여/남 〉 40대 여/남 〉 20대 남 순으로 높은 지지를 받았다.

　—20대에서 남성과 여성의 투표 성향 차이가 큰 이유는 20대 남성의 경우 군대 생활 등으로 안보 이슈 반응도가 여성보다 상대적으로 높아 보수적 경향이 있다는 판단이 가능할 것이고, 문재인 후보가 가장 감성적으로 민감한 계층인 20대 여성에게 호소력 있는 캠페인에 성공했다는 평가도 가능하다.

10)　16대 대선에서 남성의 경우 이회창 45.9% 노무현 49.2%, 여성의 경우 이회창 48.4% 노무현 48.3%(MBC-코리아리서치 출구조사 자료)로 남성 대비 여성이 3.4% 보수 후보에게 더 지지를 보내 18대 대선의 3.9% 차이와 별 차이가 없었다.

4) 직업별/소득별 득표율

<표 8)[11] 직업별 득표율

조사 기관	갤럽(12.19)		미디어리서치 (12.15)		미디어리서치(12.12)	
후보	박근혜	문재인	박근혜	문재인	박근혜	문재인
농임어업	63.0	36.3	58.7	29.8	59.4	25.8
자영업	56.5	43.2	50.1	43.4	55.3	35.0
블루칼라	51.9	47.7	44.4	48.2	36.8	46.2
화이트칼라	35.4	64.2	33.2	56.6	32.0	55.2
가정주부	61.0	38.9	56.7	32.6	55.3	29.6
학생	30.1	68.4	30.0	57.9	33.0	59.0
무직 기타	65.9	33.9	63.7	28.6	57.3	24.0

○ 문재인 후보는 화이트칼라와 학생의 압도적 지지를 받았다. 박근혜 후보는 농임어업과 가정주부, 무직에서 압도적 지지를 받았다.

　－박근혜 지지가 높은 농임어업과 무직의 가장 큰 공통점은 고연령층이라는 데 있다. 가정주부도 연령 요인이 크게 작용하였다. 위의 12월 15일자 미디어리서치 조사에서 가정주부로 응답한 유권자 중에 60대 이상 33%, 50대 26%, 40대 22%, 30대 18%, 20대 1%를 차지하여 50·60대가 훨씬 많은 비중을 차지했다. 같은 연령대의 여성에 비해 보수적 투표 성향을 더 띤 것은 사실이다.

11) '갤럽'의 수치는 투표 당일에 투표를 했거나 투표를 할 유권자를 대상으로 조사한 것(1000 샘플)으로 75% 투표율을 가정(예상 득표율 박근혜 50.2%, 문재인 49.4% 예측)하여 실제 득표율의 근사치에 이르도록 설계하고 그 결과를 발표한 내용이다. '미디어리서치' 조사결과는 위의 갤럽 조사를 검증하는 차원에서 비교적 선거 직전에 이뤄진 결과(샘플 수 각 2000명)이다.

—블루칼라 직업군은 조사 기관마다 차이가 있지만, 누구도 확고히 우위에 섰다고 볼 수 없다. 다만, 자영업군은 박근혜 후보가 오차범위 바깥에서 우위를 점한 것은 확실하다. 자영업군이 차지하는 비중이 높은 우리의 현실에서 관심을 가져야 할 직업군이다.

〈표 9-1〉[12] **소득별/학력별 득표율**

소득별			학력별		
	박근혜	문재인		박근혜	문재인
100만 원 이하	60.8	26.5	중졸 이하	65.8	25.5
100-200만 원	56.1	35.9			
200-300만 원	42.3	51.2	고졸	51.7	39.7
300-400만 원	36.9	56.5	대재 이상	34.7	55.3
401만 원 이상	40.2	52.8			

○ 여론조사에 근거하여 소득별 학력별 지지율을 보면, 박근혜 후보는 200만 원 이하 저소득자와 고졸 이하 저학력층에서 지지율이 절대적으로 높은 반면, 문재인 후보는 200만 원 이상 중·고소득자층, 대재 이상의 고학력층에서 지지율이 높았다.

12)   표에서의 수치는 미디어리서치 등 3개 여론조사 기관이 방송3사와 출구조사 예측 조사용으로 가장 마지막에 실시한 12월 17일 여론조사 결과이다. 김용익 의원실 자료 재인용.

─저학력층과 저소득층의 상당 부분을 차지하는 유권자가 고
연령층과 농촌 지역 거주 유권자층임을 감안하면, 이번 대선을 계급
별 투표 성향의 차이가 극명하여 계급배반 투표적 성격이 강했다고
규정하는 것은 과도한 측면이 있다.

　　─아래 표와 같이 45세를 기준으로 하여 연령과 소득별 득표율
을 교차 분석한 결과를 보면 소득이 높을수록 문재인 후보를 찍는 경
향은 있으나, 연령 요인이 결정적이고 지배적인 요인임을 알 수 있다.

〈표 9-2〉[13] 45세 기준으로 나눈 소득별 지지율

소득/연령	44세 이하		45세 이상	
	문재인	박근혜	문재인	박근혜
200만 원 이하	48.5	35.3	24.2	63.4
201-400만 원	53.4	30.7	30.9	59.4
401-600만 원	58.4	31.5	37.2	56.1
600만 원 이상	59.1	31.1	37.4	54.2

5) 거주지별 득표율[14]

○ 이번 선거에서 득표율상 큰 특징 중의 하나는 도/농 간의 격차가
심화되었다는 것이다.

　　─문재인 후보는 민주당이 상대적으로 열세 지역인 농촌 지역

---

13)　미디어리서치 여론조사 자료(12.12) 참조. 김용익 의원실 자료 재인용.
14)　본 자료 마지막에 〈참고〉 시군구별 득표율과 2002년과의 비교표를 첨부하였다.

에서 2002년과 비교하여 득표율 차이가 많이 났다. 충청권(1위부터 7위까지 모두 충청 지역)은 별개로 하더라도 2002년 득표율과 대비하여 20% 이상의 격차를 보인 곳은, 경기도의 포천시, 연천군, 가평군, 여주군, 영월군, 동두천시, 이천시, 강원도의 횡성군, 철원군, 화천군, 양구군, 홍천군, 인제군, 고성군, 양양군, 평창군, 영월군, 인천시의 강화군, 옹진군, 경상북도의 청송군, 영덕군, 영양군, 울진군, 군위군, 의성군, 제주도의 서귀포시 등으로 주로 농촌 지역에 해당한다.

─이에 비하여 민주당의 문재인 후보가 2002년에 비해 상대적으로 선전한 지역은 부산 경남 지역과 도시 지역에 집중되어 있다. 2002년 대비 증가폭이 큰 1위에서 27위 지역 모두 부산 경남 지역이었고, 부산 경남권을 제외하고 2002년 대비 상대적으로 선전한 지역은 성남 분당, 고양 일산, 용인 기흥, 대구 수성, 안양 동안, 서울 마포, 경기 과천, 경기 군포, 서울 노원 등으로 도시 지역에 집중되어 있다.

○ 동일 국회의원 도농복합 선거구에서도 똑같은 현상이 나타났다. 아파트 밀집 지역이나 뉴타운 지역에서 문재인 후보 지지 성향이 강하게 나타났고[15], 전통적으로 민주당 우세 지역이었으나 50대 이상 고연령층 유권자가 많은 지역은 문재인 후보가 고전하였다.

15) 서울 성북구 투표소별 투표 성향을 분석한 결과, 중대형 아파트 지역으로 전통적 민주당 열세 지역이었던 돈암2동의 경우 5회 구청장 선거 -8.15%, 19대 총선 -5.76%로 열세였으나, 18대 대선 3.63%로 우위로 돌아섰고, 대표적 뉴타운 지역인 길음1동에서는 5회 구청장 선거 4.70%, 19대 총선 6.03%로 우위였으나 18대 대선에서는 무려 12.11%로 절대 우위 지역이 되었다.

○ 40·50대 하우스푸어의 분노가 박근혜 후보 득표율 상승을 이끌었다는 일부 분석은 지표상 관련성이 떨어지는 것으로 나타났다.

〈표 10〉[16] 주요 신(新)아파트 밀집 지역 대선 지지율 차이

신(新)아파트 밀집지	읍면동	朴(%)	文(%)	(문-박) 차이
성북 길음 뉴타운	길음1동	43.6	55.7	+ 12.1%
은평 은평 뉴타운	진관동	44.3	54.9	+ 11.6%
수원시 팔달구	영통1동	41.9	57.5	+ 15.4%
	영통2동	42.6	56.8	+ 14.2%
용인시 수지구	전체	51.9	47.5	- 4.4%
	죽전1동	48.3	51.1	+ 2.8%
	죽전2동	45.5	53.7	+ 8.2%
화성 동탄 신도시	동탄1동	40.4	59.0	+ 8.6%
	동탄2동	43.0	56.6	+ 13.6%
	동탄3동	35.8	63.7	+ 27.9%
성남 판교 신도시	전체	51.1	48.2	2.9%
인천 검단 신도시	전체	47.6	51.6	+ 4.0%

• 주요 신아파트 밀집 지역 득표율 추이
 −서울 성북구 길음 뉴타운 : '10지선 +4.7%, '12총선 +6.0%, '12대선 +12.1%
 −은평구 은평 뉴타운(진관동) : '04총선−7%, '08총선−29%, '12총선 +7%, '12대선 +10.6%
 −수원 영통2동: '04총선−9%, '08총선−10%, '12총선 35.3% +4.5%, '12대선 +14.2%
 −용인시 수지구 죽전1동 : '04−9%, '12총선−6.8%, '12대선 + 2.7%
 −화성 동탄 신도시(2008년 분구) 동탄1동 '08총선−7%, '12총선 +11%, '12대선 +18.6%
 −성남 판교 신도시 : '04총선−7%, '08총선−35%, '12총선−10.1%, '12대선−2.9%
 −인천 검단 신도시 : '12총선 +0.7%, '12대선 +4.0%

16) 김용익 의원실 자료 인용.

6) 재외국민 투표와 부재자 득표율

〈표 11〉 재외국민/부재자 득표율

	재외국민		부재자	
	문재인	박근혜	문재인	박근혜
서울	31,804	25,572	78,385	76,366
부산	5,706	4,186	33,819	32,559
대구	2,354	2,712	15,260	34,468
인천	3,937	2,675	23,441	23,585
광주	2,119	258	28,269	4,577
대전	2,214	1,219	15,645	13,851
울산	1,219	1,009	12,093	11,758
경기	22,124	14,492	97,765	97,211
강원	1,434	936	20,031	20,569
충북	1,558	1,060	16,753	15,859
충남	1,826	1,298	20,496	18,822
전북	2,745	605	35,168	7,952
전남	2,325	799	46,858	8,514
경북	2,418	3,855	23,235	49,084
경남	3,788	4,493	37,453	40,391
제주	1,480	2,037	7,656	5,708
세종	141	116	1,335	1,136
전체	89,192	67,319	513,662	462,410

*중앙선거관리위원회

○ 재외국민 투표에서 문재인 후보는 박근혜 후보에게 21,879표 차로 승리하였다. 득표율도 56.7% 대 42.8%로 비교적 큰 13.9% 차이

를 보였고, 대구, 경북, 경남, 제주를 제외한 전 지역에서 문재인 후보가 이겼다.

ㅡ재외국민 투표에서 문재인 후보의 승리는 세대 영향이 가장 큰 것으로 분석된다. 재외 선거인단이 된 유권자는 세대별로 20대 23.0%, 30대 26.2%, 40대 25.0%, 50대 13.6%, 60대 10.9%를 차지하여 20·30이 전체의 절반에 가까웠다. 이 유권자 구성비를 출구조사상에 나온 세대별 투표 성향에 대입한 결과 문재인 54.6% 박근혜 43.8%로 실제 재외국민 득표율과 거의 차이가 없다.

○ 부재자투표에서도 문재인 후보는 51,252표 차이라는 5%를 약간 상회하는 득표율 차이로 승리했다.

주요 정세에 따른
지지율 추이 분석과 교훈

단일화 이전

1) 주요 현안과 지지율 변동 추이

〈표 12〉 단일화 이전 주요 현안과 지지율 변동 추이

시기		기간	주요 현안	지지율 추이와 원인
1	3자 구도 정립	9. 16 ~ 10.6	16. 文 대선후보 확정 19. 安 대선 출마 선언 24. 朴, 과거사 기자회견 27. 安, 아파트 다운계약서 사과 28. 安, 논문 표절 의혹 29- 10.2 추석 1. 安, MBC 논문 표절 의혹 반박 4. 文, 공동선대위원장단 임명	• 3자 구도가 정립된 직후 朴40 : 文20 : 安30 지지율 구도 형성 • 도덕성 검증 공방으로 추석 직후, 安의 하락세 뚜렷 文의 지속 상승 → 文 20대 초반, 安 20대 후반 형성
2	체제 정비	10.7 ~ 10.20	7. 安, 비전 선언문 발표 8. 노무현-김정일 녹취록 파문 9. 송호창, 안 캠프 합류 11. 安, 무소속 불가론 반박 16. 내곡동 사저 특검 시작 17. NLL 대화록 폐기 의혹 공방 18. 이 대통령, 연평도 방문	• 安, 비전 선언문 발표 이후 하락세가 멈추고 등락 지속 - 비전 선언문 발표 후 30% 회복 조짐, 무소속 대통령 논쟁과 송호창 합류 이후 20%대 지지율로 다시 하락 • 文, 새누리당의 반노(反盧) 안보 정치공세와 상승 모멘텀 미확보로 지지율 정체

300

3	정치 쇄신과 단일화 진입	10.21 ~ 11.10	21. 문재인 핵심 참모 퇴진 22. 文, 정치 쇄신안 발표 23, 安, 정치 쇄신안 발표 30. 文, 단일화 협상 공식 제안 31. 文, 투표시간 연장과 국고보조금 반납 동시 처리 수용 6. 문-安 회동, 등록 전 단일화 합의	• 文, 3자 구도 20대 중반 진입, 安과 단일화 경쟁 우위 확보 ① 安의 쇄신안에 대한 비판 고조 ② 文의 적극적인 단일화 행보 ③ 文의 동시 처리 수용 등의 정치력에 대한 긍정 여론 형성 등이 이유 • 단일화 회동 이후, 文 우위 추세 강화(비새누리당은 물론 비박근혜 지지층에서도 우위 확보 시작)
4	단일화 협상과 완성	11.10 ~ 11.23	11. 文/安, 종합 공약 발표 13. 단일화 룰 협상 시작 14. 야권 단일화 협상 잠정 중단 15. 文 사과에 安 강경 대응 16. 安-기자회견, 문-반박 18. 민주당 지도부 사퇴 19. 단일화 협상 재개 21. 文-安 TV 토론 22. 文-安 단일화 담판 23. 단일화 협상 결렬, 안철수 사퇴	• 文, 3자 구도에서 2위로 진입, 단일 후보 우위 추세 강화 ① 단일화 협상 중단과 재개 과정에 대해 安에 대한 비판적 여론 ② 文-安 텔레비전 토론에서의 文의 완승 등으로 文 상승 安 하락 추세 지속 • 朴과의 가상 양자대결 구도에서 단일화 과정의 불협화음으로 文과 安 모두 하락 흐름에서 사퇴 방식의 단일화 →文, 시너지 효과 없이 오차범위 내 열세에서 본선 돌입

〈표 13-1〉 3자 구도 지지도

회차	1차	2차	3차	4차
조사일	10/28~29	11/4~5	11/11~12	11/18~19
박근혜	39.9	39.7	39.9	41.7
문재인	23.5	22.5	22.8	24.8
안철수	25.9	26.7	24.5	25.0
격차(문-안)	-2.4	-4.2	-1.7	-0.2
무응답	7.2	9.1	8.8	8

미디어리서치 여론조사

회차	1차	2차	3차	4차
기간	10/28~29	11/4~5	11/11~12	11/18~19
문재인(전체)	39.9	44.4	41.9	46.7
안철수(전체)	37.8	35.0	31.9	39.1
전체 격차	2.1	9.4	10.0	7.6
문재인(비새누리)	43.6	46.2	44.3	49.0
안철수(비새누리)	41.6	38.3	38.9	42.2
비새누리 격차	2.0	7.9	5.4	6.8
문재인(비박근혜)	42.4	43.4	43.3	48.8
안철수(비박근혜)	42.3	41.0	40.6	44.5
비박근혜 격차	0.1	2.4	2.7	4.3
무응답	22.3	20.6	26.2	14.2

미디어리서치 여론조사

17) 단일 후보 지지도 조사 문항과 관련해서는 적합도, 단순 지지도, 경쟁 지지도를 묻는 문항 중 하나를 선택하는데, 적합도 또는 단순 지지도 문항을 사용하는 것이 여론조사에서 일반적이나, 경선 방식으로 여론조사가 정해지면 유불리에 따라 문항이 정치적으로 타결되어 사용되었다. 당시 대부분의 여론조사에서 확인된 것은 문재인 후보는 적합도, 단순 지지도, 경쟁 지지도 방식의 순으로 유리하였다. 안철수 후보는 그 역순이었다. 〈표〉에서 1, 2, 3차 조사는 단순 지지도 문항("문재인 후보와 안철수 후보 중 단일 후보로 누구 지지")으로 조사한 것이고, 4차 조사는 문재인 후보에게 가장 불리한 문항이었던 경쟁 지지도 문항("박근혜 후보를 이길 수 있는 야권 단일 후보로 누구 지지")으로 조사한 것이다. 안철수 후보 측은 가장 유리하게 여겨졌던 경쟁 지지도 문항에서도 뒤지는 추세가 강화되자 '박근혜 후보와의 가상 대결'이라는 이례적 방식을 협상 카드로 들고 나왔고, 이를 둘러싼 최종 룰 협상 과정에서 안철수 후보는 사퇴를 선택하였다.

〈표 13-3〉 양자 대결 지지도(가상 대결)

구분	1차	2차	3차	4차
조사일	10-/28~29	11/4~5	11/11~12	11/18~19
박근혜	44.0	42.0	43.8	45.7
문재인	45.6	46.8	44.6	43.4
격차(문-박)	1.6	4.8	0.8	-2.3
무응답	7.2	9.1	8.8	8.0
비고	가상 대결			

미디어리서치 여론조사

2) 단일화 과정에서 지지율 변화의 특징과 교훈

〈단일화 과정에서의 지지율 경쟁은 야권 지지층 내의 제로섬 게임〉

○ 40%(朴) : 50%(文+安) 지지율 구조가 3자 구도 정립 후 단일화 완성 이전까지 약 두 달 가까이 지속되었고, 문재인 후보와 안철수 후보는 50% 지지층 내에서 상호 등락을 거듭하며 한 후보가 지지율이 올라가면 다른 후보가 지지율이 떨어지는 제로섬 게임 양상으로 각축하는 형국이 일관되게 형성되었다.

○ 이는 2002년 16대 대선에서도 비슷한 특징이었다. 30% 내지 35% 지지를 받은 이회창 후보에 맞서 노무현, 정몽준 후보는 40% 내외에서 제로섬 게임을 벌이는 양상이 일관되게 유지되었고, 단일화 완성 시점에 와서야 시너지 효과로 지지율이 변동되었다.

〈표 14〉 2002년 대선 지지율 추이

조사 기관	다자 대결 구도 시				노무현 단일화 시			정몽준 단일화 시		
	이회창	노무현	정몽준	유보	이회창	노무현	이-노	이회창	정몽준	이-정
9/24(동아일보)	32.0	14.4	28.5	23.7	41.2	31.0	10.2	34.7	41.7	-7.0
9/28(MBC)	30.0	16.8	26.1	24.9	39.0	31.8	7.2	32.3	42.8	-10.5
10/19(MBC)	31.5	17.3	25.7	21.2	39.0	31.6	7.4	34.1	40.5	-6.4

11/2(MBC)	35.9	19.0	20.7	18.1	39.9	34.3	5.6	39.1	36.8	2.7
11/9(MBC)	35.5	19.5	22.7	17.1	41.1	36.1	5.0	38.3	39.2	-0.9
11/17(동아일보)	34.1	20.5	20.3	20.7	38.0	36.0	2.0	36.0	38.9	-2.9
11/23(동아일보)	31.7	23.7	23.5	17.5	37.2	40.6	-3.4	33.4	42.1	-8.7
11/24(MBC)	32.9	23.1	24.4	14.9	37.6	42.3	-4.7	35.2	42.9	-7.7

〈각자의 지지층 확대라는 기획은 본선과는 무관한 단일화용 설계〉

○ 18대 대선에서 3자 구도가 정립되면서 일부에서 '각자의 지지층 확대 후 단일화 효과 극대화'라는 주장이 설득력 있게 제기되었으나, 이는 현실에는 맞지 않는 설계임이 확인되었다.

　-일대일 구도를 전제로 달리는 형국에서 '각자의 지지층 확대'라는 기획이 범진보 후보의 파이를 키우거나 범보수 후보의 파이를 줄이는 데 큰 영향을 발휘하지 못했다는 것이다. '각자의 지지층 확대'는 본선을 위한 기획처럼 보이지만 실상은 야권 지지층 내에서 우위를 점하기 위한 '단일화용 설계'이자 '시간 벌기용 정치적 수사'의 성격이 강했다.

　-이는 결과적으로 단일화의 시계만 늦추어 본선 대비 여력을

없애는 역기능을 초래했다.

○ 2002년 16대 대선과 2012년 18대 대선을 비교하면 단일화 과
정에서의 여론 추이에서 다른 점은 시너지 효과 측면을 봐야 할 것
이다.

　─제로섬 게임 양상의 각축전이라는 공통된 특징을 보이던 지
지율 추이가 단일화 완성과 동시에 상대 후보의 지지율을 떨어뜨리
고 단일 후보의 지지율을 높여 시너지 효과를 낸 16대 대선과 다른
지지율 추이를 보인 18대 대선의 차이[18]는 어디에서 비롯된 것일까.

〈미완의 단일화 그리고 본선과 괴리가 큰 단일화 경쟁 성격〉

○ 시너지 효과를 내지 못한 문제는 두 가지 측면에서 볼 수 있다.
그 하나는 미완의 단일화가 문제였고, 다른 하나는 2002년과 다른
지지층과 유권자 구조로 인해 단일화 경쟁과 본선 경쟁 사이 상당
한 전략적 괴리가 있었기 때문이다.

○ 먼저, 이번 18대 대선에서 미완의 단일화라는 것은 경선으로 완
결되지 못하고 충격을 주는 일방의 사퇴라는 방식으로 결론이 난
단일화였고, 사퇴 후보의 흔쾌하지 못한 행보 등으로 완전한 지지자
통합은 물론 시너지 효과 창출에 실패했다는 것이다.

---

18)　〈표〉 2002년 대선 지지율 추이에 따르면, 16대 대선에서 단일화 완성 전후로
하여 노무현 후보는 처음으로 이회창 후보의 양자 대결에서 역전하였는데, 단일화의
시너지 효과는 최소한 6% 이상이었다. 이에 반하여 문재인 후보는 단일화의 시너지
효과가 거의 나타나지 않고, 안철수 후보의 지지 유세가 늦어지면서 오히려 지지율이
하락하기까지 하였다.

―매끄럽지 못한 단일화 과정도 면밀하게 짚어봐야 할 사안이지만, 2002년도에도 단일화 과정상의 불협화음으로 '여론조사 문항'까지 합의하고도 번복되고 재협상까지 가는 심각한 위기의 상황이 있었으나, 결과적으로 끝까지 경선을 치르고 승복할 만한 경선 결과가 도출됨으로써 패배 후보의 지원 유세와 지지자 통합이 단시일 내에 이루어질 수 있었다. 단일화 경선 직후 '포장마차에서의 러브샷' 그림 하나가 단일화 완성을 상징적으로 국민에게 각인시켰다.

―이에 대해서는 사정이야 어떻든 결과적으로 안철수 후보와 캠프의 미숙한 사퇴 결정에 아쉬움이 더 클 수밖에 없다. 그로 인해 지지자들을 정서적으로 통합시키는 데 결정적 장애가 되었고 단일 후보의 이미지를 추락시켰다.

―더욱이 사퇴(11월 23일) 이후 2주일이 지난 후에야 지지 행보(첫 유세 12월 7일)를 시작한 것 또한 문재인 후보의 본선 행보를 제약하고 지지율 상승에 부정적 영향을 주었다.

○ 단일화 경쟁과 본선 경쟁 사이에 전략 수립과 운용이라는 면에서 큰 괴리를 보인 점도 문제였다.

―단일화 경쟁은 전통적인 야권 지지층에서 우위를 점하기 위한 경쟁의 성격이 강한 반면, 본선 경쟁은 중도층과 부동층 흡수 여하에 따라 승부가 결정된다.

―특히 18대 대선에서 전략적 차원에서 단일화 경쟁과 본선 경쟁 사이의 차별성이 매우 컸다. 지역 전략 측면에서 보더라도 단일화 경쟁에서는 호남을 중시할 수밖에 없는 상황에서 본선 경쟁 승리의 핵심인 경부축, 그중에서 충청권 공략에 어려움을 겪을 수밖에

없었다. 세대 전략 측면에서도 단일화 경쟁 시기에는 20·40에 치중할 수밖에 없는 상황에서 짧은 본선 시기 내에 50대를 공략하기엔 중과부적이었다.[19]

─단일후보가 누가 되느냐를 두고 건곤일척의 승부를 겨룰 수밖에 없는 초박빙의 미세한 형국에서 전선을 이탈해 다른 전선에서 싸울 수는 없는 노릇이었다. 반(反)박근혜 캠페인도 단일화 시기에는 야권 지지층의 결집에 주안점을 둘 수밖에 없는 것이었다.

○ 또한, 16대 대선은 단일화 경쟁의 핵심 지지층인 20·40의 승리로 본선 승리가 보장되는 유권자 구조를 가지고 있었다. 20·40에서의 승리가 바로 본선 승리와 다름없는 구조였다.

─그러나 18대 대선은 16대 대선보다 20·40에서 더 크게 승리했지만 그것만으로 승리할 수 없는 구조였다.

○ 더욱이 노무현 후보는 상대적으로 고연령층의 지지가 높았던 정몽준 후보와의 경쟁[20]에서 승리함으로써 본선에서 세대 공략의 확장성을 가질 수 있는 요인이 있었다.

─정몽준 후보가 노무현 후보에 비해 비교적 안정을 바라는 중장년층의 지지를 받았기 때문에 단일화 효과가 세대 간 장벽을 허

[19] 본선 돌입 시에 선대위에 제출된 기획본부의 '본선 승리 전략'에도 지역 전략은 수도권+호남에서 수도권+충청+PK 지역으로 전환을, 세대 전략은 40대 우위를 바탕으로 30대로의 확장 전략에서 20·40세대의 우위를 바탕으로 50대로의 확장 전략으로의 전환을 제시했다.

[20] 2002년 11월 23일 《한겨레신문》 여론조사팀의 여론조사 결과에 따르면, 이회창 후보 지지층을 제외한 응답자의 경우 20대에서 노무현 후보 57.7%, 정몽준 후보 37.7%, 50대에서 노무현 후보 33.5%, 정몽준 후보 50.4%를 기록해 젊은 층은 노무현 후보, 장년층은 정몽준 후보를 지지하는 것으로 드러났다.(같은 조사에서 전체 지지율은 노무현 후보 45.7%, 정몽준 후보 44.5%였다.)

무는 데 기여할 수 있었다.

　─반면에 18대 대선에서는 20·30대를 주 지지기반으로 삼았던 안철수 후보와의 치열한 단일화 경쟁을 치른 문재인 후보의 입장에서 단일화 과정이 50대 이상의 세대 투표 성향에 대한 완화보다는 강화의 기제, 즉 세대 간 대립을 격화시키는 요인으로 작용하였고, 결국 본선에서 고연령층을 우군화하는 데 어려움을 겪지 않을 수 없었다.

〈단일화 과정이 확장성 있는 이슈와 행보의 걸림돌로 작용〉

○ 단일화 과정에서의 핵심 이슈는 단연 '새정치'였다. 안철수 현상을 만든 본질도 '새정치'에 있었고, 문재인 후보가 압도적 지지로 민주당 후보가 될 수 있는 원인도 '새정치'에 있을 만큼 이번 대선에서 가장 소구력 있는 핵심 이슈였다.

○ 그러나 '새정치' 이슈에 다른 중요한 국민적 이슈가 함몰되어 표의 확장성에 걸림돌로도 작용했다.

　─박근혜 후보가 후보 확정 이후 '국민 통합'과 '여성 대통령'으로 표의 확장을 꾀했던 반면, 문재인 후보는 후보로 선출된 이후 '일자리 대통령'과 민생 행보를 지속했지만 국민들 속에 각인시키지 못한 채 '정치 혁신' 이슈에 파묻히는 어려움이 존재했다. 이로 인해 박근혜 후보보다 우위에 서 있는 각종 민생 정책을 국민에게 충분히 전달할 수 있는 여론 지형이 만들어지지 못하고 '단일화'와 '정치 혁신' 의제만이 크게 부각되었다.

○ 또한 '새정치'가 반새누리당 측면보다는 낡은 정치의 한 축으로 민주당이 부각되는 요인도 되어 선거 캠페인의 부정적 프레임으로도 작동되었다.

　─특히 '민주당(더 정확히는 특정 세력과 인사) 기득권 내려놓기' 라는 방어적이고 부정적인 프레임은 지지율 상승 동력을 떨어뜨리면서 '사퇴론─포기론'을 양산하는 등 당과 선대위의 조직 역량을 저하시키는 결과로도 작용했다.

○ 단일화 과정은 전략 운영의 유연성도 크게 떨어뜨렸다.

　─이른바 '집토끼'인 야권 지지층을 두고 벌이는 경쟁이다 보니 '산토끼'인 중도층과 부동층을 껴안는 행보에 제약이 되었다.

　─보수층을 분열시키는 적극적 전략을 구사하기는 더더욱 어려운 상황이 초래되었다. '인물 영입을 통한 교두보 확보'라는 약세 지역의 기본 전략도 펼치기 어렵게 만들었다. 그나마 영입 당시에 일부 논란이 있었지만 윤여준 전 장관의 역할이 돋보였을 뿐이다.

　─다른 중량감 있는 인사들은 대부분 단일화가 완성되고 공식 선거운동 중후반이 되어서야 참여나 지지를 이끌어낼 수 있었다.

〈단일화의 시간표, 진용 구축의 스케줄이 핵심 교훈〉

○ 단일화에 대한 평가에 있어서 중요한 것은 누구의 잘잘못을 다투는 데 있지 않다. 반면교사로 삼아야 할 핵심 교훈을 찾는 데 있다. 그 교훈은 단일화 또는 선거연합을 추진하는 데 있어서의 '시간표 기획'의 문제라 할 수 있다.

　─그것은 2010년 6.2 지방선거 이후 여러 차례의 후보 단일화

경험에서 확인된 것이고 18대 대선에서 더욱 명백해진 것으로 반드시 극복해야 할 과제이다.

　─이번 대선에서뿐만 아니라 최근 선거에서 후보 단일화는 선거 승리에 필수조건이었다는 점을 부인하지는 못할 것이다. 그렇다고 해서 단일화가 승리의 만병통치약도 아니다. 이는 누구나 인정하는 사실이고 선거를 이끌어가는 어떤 이도 야권연대가 이뤄진 최근의 보궐선거와 지난 총선, 대선 등 어떤 선거에서도 단일화만 되면 선거에 이길 것이라고 맹신하고 선거를 치르지 않았다. '단일화만 되면 승리할 것이라고 판단한 것이 잘못'이라고 너무 쉽게 평가해버리고 넘어갈 수 있는 것이 아니다.

○ 그렇다면 결과적으로 단일화에 매몰되었다는 평가가 나오는 이유는 무엇인가? 이는 결정적으로 '시간표'의 문제에 있다.

　─그것은 후보등록 직전까지 가는 진통 속에 단일화가 이뤄짐으로써 본 선거가 시작될 때까지 단일화 이슈가 야권의 중심 이슈로 매 선거 시마다 부각되었기 때문이다.

　─이로 인해 선거를 치를 수 있는 체제도 갖추기 전에 본선이 시작되면서 전략적 캠페인을 선점하기도 어렵고 이슈를 주도하기도 쉽지 않은 조건이 만들어졌다. 이번 대선을 포함하여 야권연대가 이뤄진 최근의 선거에서 특히 선거 초반 고전한 이유도 여기에 적잖이 있다.

○ 이번 대선에서 이를 일찌감치 지적하고 단일화의 시간표를 앞당겨야 한다는 문제제기가 있었다. 그러나 야권 전체 진영의 동의를

이끌어내지 못하였다.

　－그러다 보니 시간을 끌더라도 압박할 수단도 없었고 국민적 공감대를 만들어내지도 못했다. 단일화를 요구했던 시민사회 진영에서도 이에 대해 특별히 주목하지 않았다.

　－단일화 성사 여부가 불확실한 상황에서, 단일화 경쟁에서 승리하려는 후보 진영의 전술적 시간표에 대책 없이 끌려갈 수밖에 없었다.

　－물론 이번 대선에서 민주당 후보 확정이나 안철수 후보의 대선 출마 시점이 매우 늦어 물리적으로 어려웠다고 얘기할 수 있다. 기본적으로 후보 구도가 너무 늦게 정립되었다는 점은 충분히 일리 있는 지적이고 앞으로 개선해야 할 일임은 분명하다.

　－그러나 이런 악조건 속에서도 '시간표 기획'에 대해 중대한 전략적 문제임을 직시하고 1~2주라도 단일화의 시계를 앞당기는 것을 야권 전체 진영의 과제로 삼고 노력하지 못했다는 점에 대해서는 성찰이 필요하다.

○ 이른바 '벼랑 끝 전술'은 모두가 패배하는 길이다.

　－협상의 유리한 고지를 점하기 위해 작은 이익을 추구하다가 더 큰 상대 앞에서 누가 후보가 되더라도 제대로 싸우기엔 벅차 연대 세력 모두가 공멸하게 된다는 것을 전체 야권 진영은 숙고해야 할 것이다. '시간표의 전략적 기획'은 향후 연합 정치의 발전 측면에서 공동의 과제로 삼고 제 세력이 동의하고 합의해서 추진해야 할 핵심 교훈이다.

　－이는 비단 연합 정치 영역에서뿐만 아니다. 더 중요하게는 매

번 시간에 쫓기듯 선거용 지도부가 만들어지고 후보가 확정되곤 하는 전철을 되풀이하지 않도록 수권정당다운 정치 일정표를 갖는 것이 선차적 과제라 하지 않을 수 없다. 내년 지방선거부터 제대로 시작해야 할 것이다.

〈이제는 폐기해야 할 여론조사 방식의 단일화〉

○ 단일화를 기획하는 데 있어서 그간의 경험으로 가장 공감대가 높았던 부분이 사실은 단일화 방안으로 '여론조사' 방식을 극복하는 것이었다.

　－여론조사의 문제점은 모두 다 인정하는 것이다. 국민 참여에 역행하는 등 기본적으로 후보 경선에서 채택하기 어려운 방식이라는 원론적 문제점은 물론이거니와 여론조사의 기법과 방식, 기관에 따라 결과의 편차가 커 신뢰성을 가지기 힘든 현실적 문제점도 크다.

　－하물며 지난 19대 총선에서 여론조사의 문제점이 적나라하게 드러나면서 그 폐해가 총선에 직접적인 영향도 끼쳤던 경험도 쓴약이 되었다. 또한 서울시장 보궐선거에서 여론조사뿐만 아니라 다양한 방식으로 단일화를 성공시킨 경험도 있었다. 이에 따라 여론조사 이외의 대안을 마련해야 한다는 것에 대해서는 전체 야권 진영뿐만 아니라 언론, 국민 사이에 넓은 공감대를 이루고 있었다.

○ 이번 대선에서 민주당은 국민 참여 경선을 포함한 다양한 방식의 단일화 방안을 염두에 두고 추진하려 하였으나, 단일화 시간이 늦춰지면서 문재인 후보가 안철수 후보 측에 여론조사 방식 수용을

포함한 단일화의 기본 방식을 일임[21]하였으나, 결국 시간적 한계로 여론조사 방식을 놓고 협상이 진행될 수밖에 없었다.

○ 그러나, 특히 대선과 같은 전국 선거에서 여론조사 방식의 단일화는 '미리 답을 보고 협상력에 의해 승패가 좌우되는 방식'이다.

　─단일화 방식이 여론조사로 결정되면, 각 캠프는 수많은 여론조사 설계상의 변수들을 이용하여 축적된 여론조사 결과를 바탕으로 가장 유리한 조합에서 가장 불리한 조합까지 만들어서 협상에 임하게 된다. 각 조합에 따른 시뮬레이션도 필수이고, 실제 조사도 하여 검증도 한다. 여론조사 설계의 주요 변수만 해도 문항(적합도, 지지도), 구도(다자, 양자, 가상), 대상(전체 유권자, 경쟁 정당/경쟁 후보 지지자 배제), 방식(면접, ARS), DB 설계(일반전화, 휴대폰, 혼합 비율), 조사 일시(주중/주말, 시간대), 가중치 문제 등 핵심 변수만도 십여 가지가 있고 이보다 더 구체적으로 들어간 수십 가지 변수를 활용하여 유불리에 따라 어떤 설계든지 가능하다.

　─이런 방식은 오차범위를 벗어나는 다른 결과치를 설계 여하에 따라 만들어낼 수도 있다. 이는 단일화 경선이 국민의 지지보다는 협상력에 의해 좌우될 위험성이 크다는 것을 보여주는 것이다.

21)　처음에 안철수 후보 측은 공론조사와 여론조사 방식을 들고 나왔다. 아직도 안철수 후보 측이 내놓은 '공론조사' 방식이 매우 불공정하고 비합리적인 방안이어서 협상력을 높이기 위한 차원인지, 언론 플레이용이었는지, 실제 관철시킬 의도가 있었는지는 불분명하다. 안철수 후보 측이 내놓은 공론조사는 구성된 패널의 의식 흐름을 몇 차례의 조사와 토론, 숙의를 거쳐 파악하고 결론을 도출하는 원론적 의미의 '공론조사'도 아니었지만 그보다 더한 문제는 패널 구성에 있어서 민주당 대의원과 안철수 펀드 가입자를 동수로 구성하는 방안이어서 '민주당의 분열을 이용하려는 꼼수'라는 비판을 받을 수밖에 없었다.

—이는 결과적으로 '아름다운 단일화'를 어렵게 만드는 요인이
될 수 있다.

○ 이제 여론조사는 폐기되어야 할 경선 방식이다.
　—여론조사 결과가 참고 자료도 될 수 있고, 경선에서 일부 반
영되는 지표로 활용은 될 수 있다. 그러나 이것이 경선 방식의 핵심
이 되어서는 안 된다. 이 또한 예전부터 공감대가 형성된 사안이지
만 이번 대선에서도 극복하지 못한 문제로 앞으로 확실히 바로잡아
야 할 과제이다.
　—이에 대해 국민적 공감대를 바탕으로 정치적이고 제도적 차
원에서도 대안을 미리부터 마련해야 할 것이다.

공식 선거운동 기간

1) 주요 현안과 지지율 추이

〈표 15〉 본선 주요 현안과 지지율 추이

시기		기간	주요 현안	지지율 추이와 원인
1	초반	11.24 ~ 12.5	24. 文, 선대위원장 총사퇴 25. 朴, 비례대표 사퇴 26. 심상정 후보 사퇴 27. 공식 선거운동 시작과 과거 논쟁 28. 文, 다운계약서/의자 광고 논란 2. 朴, 보좌진 교통사고 3. 安, 캠프 해단식 4. 후보 3인 첫 텔레비전 토론	• 文, 공식 선거운동 돌입 시 2-3% 격차가 1주일 후 4-5% 격차로 확대되고 1차 텔레비전 토론회 후에는 6-7%까지 벌어지며 朴에게 고전 ① 단일화 직후 선대위 진용 미구축 ② 메시지와 선거 캠페인의 혼선 ③ 새누리당의 도덕성 네거티브 공세 ④ 안 후보의 선거운동 미참여 ⑤ 1차 텔레비전 토론의 영향 (존재감 부각 실패와 이정희 후보의 태도) 등이 복합적으로 작용한 것에 기인
2	중반	12.6 ~ 12.12	6. 범야권 국민연대 출범 6. 文-安 회동 7. 安, 文 지원 유세 시작 8. 文-朴, 광화문 유세 격돌 10. 후보 3인 2차 텔레비전 토론 11. 정운찬, 이수성 文 지지 선언 11. 국정원 직원 비방 댓글 의혹 12. 북한, 은하3호 발사 성공	• 文, 3-4% 내로 격차 좁히며 지지율 회복 추세 뚜렷 ① 安, 지원 유세 시작 ② 선대위 체제 안정화와 국민연대 ③ 2차 텔레비전 토론에서의 우위 ④ 합리적 보수개혁 인사 지지 선언 등의 요인

| 3 | 후반 | 12.13 ~ 12.19 | 13/14. 부재자투표
15. 정동영 노인 꼰대 트윗
16. 이정희 후보 사퇴
16. 文-朴 양자 텔레비전 토론
17. 국정원 1차 수사 결과 발표
18. 文-朴 마지막 기자회견
18. 文, 서울-경부선-부산 유세
朴, 부산-경부선-서울 유세
19. 대통령선거 투표 | • 文, 꾸준한 지지율 상승으로 주말을 기해 역전된 조사가 나오기 시작하여 최종 조사에서 초접전 우위 결과 다수

① 이정희 사퇴(수치상 긍정적 요인)
② 양자 텔레비전 토론에서의 우위
③ 마지막 지지층 결집
④ 민생 정책의 반복 제시 등 요인 |

〈표 16〉[22] 양자 대결 지지도

구분	5차	6차	7차	8차	9차	10차	11차
조사일	11/25~26	12/1	12/5	12/8	12/11~12	12/15	12/17
박근혜	44.9	47.1	48.3	47.3	45.1	46.1	44.6
문재인	42.3	42.2	41.4	42.4	41.2	44.3	46.0
격차(문-박)	-2.6	-4.9	-6.9	-4.9	-3.9	-1.8	1.4
무응답	12.0	10.1	8.1	9.2	11.3	5.5	8.8
표본 수	1,000	1,000	1,000	1,000	2,000	2,000	2,000

미디어리서치 여론조사

여론조사 추이

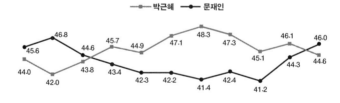

22)   11차 조사는 미디어리서치 등 3개 여론조사 기관과 방송3사가 출구조사 예측 자료로 활용하기 위해 시행한 마지막 여론조사(12월 17일) 결과이다.

2) 공식 선거운동 기간 중의 지지율 변화의 특징과 교훈

〈늦은 진용 구축이 초반 부진의 결정적 요인〉

○ 문재인 후보는 후보등록 시점부터 초반 10일간에 크게 고전하였다. 2~3% 내의 초박빙 열세가 7% 정도까지 벌어지는 등 초반의 고전이 후반 맹추격에도 불구하고 승패를 뒤집는 데 결정적 장애가 되었다.

　─어찌 보면 초반 부진은 어느 정도 예상했던 거였다. 최근의 야권연대 경험을 돌아보더라도 늦은 단일화로 인해 캠페인 준비가 내실 있게 되지 못하면서 불리한 언론 환경 속에서 프레임 경쟁이나 홍보, 조직 등의 싸움에서 어려움을 겪은 바가 있다. 지난 19대 총선도 그랬고, 서울시장 보궐선거에서도 그랬다. 이는 앞에서도 지적한 '시간표 기획'의 문제로부터 파생된 것이다.

○ 하지만, 이번 대선에서의 초반 부진은 '시간표 기획'의 문제로부터 파생한 일반적 요인보다도 더 큰 요인이 있다. 무엇보다도 공식 선거전이 펼쳐진 이후에도 문재인 후보가 단일 후보로서 진용 구축에 오랜 시간과 노력이 소요된 것이 문제였다.

　─안철수 후보는 사퇴 후 2주일 후에야 지지 유세에 나섰고, 일반적으로 야권연대에서 공식 선거운동 시작 전후로 구축되었던 통합 선대위는 선거운동 중반에 들어서는 12월 6일에서야 '국민연대'라는 이름으로 출범하였다.

　─이는 초반부터 국민들에게 단일 후보, 국민후보 문재인의 위상을 세워내는 데 어려움을 주었고 새누리당의 파상적인 네거티브 공세

와 분열 공세 속에 초반 부진을 겪게 만든 가장 큰 요인이 되었다.

○ 또한, 선거를 진두지휘할 지도부의 부재도 문제였다.
　　─이는 단일화 이전에도 문제로 계속 지적된 것이었지만, 단일화 직후 공동 선대위원장단 사퇴 이후 가장 심각한 상황이었고, 책임 있게 결정하고 집행을 독려할 지도부가 공식 선거운동 초반에는 아예 구축이 되지 않았다.

○ 결국 문재인 후보 진용은 선거 중반이 되어서야 구축이 완료되어 선거전에 임할 수 있었다.
─이때부터 선대위 체제가 안정화되고 국민연대의 출범, 안철수 후보의 지원 유세, 합리적 보수개혁 인사의 지지 선언, 민생 정책의 반복적 제시 등의 일관된 선거 캠페인을 전개하는 토대가 확보되었다.

〈절실함과 동원 능력의 차이가 최종 시점에서의 승패를 좌우〉

○ 외부에 공개되지는 않았지만, 선거 직전에 실시된 방송3사 예측조사나 대다수 여론조사 기관에서의 조사 결과는 문재인 후보가 박근혜 후보에게 앞섰다.
　　─물론 선거 이후 몇몇 여론조사 기관들은 판별 분석에서는 여전히 박근혜 후보가 앞섰다고 하지만, 이는 결과가 나온 후의 사후적으로 밝힌 것으로서 면피용 성격도 있다. 여론조사 기관들이 내놓은 일반적인 방식의 판별 분석[23]대로라면, 그 결과로 내놓는 수치는

---

23)　세대별 지지율과 예상 투표율을 조합하여 계산하는 방식이 일반적이다.

항상 보수 후보에게 유리하게 나올 수밖에 없는 방식이다. 이 방식대로라면 최근의 각종 선거에서는 이와는 정반대의 결과가 더 많았다는 사실에 대해 반박하기 힘들 것이다. 여하튼 개표 결과가 여론조사 결과보다 보수적으로 나온 이유가 무엇일까?

○ 이에 대해서는 여론조사의 정확도를 별개로 하고, 실제 선거에서 크게 작동하는 두 가지 측면에서 분석하는 것이 타당할 것이다. 그 하나는 지지자들의 절실함이며, 다른 하나는 캠프의 동원 능력이 될 것이다.

─이 두 가지가 유권자들을 실제 투표장으로 이끌어내는 힘의 차이를 만들어내기 때문이다. 이 차이가 미세한 승부에서 승패를 뒤바꿀 만큼 위력을 발휘할 수 있다.

─절실함과 동원 능력의 차이를 나타낼 수 있는 정량적 지표를 딱 부러지게 제시하기는 쉽지 않다. 다만 참고할 만한 정량 지표와 정성적 평가로부터 추론은 가능하다.

〈표 17〉[24] 후보 지지층별 지지 후보 적극 공개 및 지지 후보 거론 관련 조사

	후보 지지율	① 지지 후보 공개 여부	② 주변 거론 지지 후보
문재인	46.0	44.2	36.3
박근혜	44.6	50.4	40.6

① 지지 후보 공개 여부: "주변 사람들이 선생님께 이번 대선에 어느 후보를 지지하느냐고 물어보면, 어떻게 하십니까?"라는 질문에 각 후보별 지지층별로 "적극적으로 내가 지지하는 후보를 말해준다"라고 응답한 비율
② 주변 거론 지지 후보: "선생님께서는 주변에서 누구를 지지한다는 이야기를 듣습니까?"에 대한 응답 비율

24) 12월 17일 방송3사 여론조사 자료 참조.

○ 표에서와 같이 문재인 후보는 지지율은 앞서고 있었으나, 박근혜 후보 지지층에서 더 적극적으로 지지 의사를 주변에 말했고, 박근혜 후보를 지지한다는 얘기를 더 많이 들었다고 유권자들은 대답했다.

　─이러한 적극성의 차이, 즉 승리에 대한 절실함이 투표장으로 자기 지지층을 더 많이 이끄는 힘의 차이를 만들어냈다는 분석이 가능하다.

○ 그러면 이런 절실함의 원천이 무엇인가? 종합적인 분석이 필요하겠지만, '박근혜 후보'와 그 지지자들의 정서적 일체감[25]이 핵심이라고 할 수 있다.

　─이에 비하면 공식 선거운동 기간 중에 있었던 '박근혜 후보 보좌관 교통사고 사망 사건' '텔레비전 토론에서의 이정희 후보의 태도' '정동영 고문의 노인 꼰대 트윗' '국정원 댓글 의혹 사건' 등의 이슈[26]는 매우 부차적인 것이다.

○ 새누리당과 민주당의 조직 동원 능력의 차이도 컸다. 조직 동원

---

25)　유창오 새시대미래전략연구소장은 오마이뉴스에 기고한 글(1월 11일자)에서 '박근혜 후보는 박정희 전 대통령의 딸로서 보수 세력과 영남, 50·60세대라는 한국의 주류 세력에게 거의 육친적인 영향력을 가지고 있어서 이들의 간절함을 동원해낼 수 있었다'고 기술했다.

26)　1차 텔레비전 토론 이후 박근혜 후보의 지지도가 최대로 올라갔다는 점에서 1차 토론에서의 이정희 후보의 태도에 대해 국민들이 비판적이었던 것은 수치에서 나타난다. 다만, 국정원 직원 불법 선거운동 이슈는 부적절했다고 평가하는 것은 '선거에서 지면 모두가 잘못됐다'는 함정에 빠질 수 있는 일면적 평가이다. 긍부정 요인이 있어 논란의 여지는 있으나 새누리당에게는 큰 악재였으며, 경찰 중간 발표에 대해서도 다수의 국민들이 믿지 않았다.(신뢰도 긍정 33%, 부정 54%, 선거 당일 갤럽 여론조사) 이 이슈에 대해서는 새누리당의 위기관리 능력과 비교되는 민주당의 초기 대응의 미숙함과 효과적이지 못한 이슈 관리 능력에 대해 돌아보는 것이 좀 더 타당한 지적이다.

은 그 자체가 중요한 정치적 행위이며 정치적 능력을 잴 수 있는 잣대가 된다. 특히 선거전은 결국 투표장으로 이끌 수 있는 오프라인 동원력이 절대적으로 중요하다.

　―새누리당은 관계망 조직이 민주당보다 훨씬 탄탄하다. 새누리당은 각종 직능을 포함하여 이익단체와 생활 조직 간의 네트워크가 지역 단위까지 촘촘하게 짜여져 있다. 이것이 일상적 동원 능력의 차이를 만들어낸다. 투표율이 낮을수록 보수 후보가 유리한 것도 이러한 일상적 동원 능력의 차이가 매우 크기 때문이다.

○ 이번 대선은 이런 일상적 동원 능력 차이뿐만 아니라 비상 동원 능력에서의 차이가 컸다는 증언이 많다.

　―새누리당은 투표 당일에 차량을 이용한 전국 단위 동원 방침이 시달[27]되었고, 전 당력을 집중하여 투표장으로 유권자를 동원하였다. 이에 반하여 민주당은 자발적 투표 참여에 기대를 많이 한 편이었다.

　―민주당과 새누리당의 동원 능력의 차이는 지역위원회 등 당 골간 조직과 주요 간부들의 활동력의 차이에 기인한 바가 크다는 증언[28]도 반추해봐야 할 것이다.

---

27)　새누리당 권영세 종합상황실장은 투표 당일 '읍면동별로 준비하신 차량을 전면 운행하여 교통이 불편한 어르신 등께서 투표하실 수 있도록……' 문자 메시지를 당원들에게 보낸 것이 확인되었는데, 투표 동원에 얼마나 사활을 걸었는지를 보여주는 사례이다.

28)　'민주당의 대선 전략 및 선거운동 평가'(김현미 의원 발제)에 실린 인터뷰에 따르면, "각 지역에서 열심히 선거운동을 해야 할 시의원, 도의원이 중앙선대위 직함을 받고 중앙당에 상근하는 것은 도대체 이해가 되지 않는다."(소통본부 E팀장), "선거가 끝난 후 보수진영의 자발적 전화 홍보가 얼마나 크게 작용했는지 알았다. 이에 반해 우리는 지역위원회 등 당원 조직을 전혀 가동하지 못해 조직력에서 결국 패배했다." (상황본부 F팀장)라는 증언이 실려 있다.

18대 대선 평가의
핵심과 과제

1) 왜 패배했나? 18대 대선의 특징에서 핵심 원인을 찾아야

○ 대선 패배의 원인을 얘기하면서 총체적 전략의 부재니, 캠페인의 문제니, 정책과 이슈에서 부족했다느니 얘기를 한다. 모두 짚고 넘어갈 것들이다. 다만, 이것들을 관통하는 가장 본질적 원인이 무엇인지를 찾고 그 원인을 만든 문제가 무엇인지 평가함으로써 교훈을 찾아야 할 것이다.

　－본질적 원인을 이번 대선의 특징을 살펴보고 질문에 답을 내리는 데서 찾을 수 있다.

○ 이번 대선의 특징은 첫째, 87년 민주화 이후 처음으로 범진보 진영과 범보수 진영의 일대일 구도였으면서 양진영 총량을 크게 초과하는 선거였다.

　－양 진영은 양보 없는 전쟁을 치르면서 모두 결집할 수 있는 최대한의 것을 넘어 적어도 수백만 표 이상씩 더 많은 표를 얻었다. 지난 19대 총선[29]과 비교해 봐도 보수진영은 500만 표 이상을 더 획득했고, 진보진영은 400만 표 이상을 더 얻었다.

　－1000만 명의 새로운 유권자 층을 인입하는 경쟁에서 박근혜 후보가 승리했다. 진영의 논리가 여전히 위력을 발휘한 것은 사실이지만, 그 이분법으로 설명되지 않는 경쟁에서 박근혜 후보는 왜 승

---

[29]　19대 총선에서 0.5% 이상을 얻은 정당의 비례대표 득표율을 종합해보면 보수진영은 새누리당, 선진당, 국민생각, 친박연합을 합하여 약 1011만 표, 진보진영은 민주당, 통합진보당, 진보신당을 합하여 1022만 표를 획득했다.

리했는가?

○ 둘째, 역대 어느 선거보다도 세대 투표 성향이 더욱 뚜렷하고 강화되었으며, 이에 의해 승패가 결정되었다. 40대 초반까지의 문재인 후보의 압도적 우세, 45세에서 55세까지의 박근혜 우세, 55세 이상의 박근혜 후보의 압도적 우세로 박근혜 후보는 승리했다.

　─무엇이 장년층과 노년층에게 박근혜 후보의 손을 들게 만들었나? 특히 55세 이상의 실버 혁명은 무엇으로 설명이 가능한가?

○ 셋째, 진보적 의제가 선거의 중심 이슈로 부각된 선거였다. 경제 민주화, 복지 등 사회경제적 의제를 놓고 경쟁하는 정책 구도가 형성되었다. 이는 이번 선거에서 국민들의 요구가 진보적 가치 실현에 있음을 보여주는 것이고 그것이 바로 시대정신임을 말해주는 것이다.

　─그러나 진보의 시대에 보수의 대통령이 탄생했다. 박근혜 후보가 보수언론의 지원 속에서 진보적 아젠다를 선점하거나 물타기 전략에 일부 성공했지만, 진보적 의제를 당의 강령에 전면화하고 줄기차게 제기했던 민주당은 왜 패배했는가?

2) 대선 패배의 핵심 키워드: '신뢰와 안정감' 그리고 '박근혜'

○ 위의 세 가지 특징에 대한 질문에 관통할 수 있는 대답으로 대선

패배의 원인을 설명할 수 있는 핵심 키워드는 '신뢰와 안정감' 그리고 '박근혜'다.

○ 대통령 후보별 투표 이유 조사[30]에서 박근혜 후보 투표자들은 신뢰, 정책/공약, 능력, 안정, 안보 등 주로 수권 능력 부분 때문에 선택했고, 문재인 후보 투표자들은 공약/정책 분야도 선택 이유였지만 '정권교체/심판'과 '상대 후보가 싫어서'가 주요한 선택 요인이었다.
　－40대 초반과 40대 후반 사이의 극심한 투표 성향의 차이를 설명할 수 있는 것도 여기에 있다. 40대 후반부터는 상대적으로 국정 운영을 안정적으로 이끌 세력이 누구인지를 보고 선택했을 가능성이 높다.

○ '신뢰와 안정감'은 수권 능력, 국정 운영 능력과 직결되는 것이다. 민주통합당은 수권 능력에 있어서 신뢰감을 주지 못했다. 국민들의 정권교체의 염원은 높았으나 민주당이 정부를 제대로 운영할 수 있을지에 대한 의구심을 해소하지 못했다는 것이다.
　① 민주통합당 내의 갈등과 분열은 지속되었고 확고한 리더십이 형성되어 있지 않았다.
　② 독자적으로 집권할 수 없는 상황은 몇 년째 계속되었고, 단일화의 주도권도 행사하기 어려운 실정이었다. 정당 지지율도 매우 낮았다. 그나마 후보의 지지율이 올라가면서 정당 지지율이 새누리

30)　한국갤럽 사후 조사(12월 24일자)로 자유 응답 자료 참조.

당을 힘겹게 따라가고 있었다.

③ 야권연대의 다른 축인 진보정당이 불신을 받는 상황도 야권 전체의 신뢰를 떨어뜨리는 역할을 했다.

④ 단일화 과정에서의 불협화음은 미래의 국정 운영의 불안감을 가중시켰다. 공동정부 구상을 밝혔지만 안정감을 줄 정도는 아니었다.

⑤ 결과적으로 민주통합당은 원내 제2당으로서 거대 보수정당을 상대로 소수정당의 한계를 딛고 안정적인 국정 운영을 할 수 있다는 것을 국민들에게 심어주기에는 역부족이었다.

○ 정책적 측면에서도 진보 의제 중심의 정책 캠페인으로 선거가 치러졌지만 새누리당의 물타기 전략을 넘어서지 못했다.

－차별화에 성공하지 못한 것은 국민에게 뚜렷하게 각인되는 정책 비전 제시와 실현 능력을 보여주지 못했기 때문이다. 좋은 공약도 많았고, 개별 정책에 대한 조사 결과 민주당 후보의 공약이 좋다는 의견이 많았으나, 이를 실현할 수 있는지에 대한 신뢰와 믿음을 주는 데 실패했다는 얘기다.

－그러나 보니 오히려 국민들은 사회 경제적 분야보다는 안보와 정치 분야에 대해 정책적 차별성을 더 많이 인식[31]하였다.

－또한 19대 총선 평가에서도 지적되었듯이 정책의 일관성도 신뢰감을 약화시키는 요인이었다. 대선 과정에서 부각된 것은 아니었지만, 한미 FTA나 제주 해군기지 건설 관련하여 오락가락 행보

31) 공약 유사성 인식 여론조사에서 외교 안보〉정치〉경제민주화〉복지 공약 순으로 두 후보 간 차별성이 높다고 조사됐다.(한국일보‑한국리서치 12월 3일자 조사 참조)

등이 쌓여 책임 있는 정치세력으로서의 안정감을 떨어뜨렸다는 점도 그냥 넘겨서는 안 될 일이다.

○ 또 다른 대선 패배의 핵심 요인은 진영의 논리로 포괄하지 못하는 폭발적 투표 참여와 55세 이상의 이른바 '실버 혁명'을 이끌어낸 '박근혜' 그 자체에서 찾아야 할 것이다.

　─다른 합리적 요인을 찾으려고 해도 부차적이고 지엽적인 것에 불과하다.

　─박근혜 후보는 안철수의 등장으로 일시적으로 지지율이 떨어진 경우를 제외하고 지지율 1위를 지키고 있었고, 19대 총선 이후에는 지지율 40%를 상회하는 견고한 지지율을 유지했다. 새누리당 대선 후보 확정 이후 박근혜 후보의 지지율은 소폭 등락은 있었지만 아무리 불리한 악재가 터져도 요지부동이었다.

　─수치상으로만 봐도 역대 보수 후보 중에서 가장 강력한 대선 후보였다.

○ 50대 후반부터의 세대는 박정희 정권에서 성인으로 '잘 살아보세'를 함께 경험한 세대로서 '박정희의 딸 박근혜'는 누구보다도 경제위기와 불안한 삶을 치유할 수 있는 존재로 보였다.

　─노년층에게 '박정희 딸 박근혜'는 어려운 시절부터 삶의 궤적을 함께한 육친적 정서적 일체감이 존재하는 인물이었다.

　─여기에 더하여 정치적으로 검증된 박근혜였다. 보수세력이 위기에 처할 때마다 전면에 등장하여 위기에서 구해낸 박근혜는 보수세력에게는 수호자로서 국민에게는 정치적 지도자로서 확고한 리

더십이 각인되었다.

○ 이런 박근혜 후보에 비하면 문재인 후보는 정치 초년생이었다.
　─문재인 후보는 인지도 자체가 낮았다. 《운명》이라는 책을 읽어보기 전에는 후보의 인생 스토리를 제대로 알 수 없었다. 국민들은 '힐링캠프'라는 프로그램으로 문재인을 조금 알기 시작했다. 후보의 능력과 이미지는 거의 전적으로 선거 유세나 텔레비전 토론 등 선거 과정에서 보여준 것들이었다.
　─문재인 후보가 야권의 정치인 중에서 가장 신뢰가 가는 인물이고 국정 운영 경험을 지니고 있으며 지적이고 깨끗한 이미지를 지닌 후보였기 때문에 그나마 48%에 달하는 지지층을 담아낼 수 있었다.
　─하지만, 짧은 정치 경험과 선거운동만으로 문재인의 정치, 문재인의 브랜드를 창출하기도 어려웠고, 국민들에게 이를 각인시키기엔 더더욱 난망한 일이었다.

3) 수권정당 민주당, 혁신 체제 구축부터

○ 대선 패배는 결국은 민주당의 잘못으로 기인한 것이다. 민주당이 수권능력을 보여주지 못했기 때문이다. 민주당이 집권하는 길은 국민들로부터 신뢰받는 수권정당으로 다시 태어나는 것이다.
○ 우선적으로 당 체제의 혁신이 필요하다. 오랜 계파 갈등과 분열의 악순환 고리를 끊어 민주적이면서 기풍이 제대로 선 정당으로

바꿔야 한다.

－정통 야당 민주당의 최근 10년의 역사는 '탓의 역사'였다고 해도 비하로만 들리지 않는다. 같은 배를 탄 동지로서 공동운명 공동책임 의식 없이 분열의 패러다임을 부추기고 조장하며 민주당호를 침몰시켰던 역사에 종지부를 찍어야 한다. 뭐든지 계파 탓, 남 탓 하는 문화를 바꿔야 한다.

－탓의 문화, 분열의 패러다임이 작동할 수 없도록 하는 당 체제의 근본적 혁신이 필요한 이유이다.

○ 계파를 뛰어넘는 신질서를 구축해야 한다.

－무계파 선언만으로 될 문제도 아니다. 적극적으로 새로운 질서를 창출하는 데로 나아가야 한다. 신질서는 정책과 노선이 중심이 된 새로운 체제이다.

－공부하고 연구하고 토론하는 문화부터 만들어야 한다. 신질서는 갑자기 하늘에서 떨어지는 것이 아니라 헌신적 노력의 결과로 자연스럽게 만들어지는 것이다.

○ 당 지도체제의 변화도 절실하다. 당내에서부터 책임정치가 구현될 수 있도록 해야 한다.

－허약한 리더십으로는 당을 제대로 이끌어 나갈 수 없고 당의 기풍도 제대로 세워낼 수 없다. 무책임과 무평가의 악순환만 반복될 것이다. 성과가 축적될 수 없고 장기 플랜 속에 당을 운영하기는 더욱 어렵다.

－그러려면 당의 지도체제를 단일성 또는 단일성 집단 지도체

제로 바꾸고 임기 보장의 풍토를 지금부터 만들어야 한다.

○ 당내 민주성을 강화해야 한다.

　―민주성 강화는 공정 경쟁을 보장하는 것이 한 축이고 결과에 대한 승복의 문화가 또 다른 한 축이다. 경쟁은 공정하고 치열하게 하되, 결과를 흔들거나 불복하는 문화를 근절해야 민주적 기풍이 바로 선 정당이 될 수 있다.

○ 당 분열의 씨앗이 되는 공천과 관련해서는 당 지도부의 권한과 범위가 분명해야 한다.

　―상향식 공천을 확대하고 그 방식을 일찌감치 당헌에 명확히 규정해야 한다. 적어도 선거 1년 이전에는 룰을 확정하고 이를 바꾸는 것은 상상도 못하게 해야 한다.

　―불가피할 수밖에 없는 전략공천도 요건과 자격을 사전에 분명히 해야 한다. 비례대표 공천도 설계만 제대로 하면 당의 정책과 노선, 지지기반 확대에 기여하는 방향에서 '과정이 민주적이고 결과가 좋은' 공천이 얼마든지 가능하다.

　―미리부터 예측 가능할 때, 그리고 그 규칙을 준수하는 제도적 안정성이 확보될 때라야 분란의 근원을 없앨 수 있다.

○ 당의 지지기반을 확대하고 국민 참여를 활성화하는 방향으로 당 구조의 전면적 개편을 시행해야 한다.

　―'정책당원제', '직장위원회' 구조, '온―오프 결합 정당' 등의 당 현대화 방안을 즉각 추진해야 한다. 2011년 8월 당개혁특위(위

원장 천정배) 안이나 통합정당 민주통합당 출범 때부터 당 현대화 방안이 이미 제출되었다. 문재인 후보도 대선 공약을 통해 당 혁신 방안으로 같은 방향에서 당 구조의 개편 방안을 제시했다.

　─이제는 구체적 실천 방침을 정해서 실행해야 할 것이다. 이 과정은 정치 불신을 극복하고 일상적으로 국민과 소통하는 '소통 정당'으로, '그들만의 리그'가 아닌 지지자들의 이해와 요구가 반영되는 '지지자 정당'으로 바꾸는 과정이 될 것이다.

4) '진보'가 문제가 아니라 '능력'이 문제: '유연하고 능력 있는 진보'

○ 대선 패배 이후에 중도층 공략에 실패했다며 좀 더 우클릭했어야 한다는 이른바 '중도·보수 강화론'이 제기되었다. 중도층 또는 부동층 공략에 부족했다는 것은 사실이지만, 중도보수 노선 강화에 대해서는 선뜻 동의하기 어렵다.

○ 이번 대선은 진보적 가치가 시대정신인 선거였다. 박근혜 후보도 복지국가, 경제민주화를 외친 선거였다. 공통으로 제시된 진보적 의제를 누가 잘 실현할 수 있는지에 대한 판단에서 선택받지 못한 점이 문제였다.

　─이는 민주통합당과 문재인 후보가 설정하고 제시한 국가 발전 방향에 문제가 있었다기보다는 능력을 제대로 보여주지 못한 것이 문제였다는 것이다.

○ 좌클릭이니 우클릭이니라는 정책과 노선의 수정보다 더 크고 절실한 과제는 '아래로'라는 말로 표현되듯이 '민생'과 밀착하면서 정책의 구체화와 실천력을 보여주는 것이다.

　─이 과정에서 극단주의는 경계해야 한다. 특정 지지층에 휘둘려서는 안 된다.

　─일관성 없는 노선 변경과 정책 행보는 불안을 심화시키는 독이 될 수 있다.

○ 그러나, 보수적 의제 중에 진보진영이 중시해야 할 의제에 대해서는 검토가 필요하다. 대표적인 것이 안보 의제이다.

　─이번 선거에서 '안보 의제'는 여느 선거 때보다 보수층 결집의 핵심 의제로 활용되었다. 또한 이 의제는 진보정당의 종북 논란이나 NLL 논쟁과 결합되며 문재인 후보의 지지율 상승에 걸림돌이 되었다.

　─더욱이 정치적 무관심층이나 무당파층은 '변화'를 얘기하면서도 안보 의제에 대해서는 일반적으로 보수적 경향을 띠었다. 이명박 정부의 안보 무능이 적나라하게 드러났지만, 안보는 보수의 전매특허처럼 인식되었다.

　─이를 극복하는 노력이 필요하다. 국가 안보를 중시하고 이에 능력 있는 세력임을 보여야 한다. '경제협력 구상' '평화 안보'의 개념을 더욱 발전시키면서도 국가 안보를 중심 의제 중 하나로 설정하여 이를 항시 책임지는 세력이 될 때 수권정당으로 국민에게 안정감을 심어줄 것이다.

○ 서생적 문제의식만 갖고는 집권하기 힘들다. 집권하려면 균형감과 책임감이 있어야 한다. 상인적 현실감각으로 국가적 의제에 접근할 때, 문제제기 집단으로서의 야당이 아닌 국정 운영을 맡길 수 있는 수권세력이 될 수 있다. 안보, 통상, 성장 등 국가적 의제에 대한 균형감과 책임감이 절실하다.

5) 미래는 준비하는 자에게 있다

　 —이제부터 준비해야 한다. 무엇을 준비할 것인가?

　 —전략 기능의 강화이다. 전략은 분석의 축적 없이 갑자기 나오는 것이 아니다. 유권자 의식의 흐름을 객관적으로 분석하고 데이터로 축적해야 한다. 충분한 예산의 뒷받침 속에 중장기 플랜으로 진행해야 한다. 필요하다면, 일상 업무에서 벗어나서 이것만 전담하는 독립기구를 만드는 것도 검토할 만하다.

　 —정책 역량 강화는 지속적인 당의 혁신 과제였다. 당 정책연구소의 정책 활동을 어떻게 강화할 것인지가 가장 현실적 과제이다.

　 —조직 역량의 강화이다. 당원 구조 혁신, 생활정치와 지역 네트워크 강화, 직능과의 네트워크 활성화에 주목해야 한다.

　 —지도자를 키우는 풍토를 만들어야 한다. 당의 정치적 자산을 소중히 여겨야 한다. 국민의 지지를 무겁게 여기고 존중하는 자세로부터 '신뢰'가 쌓이는 것이다. 지도자는 그냥 만들어진 것이 아니다. 스스로의 노력이 더 중요하다. 경쟁도 불가피하고 장려해야 할 일이다. 그 과정에서 국민들은 냉정하게 평가할 것이다. 정치적 세대교

체 문제나 젊은 정치인 양성 문제도 심각하게 고민해야 한다.

　ㅡ야권의 재구성 문제를 지금 얘기하는 것은 온당치 못하다. 민주통합당이 독자적 집권 세력이 되기 위해 자기 혁신에 매진할 때 승리의 길이 열릴 것이다. 열려 있되 기대는 것은 이제 그만하자.

〈보론〉
정보 습득의 차이와 투표 성향의 연관성 관련

〈표 18〉[32] 투표 결정 시 참고 매체

박근혜	%	문재인	%
텔레비전 토론	45	텔레비전 토론	65
신문/방송	30	인터넷	28
주위 사람/가족	14	신문/방송	17
선거 유세	12	주위 사람/가족	11
인터넷	11	SNS	9

○ 18대 대선에서 지지자별로 투표를 결정하는 데 있어서 영향을 준 수단(매체와 방식 포함)의 차이가 존재한다. 이 차이가 투표 성향에 영향을 미쳤다는 추론이 가능하다.

○ 박근혜 후보와 문재인 후보 투표자 사이에 텔레비전 토론이 가장 영향을 많이 주었지만, 문재인 후보 지지에 훨씬 큰 영향을 주었다.

32) 한국갤럽 사후 조사(12월 24일자) 자료 참조(상위 5위, 2개까지 응답).

－텔레비전 토론이 문재인 후보에 더 긍정적 영향을 주었음을 확인할 수 있다. 여론조사 추이에서도 1차 텔레비전 토론을 제외하고, 2차(12월 10일)와 3차 텔레비전 토론(12월 16일) 이후 문재인 후보 지지율이 상승한 것도 이와 관련되어 있다.

○ 투표 결정 시 참고 매체로 가장 뚜렷한 차이는 박근혜 후보 투표자에게는 '신문/방송'과 '선거 유세'가 문재인 후보 투표자에게는 '인터넷'과 'SNS'가 상대적으로 영향을 많이 준 것에 있다.

－고연령층, 주부와 자영업, 농촌 지역 유권자들의 주요 정보 습득 수단인 신문/방송과 20·30세대, 화이트칼라, 도시 지역의 유권자에게 영향이 큰 정보 습득 수단인 인터넷/SNS의 차이가 투표 성향과 긴밀한 연관성이 있음을 알 수 있다.

○ 2002년과 비교하여 종편의 출현은 민주당 후보에게 안 그래도 좋지 않은 언론 환경에서 악재로 작용했다.

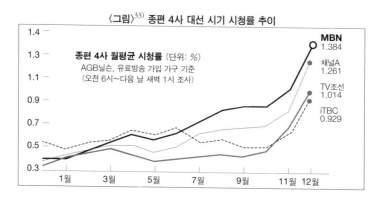

〈그림〉[33] 종편 4사 대선 시기 시청률 추이

33) 민병두 의원실 자료 참조.

―대선 당시 종편은 24시간 체제로 실시간 대선 방송을 내보내며 시청률 경쟁을 벌였는데, 실제 시청률은 미미한 수준이었지만 상대적으로 대선 시기에 높게 나타났음이 확인되었다. 집과 가게에서 지내면서 정치에 관심이 높은 상대적으로 고연령층과 자영업자들이 주 시청 대상이었을 가능성이 높다.

○ 보수 우위의 편중되고 불공정한 언론 환경을 어떻게 극복할 것인가가 중대한 과제로 등장하였다.

〈참고〉 시군구별 득표율과 2002년과의 비교

광역시도	시군구	문재인 (a)	박근혜 (b)	득표율 차 (a-b)	노무현 (c)	이회창 (d)	득표율 차 (c-d)	02-12비교 (a-b)-(c-d)
충청남도	부여군	35.72	62.34	-26.61	59.62	31.94	27.68	-54.30
충청북도	옥천군	34.35	64.06	-29.70	57.46	33.45	24.01	-54
충청남도	금산군	37.84	60.70	-22.86	59.64	33.18	26.47	-49.32
충청남도	태안군	35.28	63.36	-28.08	55.13	36.86	18.27	-46.35
충청북도	보은군	36.83	61.45	-24.62	56.19	35.12	21.07	-45.69
충청북도	괴산군	35.29	63.02	-27.74	51.90	39.21	12.69	-40.42
충청남도	서천군	41.54	56.86	-15.32	58.95	34.16	24.79	-40.11
경기도	포천시	35.61	63.51	-27.90	46.84	38.37	8.47	-36.37
경기도	연천군	33.77	64.90	-31.14	46.26	41.19	5.07	-36.21
강원도	횡성군	34.27	64.48	-30.21	47.63	42.26	5.37	-35.57
충청남도	논산시	46.16	52.64	-6.47	60.38	32.68	27.71	-34.18
충청남도	보령시	37.36	61.44	-24.08	50.89	40.92	9.97	-34.06
충청북도	진천군	42.58	56.41	-13.83	55.44	35.25	20.19	-34.02
충청남도	청양군	33.52	64.70	-31.18	47.31	44.49	2.82	-34.00
강원도	철원군	33.98	65.17	-31.19	47.31	44.53	2.77	-33.96
강원도	화천군	33.75	64.60	-30.86	46.92	44.64	2.28	-33.14
충청북도	단양군	32.94	65.56	-32.62	45.51	45.29	0.21	-32.84
충청북도	영동군	34.86	63.65	-28.80	46.85	44.48	2.37	-31.17
강원도	양구군	36.28	62.55	-26.27	48.02	43.40	4.61	-30.89
충청북도	음성군	41.22	57.53	-16.31	52.92	38.67	14.25	-30.55
충청남도	서산시	41.65	57.27	-15.62	52.44	38.48	13.95	-29.58
충청남도	당진시	41.23	57.90	-16.67	52.25	39.86	12.39	-29.06
충청북도	충주시	39.30	59.89	-20.60	50.63	42.41	8.22	-28.81
충청남도	공주시	42.59	56.35	-13.76	53.81	38.83	14.98	-28.74
강원도	홍천군	35.85	63.00	-27.15	46.27	45.16	1.10	-28.26

경기도	가평군	31.34	66.96	-35.62	41.63	49.21	-7.58	-28.04
제주도	서귀포시	46.54	52.14	-5.60	58.38	36.64	21.75	-27.35
강원도	인제군	37.04	61.51	-24.47	47.21	44.60	2.62	-27.09
인천광역시	강화군	29.35	69.47	-40.12	39.24	53.72	-14.48	-25.63
경상북도	청송군	16.09	82.22	-66.13	25.93	66.68	-40.74	-25.38
경기도	여주군	34.61	64.41	-29.80	43.80	48.70	-4.91	-24.89
대전광역시	동구(대전)	47.69	51.70	-4.01	57.39	36.71	20.68	-24.69
강원도	고성군(강원)	32.77	66.17	-33.39	42.34	51.28	-8.94	-24.45
인천광역시	옹진군	26.89	71.28	-44.39	36.62	56.70	-20.08	-24.31
대전광역시	대덕구	48.59	50.67	-2.09	57.32	35.69	21.64	-23.72
강원도	양양군	32.51	66.50	-34.00	41.36	51.72	-10.36	-23.64
경상북도	영덕군	12.04	86.49	-74.46	21.16	72.05	-50.89	-23.56
강원도	평창군	35.96	62.90	-26.93	43.34	47.16	-3.82	-23.12
경상북도	영양군	18.24	79.69	-61.45	26.60	65.12	-38.52	-22.93
울산광역시	동구(울산)	44.17	54.95	-10.78	47.60	36.24	11.35	-22.13
대전광역시	중구(대전)	45.89	53.50	-7.60	54.53	40.01	14.52	-22.12
경상북도	울진군	19.09	79.43	-60.34	27.75	66.16	-38.41	-21.93
경상북도	군위군	11.91	86.60	-74.69	19.85	72.72	-52.86	-21.83
경상북도	의성군	12.89	85.54	-72.66	20.46	72.53	-52.08	-20.58
강원도	영월군	36.30	62.43	-26.13	42.98	48.63	-5.65	-20.47
경기도	동두천시	40.19	58.86	-18.67	47.73	46.00	1.73	-20.40
충청남도	홍성군	37.31	61.51	-24.20	44.49	48.33	-3.84	-20.36
경기도	이천시	40.61	58.48	-17.87	47.42	45.09	2.33	-20.21
충청북도	청원군	47.52	51.48	-3.96	54.10	37.87	16.23	-20.19
충청북도	제천시	38.29	60.77	-22.48	44.52	47.40	-2.88	-19.60
경상북도	고령군	14.41	83.99	-69.58	21.50	71.76	-50.26	-19.32
경기도	안성시	42.91	56.27	-13.36	48.92	42.98	5.94	-19.30
전라북도	무주군	76.36	21.56	54.80	84.41	10.46	73.96	-19.16

경기도	성남시 중원구	53.03	46.29	6.74	60.13	34.85	25.28	-18.54
경기도	양주시	43.98	55.32	-11.34	50.31	43.41	6.90	-18.24
경상북도	성주군	13.14	85.47	-72.32	19.80	74.44	-54.64	-17.69
경기도	평택시	42.56	56.68	-14.12	46.85	43.58	3.26	-17.38
전라북도	부안군	81.93	16.35	65.58	89.43	6.61	82.83	-17.25
경상북도	영천시	16.99	81.81	-64.81	23.27	70.85	-47.58	-17.23
충청남도	아산시	46.66	52.61	-5.95	50.14	38.99	11.15	-17.10
충청남도	천안시 동남구	45.28	54.04	-8.76	49.93	41.97	7.96	-16.72
경상북도	예천군	14.20	82.97	-68.77	20.19	72.59	-52.41	-16.36
경기도	성남시 수정구	54.06	45.28	8.77	60.09	35.04	25.05	-16.27
경상북도	봉화군	17.34	80.01	-62.67	21.73	68.71	-46.98	-15.69
강원도	정선군	35.70	62.98	-27.28	39.69	52.04	-12.36	-14.92
경기도	부천시 오정구	53.19	46.13	7.06	58.52	36.59	21.93	-14.87
경기도	양평군	33.40	65.43	-32.03	37.98	55.29	-17.32	-14.72
전라북도	군산시	84.16	15.14	69.02	90.34	6.86	83.48	-14.47
경상북도	칠곡군	18.95	80.32	-61.37	23.16	70.22	-47.06	-14.31
전라북도	김제시	84.75	14.03	70.72	90.76	6.04	84.72	-14.00
전라북도	진안군	82.02	15.90	66.13	87.52	7.47	80.05	-13.92
경기도	광주시	45.82	53.48	-7.66	50.59	44.42	6.17	-13.83
경상북도	구미시	19.32	80.16	-60.84	22.94	70.20	-47.26	-13.59
경기도	용인시 처인구	42.10	57.11	-15.01	46.66	48.28	-1.61	-13.40
제주도	제주시	49.52	49.50	0.02	54.17	41.10	13.08	-13.05
경기도	안산시 단원구	51.84	47.53	4.30	55.40	38.31	17.09	-12.78
전라북도	익산시	85.59	13.51	72.07	90.90	6.30	84.60	-12.53
경기도	시흥시	51.94	47.42	4.52	55.63	38.72	16.91	-12.39
강원도	원주시	41.51	57.78	-16.27	44.02	47.99	-3.97	-12.30
전라남도	구례군	85.95	12.50	73.45	90.95	5.42	85.53	-12.08
경상북도	청도군	15.61	82.81	-67.20	19.35	74.47	-55.13	-12.07

인천광역시	서구(인천)	49.37	50.03	-0.66	52.26	40.85	11.40	-12.06
전라남도	장성군	86.40	11.94	74.47	91.35	5.28	86.07	-11.60
전라남도	신안군	86.59	10.94	75.65	91.51	4.26	87.25	-11.60
전라북도	완주군	85.67	13.06	72.61	89.96	5.87	84.09	-11.48
전라남도	보성군	86.42	11.51	74.91	91.29	4.93	86.36	-11.45
전라북도	정읍시	87.15	11.58	75.58	91.74	4.90	86.84	-11.26
전라북도	전주시 완산구	87.27	12.19	75.08	92.13	5.88	86.24	-11.16
강원도	속초시	37.10	62.25	-25.15	40.31	54.36	-14.04	-11.11
경기도	하남시	45.44	53.87	-8.42	49.02	46.38	2.64	-11.06
전라남도	영광군	87.37	10.68	76.69	91.86	4.16	87.70	-11.01
전라북도	남원시	86.09	12.14	73.95	90.62	5.72	84.90	-10.94
경상북도	상주시	14.67	83.78	-69.11	17.69	75.88	-58.19	-10.92
경기도	오산시	50.25	49.12	1.13	52.35	40.60	11.76	-10.62
경기도	안산시 상록구	53.02	46.32	6.70	55.86	38.55	17.31	-10.61
전라북도	장수군	83.15	14.80	68.36	85.54	6.70	78.84	-10.48
인천광역시	남구(인천)	44.58	54.77	-10.19	47.10	46.81	0.29	-10.48
인천광역시	남동구	48.73	50.68	-1.95	51.06	42.80	8.26	-10.21
경상북도	문경시	15.20	83.41	-68.22	18.20	76.23	-58.02	-10.19
경기도	남양주시	48.29	51.06	-2.78	50.94	43.65	7.29	-10.06
전라남도	목포시	90.86	8.47	82.39	95.28	2.90	92.38	-9.99
전라북도	전주시 덕진구	87.68	11.76	75.92	91.72	5.89	85.83	-9.91
경상북도	포항시 남구	21.16	78.12	-56.95	23.12	70.18	-47.07	-9.89
전라북도	고창군	86.48	11.44	75.04	90.14	5.42	84.73	-9.68
전라남도	해남군	87.92	9.96	77.95	91.93	4.34	87.59	-9.64
전라남도	진도군	87.64	10.06	77.58	91.39	4.18	87.21	-9.64
경기도	의정부시	48.37	50.99	-2.62	50.60	43.68	6.92	-9.55
전라남도	강진군	86.02	12.20	73.82	89.72	6.41	83.31	-9.49
경상북도	안동시	19.61	79.08	-59.47	21.48	71.51	-50.02	-9.45

인천광역시	동구(인천)	43.95	55.32	-11.37	45.30	47.23	-1.93	-9.44
전라남도	담양군	88.51	9.71	78.80	92.29	4.07	88.22	-9.43
경기도	김포시	45.40	53.96	-8.55	47.62	46.82	0.80	-9.36
경기도	수원시 팔달구	47.05	52.29	-5.24	49.35	45.26	4.10	-9.34
전라남도	장흥군	87.51	10.47	77.04	91.05	4.75	86.30	-9.26
경상북도	김천시	15.96	82.94	-66.97	18.45	76.24	-57.79	-9.18
경상북도	울릉군	19.13	79.77	-60.64	22.09	73.55	-51.46	-9.18
전라남도	곡성군	86.86	11.00	75.86	89.95	5.02	84.93	-9.07
대전광역시	서구(대전)	50.38	49.04	1.34	52.59	42.18	10.41	-9.07
전라남도	화순군	89.05	8.70	80.35	93.05	3.65	89.40	-9.05
전라남도	완도군	88.63	9.24	79.39	92.27	3.90	88.37	-8.98
대구광역시	달성군	18.61	80.58	-61.96	20.30	73.29	-52.99	-8.97
충청북도	청주시 상당구	45.27	54.09	-8.82	46.56	46.47	0.08	-8.90
전라남도	고흥군	86.86	10.96	75.89	90.42	5.74	84.68	-8.78
전라북도	임실군	85.73	12.11	73.61	88.50	6.21	82.29	-8.68
전라남도	무안군	89.44	9.04	80.40	92.95	3.89	89.05	-8.65
대구광역시	서구(대구)	15.39	84.03	-68.64	17.70	77.86	-60.17	-8.47
광주광역시	남구(광주)	91.16	8.22	82.94	94.89	3.50	91.39	-8.45
전라남도	나주시	89.65	8.74	80.92	93.00	3.65	89.36	-8.44
경상남도	창녕군	24.69	73.22	-48.53	26.71	66.84	-40.13	-8.40
강원도	태백시	34.27	65.02	-30.75	35.43	57.84	-22.41	-8.34
광주광역시	동구(광주)	89.21	9.78	79.43	92.90	5.16	87.75	-8.32
서울특별시	강북구	53.61	45.44	8.17	55.72	39.67	16.05	-7.88
충청남도	천안시 서북구	49.73	49.65	0.09	49.93	41.97	7.96	-7.87
전라남도	함평군	89.57	8.36	81.21	92.54	3.52	89.02	-7.81
광주광역시	서구(광주)	91.49	8.04	83.45	94.83	3.64	91.19	-7.75
전라남도	순천시	90.45	8.85	81.60	93.41	4.06	89.34	-7.74
인천광역시	계양구	52.41	46.93	5.48	53.66	40.44	13.22	-7.73

전라남도	여수시	89.94	8.84	81.10	92.99	4.21	88.78	-7.67
전라남도	광양시	84.53	14.66	69.87	87.07	9.64	77.43	-7.57
경기도	안양시 만안구	50.66	48.70	1.96	52.11	42.60	9.51	-7.55
경상북도	경주시	20.38	78.66	-58.28	20.55	71.32	-50.77	-7.51
강원도	강릉시	33.71	65.53	-31.82	34.92	59.32	-24.41	-7.41
전라북도	순창군	86.97	10.84	76.13	89.07	5.78	83.29	-7.16
전라남도	영암군	87.52	10.99	76.53	89.38	5.72	83.66	-7.13
서울특별시	성동구	51.32	47.78	3.55	53.29	42.69	10.61	-7.06
광주광역시	북구(광주)	92.15	7.36	84.79	95.05	3.34	91.71	-6.92
강원도	동해시	33.61	65.61	-32.00	34.30	59.41	-25.11	-6.89
강원도	춘천시	42.30	56.97	-14.67	42.53	50.41	-7.88	-6.79
인천광역시	부평구	51.09	48.24	2.86	51.63	42.22	9.40	-6.55
서울특별시	금천구	54.14	44.92	9.22	55.44	39.80	15.64	-6.42
충청북도	청주시 흥덕구	48.72	50.67	-1.95	48.42	44.02	4.40	-6.35
경기도	구리시	49.45	49.91	-0.47	50.34	44.63	5.71	-6.18
서울특별시	중구(서울)	50.45	48.49	1.96	52.13	44.07	8.06	-6.10
경기도	부천시 소사구	53.04	46.27	6.77	53.81	40.97	12.84	-6.07
광주광역시	광산구	92.39	7.04	85.35	94.50	3.13	91.37	-6.02
서울특별시	중랑구	51.16	47.91	3.25	52.31	43.17	9.14	-5.89
경상북도	포항시 북구	20.14	79.17	-59.02	20.56	73.75	-53.19	-5.83
대전광역시	유성구	53.76	45.69	8.07	53.59	40.09	13.51	-5.44
서울특별시	용산구	47.06	52.08	-5.02	48.07	48.00	0.07	-5.09
경상북도	경산시	20.40	78.52	-58.12	20.84	73.87	-53.03	-5.08
인천광역시	중구(인천)	44.15	55.07	-10.93	44.04	50.01	-5.97	-4.96
경기도	고양시 덕양구	50.42	48.87	1.55	50.74	44.33	6.41	-4.86
서울특별시	송파구	47.32	51.87	-4.54	48.24	47.95	0.29	-4.83
경기도	수원시 권선구	49.96	49.39	0.57	49.51	44.30	5.21	-4.64
서울특별시	강동구	48.98	50.19	-1.21	49.56	46.18	3.37	-4.58

서울특별시	동대문구	51.46	47.53	3.93	51.83	43.78	8.05	-4.11
경기도	광명시	55.71	43.62	12.09	55.43	39.44	15.99	-3.90
강원도	삼척시	33.46	64.90	-31.44	32.69	60.30	-27.61	-3.83
대구광역시	동구(대구)	19.73	79.62	-59.89	19.65	75.79	-56.14	-3.75
서울특별시	광진구	53.01	46.15	6.86	53.15	42.84	10.31	-3.45
경상남도	합천군	21.18	75.37	-54.19	20.54	71.52	-50.97	-3.21
경기도	부천시 원미구	54.05	45.33	8.72	53.46	41.61	11.85	-3.14
경기도	화성시	50.69	48.68	2.01	48.33	43.25	5.08	-3.07
서울특별시	서초구	40.85	58.38	-17.52	41.08	55.60	-14.52	-3.00
서울특별시	강남구	39.30	59.89	-20.59	39.46	57.24	-17.78	-2.82
경기도	의왕시	51.19	48.16	3.04	50.16	44.42	5.74	-2.71
서울특별시	성북구	53.61	45.53	8.08	53.13	42.44	10.69	-2.62
서울특별시	영등포구	51.09	48.04	3.05	50.68	45.03	5.65	-2.60
경기도	용인시 수지구	47.65	51.81	-4.16	46.66	48.28	-1.61	-2.55
서울특별시	서대문구	53.75	45.28	8.46	53.39	42.38	11.01	-2.54
경기도	수원시 장안구	50.46	48.86	1.61	48.93	44.86	4.07	-2.47
대구광역시	북구(대구)	20.18	79.28	-59.10	19.43	76.08	-56.65	-2.45
경상북도	영주시	21.34	77.62	-56.28	19.96	73.87	-53.91	-2.37
서울특별시	은평구	53.89	45.15	8.74	53.39	42.32	11.06	-2.32
서울특별시	관악구	58.91	40.19	18.72	57.91	36.87	21.04	-2.32
인천광역시	연수구	46.16	53.20	-7.04	44.50	49.36	-4.86	-2.17
서울특별시	구로구	53.40	45.75	7.65	52.50	42.76	9.74	-2.09
경기도	파주시	47.77	51.53	-3.75	46.03	47.93	-1.90	-1.85
대구광역시	남구(대구)	18.42	81.00	-62.58	17.65	78.42	-60.76	-1.81
서울특별시	동작구	53.95	45.15	8.80	53.10	42.64	10.46	-1.66
서울특별시	도봉구	51.62	47.48	4.14	50.52	44.78	5.74	-1.60
서울특별시	양천구	51.69	47.48	4.22	50.84	45.08	5.76	-1.54
경상남도	함양군	26.47	70.70	-44.23	25.14	68.03	-42.89	-1.34

대구광역시	달서구	19.94	79.54	-59.59	18.67	76.96	-58.28	-1.31
서울특별시	강서구	52.82	46.34	6.47	51.44	44.03	7.40	-0.93
서울특별시	종로구	51.12	47.89	3.22	49.99	45.91	4.09	-0.87
울산광역시	울주군	36.38	62.61	-26.22	32.71	58.24	-25.53	-0.69
울산광역시	중구(울산)	36.86	62.41	-25.54	31.24	57.18	-25.93	0.39
서울특별시	노원구	52.87	46.23	6.64	50.49	44.59	5.90	0.74
울산광역시	북구(울산)	45.61	53.59	-7.98	34.00	42.89	-8.89	0.91
경기도	군포시	53.53	45.84	7.69	50.53	43.83	6.70	0.99
대구광역시	중구(대구)	18.77	80.69	-61.92	16.63	79.72	-63.09	1.17
경기도	과천시	48.88	50.18	-1.30	46.23	48.99	-2.76	1.46
경상남도	거창군	26.10	71.63	-45.53	23.05	70.28	-47.22	1.69
경상남도	의령군	25.24	71.27	-46.03	21.77	69.50	-47.72	1.70
경상남도	밀양시	29.66	68.73	-39.07	26.26	68.06	-41.79	2.73
서울특별시	마포구	55.08	44.00	11.08	51.87	43.75	8.13	2.95
경기도	안양시 동안구	52.53	46.84	5.68	48.99	46.34	2.65	3.03
울산광역시	남구(울산)	38.09	61.25	-23.16	32.18	58.49	-26.32	3.15
경상남도	고성군(경남)	27.21	70.53	-43.32	23.39	69.97	-46.58	3.26
경상남도	하동군	32.87	64.15	-31.29	28.71	63.49	-34.77	3.49
경상남도	산청군	25.26	71.53	-46.27	20.37	70.19	-49.82	3.55
대구광역시	수성구	20.95	78.56	-57.61	17.30	78.84	-61.54	3.93
경기도	용인시 기흥구	51.11	48.36	2.74	46.66	48.28	-1.61	4.36
경기도	고양시 일산동구	51.17	48.20	2.97	46.81	48.76	-1.96	4.93
충청남도	예산군	28.95	70.01	-41.06	24.42	70.76	-46.34	5.28
경기도	고양시 일산서구	51.68	47.72	3.95	46.81	48.76	-1.96	5.91
경상남도	남해군	30.40	67.16	-36.76	25.15	67.92	-42.77	6.01
경상남도	함안군	30.20	68.09	-37.89	24.51	68.70	-44.19	6.30
경기도	성남시 분당구	46.46	52.92	-6.46	41.21	55.04	-13.83	7.37
부산광역시	강서구(부산)	39.92	59.44	-19.52	33.87	62.26	-28.39	8.87

경상남도	창원시 마산 합포구	29.24	69.82	-40.59	22.16	72.45	-50.28	9.70
경상남도	창원시 의창구	38.71	60.42	-21.70	28.75	61.24	-32.49	10.78
경상남도	창원시 진해구	35.11	64.09	-28.97	27.29	67.08	-39.79	10.82
경상남도	사천시	30.18	68.26	-38.08	22.42	72.00	-49.59	11.51
부산광역시	기장군	38.53	60.81	-22.28	30.31	64.30	-33.99	11.72
경상남도	김해시	47.27	51.93	-4.66	39.39	55.89	-16.50	11.84
경상남도	통영시	29.49	69.26	-39.77	21.29	73.46	-52.17	12.41
부산광역시	영도구	40.70	58.67	-17.97	32.63	63.11	-30.48	12.51
경상남도	양산시	40.57	58.64	-18.06	31.68	62.76	-31.07	13.01
부산광역시	서구(부산)	35.17	64.05	-28.88	26.78	69.34	-42.56	13.68
부산광역시	북구(부산)	42.60	56.80	-14.20	33.55	62.15	-28.60	14.40
부산광역시	중구(부산)	35.30	64.16	-28.86	26.48	70.00	-43.52	14.66
부산광역시	동구(부산)	35.46	63.91	-28.45	26.17	69.77	-43.60	15.14
부산광역시	해운대구	39.72	59.70	-19.99	30.25	65.77	-35.52	15.54
부산광역시	사상구	43.77	55.66	-11.88	34.04	61.79	-27.74	15.86
경상남도	창원시 마산 회원구	32.77	66.44	-33.66	22.16	72.45	-50.28	16.62
부산광역시	남구(부산)	39.05	60.41	-21.36	28.77	67.17	-38.41	17.05
부산광역시	금정구	38.37	61.02	-22.65	27.93	67.66	-39.73	17.08
경상남도	거제시	43.79	55.13	-11.33	29.97	59.06	-29.09	17.75
경상남도	진주시	31.61	67.22	-35.60	20.48	74.08	-53.61	18.00
부산광역시	사하구	41.26	58.14	-16.88	30.46	65.47	-35.01	18.13
부산광역시	수영구	37.82	61.66	-23.84	27.11	69.20	-42.09	18.25
부산광역시	연제구	39.35	60.07	-20.73	28.30	67.66	-39.37	18.64
부산광역시	부산진구	40.28	59.17	-18.89	28.93	67.01	-38.08	19.18
부산광역시	동래구	38.32	61.13	-22.80	26.83	69.22	-42.39	19.59
경상남도	창원시 성산구	44.62	54.66	-10.04	28.75	61.24	-32.49	22.45

김용익 의원실 자료 협조 인용